SIMONA BALDELLI

Die Rebellion der Alfonsina Strada

Das Buch

Alfonsina Strada (1891–1959) wächst in ärmlichen Verhältnissen mit vielen Geschwistern in einem kleinen norditalienischen Dorf auf. Schon als kleines Mädchen entdeckt sie ihre große Leidenschaft für das Radfahren – in der damaligen Zeit für Frauen ein absolutes Tabu. Heimlich dreht sie mit dem Rad ihres Vaters nachts Runden, meldet sich trotz Verbots zu Rennen an, gewinnt und will noch mehr: am großen *Giro d'Italia* teilnehmen. Doch dafür sind nur Männer zugelassen …

Die Autorin

Simona Baldelli, geboren 1963, hat Theater und Kreatives Schreiben studiert. Sie lebt als freie Autorin in Rom, mehrere ihrer Werke wurden in Italien mit Literaturpreisen ausgezeichnet. *Die Rebellion der Alfonsina Strada* ist ihr erster Roman, der auf Deutsch erscheint.

Die Übersetzerin

Karin Diemerling hat in Mainz, Hamburg und Florenz Germanistik und Romanistik studiert und übersetzt seit 1995 Belletristik aus dem Englischen und Italienischen. Sie lebt in Winterthur.

SIMONA BALDELLI

DIE REBELLION DER ALFONSINA STRADA

ROMAN

Übersetzung aus dem Italienischen
von Karin Diemerling

eichborn

Dieser Titel ist auch als E-Book erschienen

FSC
www.fsc.org
MIX
Papier aus verantwortungsvollen Quellen
FSC® C014496

Eichborn Verlag

Titel der italienischen Originalausgabe:
»Alfonsina e la strada«

Dieses Werk wurde vermittelt durch die Literarische Agentur Michael Gaeb, Berlin, zusammen mit der Walkabout Literary Agency, Rom.

Die Arbeit der Übersetzerin an diesem Roman wurde
vom Deutschen Übersetzerfonds gefördert.

Umschlaggestaltung: Massimo Peter-Bille
Einband-/Umschlagmotiv: © Alberto Zornetta/shutterstock;
© Andrea Berg/shutterstock
Satz: two-up, Düsseldorf
Gesetzt aus der Warnock
Druck und Einband: GGP Media GmbH, Pößneck

Printed in Germany
ISBN 978-3-8479-0126-6

5 4 3 2 1

Sie finden uns im Internet unter eichborn.de

Für Marga –
mit den Beinen fest im Sattel,
die Augen zu den Sternen gerichtet

DER MOND

Mailand, 13. September 1959

Die Strapazen. Die Strapazen.

Niemand denkt an die Strapazen. Alle haben nur Augen für die Medaillen und Trophäen oder spekulieren über das gewonnene Preisgeld, das immer zu wenig, immer zu schnell weg ist. Man redet über den Applaus, über Schlagzeilen in den Zeitungen, doch die Strapazen werden vergessen. Und die Einsamkeit.

Alfonsina dagegen dachte daran. Es war das Erste, was ihr beim Aufwachen in aller Frühe in den Sinn gekommen war, während draußen ein grauvioletter Spätsommerhimmel dämmerte. Mit einiger Überwindung hatte sie sich aus dem Bett gehievt. Sie hatte wenig und schlecht geschlafen, doch sie durfte sich nicht der Trägheit überlassen.

Sie zog die Jalousien hoch und blickte über die vereinzelten Häuser und die Wiesen, die den Stadtrand von Mailand mit La Bovisa verbanden. Alles war still, auch die Schornsteine der Chemiefabrik Montecatini schwiegen. Kein grauer Qualm verdeckte die Sonne, keine Sirene rief die Arbeiter zum Schichtwechsel zwischen Nacht und Tag. Sonntag, Tag der Ruhe und der Familie. Außer für sie, die ohne Mühe nicht sein konnte und deren Familie, oder was davon übrig war, über halb Norditalien verstreut wohnte.

Von der Straße unten klangen Schritte herauf. Ein gebeugt gehender Mann kam vom Ende der Via Varesina her und hielt sich mit beiden Händen den Kragen seiner dürftigen Anzugjacke zu.

Er tat ihr leid. Der Ärmste fror jetzt schon, obwohl laut Kalender noch eine Woche Sommer war. Alfonsina lehnte sich ein Stück aus dem Fenster. Es war nicht auszuschließen, dass der Mann zu ihr hinaufsah, und dann wollte sie einen freundschaftlichen Blick mit ihm wechseln. Es hatte eine Zeit gegeben, noch nicht allzu lange her, als sich vor ihrem Haus kleine Prozessionen von Passanten bildeten, die zu ihr hinauflächelten oder -winkten, wenn sie sie hinter der Scheibe entdeckten. Mit den Jahren kam das immer seltener vor, aber heute war vielleicht ein guter Tag.

Der Mann ging weder langsamer noch blickte er auf, eher beschleunigte er seine Schritte noch. Sie sah ihn gebückt um die Ecke zur Via Fiamminghino verschwinden. Wohin er wohl so zielstrebig am frühen Sonntagmorgen wollte? Vielleicht zur Sechs-Uhr-Messe in San Martino in Villapizzone, aber es war noch Zeit, die Welt würde nicht untergehen, wenn er ein bisschen weniger hetzte. Ihr Anflug von Mitgefühl eben verwandelte sich in Unmut, weiß der Himmel, warum.

Sie schloss das Fenster mit einem Knall, der in der Wohnung widerhallte. Sei's drum, was bedeutete schon der Gruß eines Fremden, wenn sie doch heute so viele Freunde wiedertreffen würde, Leute, die sie gernhatten, in deren Herzen sie einen besonderen Platz einnahm. Von ihnen würde sie die Bestätigung bekommen, dass Alfonsina Strada immer noch etwas zählte.

Der Horizont färbte sich gelb über der Galopprennbahn von San Siro. Leicht verblasst durch den heraufziehenden Tag schien noch der Mond. Er war etwas mehr als halb voll, zunehmend, und der Teil im Schatten sah aus wie ein Stück einer noch vor dem Reifwerden verfaulten Orange. Sie fragte sich, wo die *Luna* 2 aufsetzen würde, ob auf dem hellen oder dem dunklen Bereich.

Am Abend zuvor war sie spät ins Bett gegangen, weil sie noch lange Radio gehört hatte. Die Mondsonde *Luna* 2 war an diesem Morgen des 12. September 1959 um 9.40 Uhr Moskauer Zeit, 7.40 Uhr in Italien, ins All geschossen worden. Die im Januar gestartete *Luna 1* hatte kein Glück gehabt und den Erdtrabanten um knapp 6000 Kilometer verfehlt. Während sie den Nachrichten lauschte, hatte Alfonsina sich ausgerechnet, wie lange man brauchen würde, um diese für die Raumfahrt kurze Distanz mit dem Fahrrad zurückzulegen: bei 300 Kilometern am Tag fast drei Wochen. Die Entfernung von der Erde zum Mond dagegen war so groß, dass sie gar nicht erst versucht hatte, die nötige Fahrzeit zu berechnen. Vom Kraftaufwand ganz zu schweigen.

Heilige Madonna, tatsächlich bis zum Mond. Wenn man bedachte, als welch enorme Leistung es ihr erschienen war, den Macerone-Pass zu überwinden. Mit einem letzten Blick auf die schiefe Scheibe dort oben riss sie sich vom Fenster los. Es gab noch viel zu tun, bevor sie aufbrach, sie konnte nicht ihre Zeit damit vertrödeln, in den Himmel zu starren.

Zärtlich strich sie über das Foto von Carlo. »Ich mache einen Ausflug, um ein paar Freunde zu sehen«, erklärte sie ihm, »heute Abend erzähle ich dir alles.« Dahinter stand eine ältere, verblichene Fotografie, aufgenommen vor dem Mailänder Rathaus, die sie neben einem Mann mit liebevollem, irrem Lächeln zeigte. Damals hatte sie nicht auf seinen verrückten Blick geachtet, sondern vor allem seine Freundlichkeit gesehen, die ihr so gutgetan hatte. Sie streichelte auch ihn, denn der Gedanke an den schönen Tag, der vor ihr lag, erfüllte sie mit Wohlwollen für die ganze Welt.

Sie wusch sich eilig und ging zum Kleiderschrank. Es war reines Theater, sich davorzustellen, als würde sie überlegen, was sie anziehen sollte, denn sie wusste ja bereits, wie es enden würde: dunkler Pullover, schwarze Hose und die unvermeidliche Schirmmütze, um ihre wilden Haare zu bändigen. Eher Uniform als Kleidung. Noch nie war sie bei einem Rennen oder einer Veranstaltung in etwas anderem erschienen, ohne diese Sachen fühlte sie sich einfach nicht wohl.

Sie erwog, sich einen Imbiss zum Mitnehmen zu machen. Gewiss würde man sie zum Mittagessen einladen, keine Frage, aber was, wenn sich alles ein wenig in die Länge zog oder sie noch vor dem Ende des Rennens Hunger bekam? Sie schnitt die mit Olivenöl gebackenen Brötchen auf, die sie am Vortag für alle Fälle gekauft hatte, und belegte sie großzügig. Da sie schon mal dabei war, steckte sie auch eine Feldflasche voll Wasser in den Rucksack, man wusste schließlich nie. Dann machte sie die Runde durch die Wohnung, um zu kontrollieren, ob alles in Ordnung war, das Licht ausgemacht, das Gas abgedreht und ihre Schätze in Sicherheit. Seit Carlos Tod vor zwei Jahren war mehrfach bei ihr eingebrochen worden. Man hatte ihr einige ihrer liebsten Erinnerungsstücke gestohlen, Medaillen und vergoldete Pokale, Blech von geringem Wert für diese diebischen Mistkerle, aber von enormer Bedeutung für sie, die für jedes Gramm literweise Schweiß vergossen hatte. Weiß der Teufel, was sie damit machten, diese Idioten. Außerdem ein paar Alben mit Fotos und Zeitungsartikeln, in denen von ihr die Rede war. Carlo hatte sie mit Andacht zusammengestellt wie eine Sammlung von Heiligenbildchen. Erst als er damit fertig war, hatte er ihr die Alben gezeigt. »Hier, Fonsina, damit du dich immer daran erinnerst, wer du bist«, hatte er gesagt. Das war die schönste Liebeserklärung für sie gewesen.

Geld hatte man ihr auch geraubt, einen Teil ihrer armseligen Ersparnisse, die es ihr ermöglichten, halbwegs menschenwürdig über die Runden zu kommen. Seitdem hatte sie sich angewöhnt, es an verschiedenen Stellen zu horten, ein paar Tausend Lire hier, ein Bündel Scheine da. Manchmal vergaß sie, wo sie es versteckt hatte, und wenn sie es dann plötzlich wiederfand, freute sie sich wie ein Kind über ein unerwartetes Geschenk.

Sie sah nach dem Geld im Kühlschrank, das in einer Wurstpackung steckte, und dem, das sie in eine Schuhspitze gestopft hatte wie eins dieser Papierknäuel, mit denen die Schuhmacher die Form erhalten. Anschließend ging sie ins Bad und zog aus einem Stapel sauberer Handtücher das Diadem hervor. Der goldene Reif und die Steine glänzten um die Wette. Sie setzte es auf und betrachtete sich im Spiegel. Es war das Geschenk eines Mäzens zu ihrer Zeit in Paris vor mehr als dreißig Jahren. Immer wenn ein Kummer sie plagte, der sich anders nicht vertreiben ließ, zog sie das Diadem auf und stolzierte damit hoch erhobenen Hauptes durch die Wohnung, während sie die Hausarbeit erledigte oder Radio hörte. In der Öffentlichkeit trug sie es nicht, das war ihr peinlich – außer zur Weiberfastnacht. Dann ging sie damit hinunter auf die Via Varesina oder in ihr Büro in der Via Farini. Die Leute lachten und klatschten Beifall.

»Wie ihr seht, habe ich mich auch dieses Jahr kostümiert!«, scherzte sie.

»Es lebe die Königin der Tretkurbel!«, antworteten sie.

»Die *ehemalige* Königin der Tretkurbel«, sagte sie zu ihrem Spiegelbild. So titulierten die Zeitungen sie jetzt bei den wenigen Malen, die man sie noch erwähnte. Von wegen *ehemalige*, dachte sie. Eine Königin war sie und würde sie bleiben. Sie schob das Diadem zurück zwischen die Handtücher, wobei sie darauf achtete, dass nichts hervorlugte, und strich kurz darüber. Ihr lag viel an diesem Schmuckstück, nicht nur wegen des materiellen Werts, sondern weil es sie an diesen besonderen Tag erinnerte, an dem sie ihre Mutter dazu gebracht hatte, es aufzuprobieren. Sie hatten so gelacht, dass ein Hoteldiener angeklopft hatte, um sich zu erkundigen, ob alles in Ordnung sei. Und vor Kurzem hatte sie versprochen, das Diadem Antonia zu leihen, einem jungen Mädchen, das mit seiner Familie über ihrer Werkstatt mit Büro wohnte. Wenn nur dieser Trottel von Antonias Verehrer sich mal dazu durchringen könnte, ihr einen Antrag zu machen. Alfonsina schloss das Schränkchen und fuhr mit ihrer Inspektion fort.

In einem grünen Plastikdöschen befand sich statt Puder der Ordensstern, den sie von D'Annunzio bekommen hatte. Alles an seinem Platz also, sie konnte beruhigt aufbrechen.

Doch irgendetwas ließ sie zögern. Ein Gefühl von Erschöpfung, ein lastendes Gewicht auf den Schultern hielt sie an der Türschwelle fest. Sie hatte unruhig geschlafen, daran lag es wohl. Die Nachrichten hatten bis kurz vor Mitternacht gedauert, und beim Zubettgehen war sie noch ganz aufgewühlt gewesen von der Geschichte mit der Raumsonde. Sie hatte sich vorgestellt, wie die *Luna 2* auf ihrem weiten, mühelosen Flug über sie hinwegsauste, geradewegs in den Himmel hinein. Du liebe Güte, der Mensch schickte sich an, auf den Mond zu fliegen, und wer weiß wohin als Nächstes, weiter und weiter, über alle Grenzen hinaus. Auf diese Weise war sie spät eingeschlafen und immer wieder ruckartig aufgewacht, weil sie glaubte, Erschütterungen unter sich zu spüren und ein Brummen zu hören, das sich zwischen den Sternen verlor.

Kein Wunder, dass sie heute nicht ganz bei sich war und

sich matt bis in die Knochen fühlte. Die Uhr zeigte sechs an, die Morgennachrichten, mit denen das tägliche Programm begann, würden in einer Dreiviertelstunde auf Sendung gehen. Sie hätte gern das Neueste über die Mondmission gehört, aber es war keine Zeit mehr. Schade. Sie wollte nicht die Augenblicke vor dem Start des Rennens verpassen, so voller Adrenalin und Träume, Zweifel, Zuversicht und Tollkühnheit. Auch wenn es ihr stets das Herz zerriss vor Wehmut, auf keinen Fall würde sie sich das entgehen lassen. Kurz sah sie zu dem Wandbord hin, auf dem ihre kostbarste Trophäe lag: ein Stück von einem Besenstiel. Das konnte sie gut sichtbar aufbewahren, weil niemand seinen Wert ahnte. Dieses Stück Holz hatte sie in der schwersten, dunkelsten Stunde erhalten, die sie je auf der Straße durchgemacht hatte. Daneben hatte sie das Radio gestellt, als Verbindung zwischen dem Stock und dem Himmel. Ihre Leistungen hatten den Weg zum Mond gewiesen, denn der Mensch kennt keine Grenzen, auch nicht der weibliche.

Sie spürte einen Kloß im Hals und musste mehrmals schlucken. »Schluss jetzt, Fonsina, es ist schon spät.«

Direkt unter dem hölzernen Andenken lehnte ihr Fahrrad an der Wand. Sie lud es sich auf die Schulter und trug es die zwei Treppen hinunter. Obwohl sie Übung darin hatte, strengte es sie heute enorm an. Gut, dass sie beschlossen hatte, mit dem Motorrad nach Varese zu fahren. Noch bis vor wenigen Jahren wären die dreißig Kilometer ein Klacks für sie gewesen, aber jetzt musste sie auf motorgetriebene Räder zurückgreifen. Sie radelte langsam zur Via Farini, wo ihre leuchtend rote Moto Guzzi 500 stand. Die Guzzi sprang nicht beim ersten Tritt an, auch nicht beim zweiten, es waren ein Dutzend Versuche nötig. Offenbar zeigte auch sie Ermüdungserscheinungen. Alfonsina schob sie im Leerlauf hinaus auf die Straße, auch wenn sie das Dröhnen des aufgedrehten Motors liebte, aber sie wollte nicht das ganze Umland so früh am Sonntagmorgen wecken.

»Guten Morgen, Alfonsina!«

Sie hob den Kopf.

Antonia beugte sich munter aus dem Fenster.

»Oh, habe ich dich geweckt? Tut mir leid.«

Das Mädchen lächelte. »Nein, nein, ich bin schon seit einer Weile auf.«

»Wieso das denn?«

Antonia seufzte. »Ich konnte nicht schlafen.« Sie drehte sich kurz zur Wohnung um und lehnte sich dann noch ein Stück weiter hinaus. »Stefano kommt heute Abend zum Essen«, flüsterte sie. »Er will mit meinem Vater sprechen, wir wollen uns verloben.«

»Ach, hat er sich endlich entschlossen!«, platzte Alfonsina heraus. »Na, dann werd ich schon mal das Diadem wienern.«

Die junge Frau lachte, ein Bild des Glücks. »Komm doch auch, dann kannst du ihn kennenlernen.«

Alfonsina stieg auf ihr Motorrad. »Würde ich gern, aber es wird spät heute. Ich fahre zum Tre-Valli-Rennen, die Freunde und Kollegen erwarten mich dort.«

»Na gut, dann ein andermal.« Antonia warf ihr eine Kusshand zu und schloss das Fenster.

»Bestimmt!« Alfonsina setzte ihre Kappe auf und sah zum Himmel. Der immer bleichere Mond war weiter gesunken und größer geworden, fast als wollte er der Raumsonde den Anflug erleichtern: Hier, ich komme dir entgegen und mache mich ganz breit, du kannst mich nicht verfehlen!

Sie schüttelte den Kopf und schaltete grinsend in den Ersten; die Vorstellung, dass der Mond mit dem Flugkörper sprach, war zu ulkig. Heute Abend bei ihrer Rückkehr würde sie gleich die Nachrichten anmachen, um zu hören, ob der Versuch gelungen war. Sie gab Gas, und das Motorrad schoss mit einem Satz los. Innerhalb kürzester Zeit würde sie in Varese sein.

Schon als Kind hatte sie gern den Mond betrachtet.

Sie war am 16. März 1891 um drei Uhr morgens zur Welt gekommen, als der Frühling bereits in der Luft lag und der Nachthimmel leuchtete.

Eine Nachbarin hatte ihrer Mutter bei der Entbindung beigestanden und das Neugeborene sofort nach dem Durchtrennen der Nabelschnur hinausgebracht. Vielleicht, um dem Gedränge im Haus der Morinis zu entkommen oder um Virginia eine Atempause zu verschaffen, die beim Herauspressen der zweiten Tochter mehr gelitten hatte als beim ersten Mal. Die Nachbarin hatte das Kind in einen Lumpen gewickelt und es in dem bläulichen Licht draußen an ihrer Brust gewiegt. Später, als Alfonsina größer war, hatte sie ihr erzählt, dass der Mond in der Nacht ihrer Geburt halb voll gewesen sei. Das habe sie als ein gutes Zeichen aufgefasst, denn der dunkle Teil verheiße zwar Hürden und Plackerei, doch dafür werde die andere Hälfte ihres Lebens hell und reich an Glück sein. Freud und Leid seien ihr zu gleichen Teilen beschieden, und darüber könne sie froh sein. Den meisten Leuten ergehe es schlechter.

Man hatte sie Alfonsa Maria Rosa getauft. Auf den ersten Namen zu Ehren des alten Fürsten von Ferrara, Modena und Reggio Emilia, Alfonso I. d'Este, auch wenn die Morinis arm wie die Kirchenmäuse waren. Vielleicht liebte Fonsina den Mond deshalb so sehr – er war schön, strahlend und rein, eine glänzende Silbermünze, bei deren Anblick allein man sich schon reich fühlte. Wo sie lebte, gab es dagegen nichts Schönes, nur Schmutz im Überfluss.

Von ihrer Kindheit sollten Alfonsina vor allem die Enge und das ewige Geschrei in Erinnerung bleiben. Zu dem ihrer Brüder und Schwestern kam noch das der Findelkinder hinzu, die ihre Eltern aus den Waisenhäusern holten, um die Beihilfe der Provinzverwaltung zu erhalten. Gleich nach der Geburt ihrer älteren Schwester Emma hatten Vater und Mutter sich an das Waisenhaus in Bologna gewandt und ein wenige Tage altes, schmächtiges Geschöpf zu sich genommen, das Ubalda hieß und nur ein paar Monate lebte. Alfonsina war überzeugt, dass die Kleine in der Ecke des Betts gestorben war, in der sie nun schlief, denn nachts erschien ihr manchmal ein runzeliges Köpfchen mit dunklen, traurigen Augen und verdrießlichem Ausdruck, und im Laufe der Jahre kamen die schrumpeligen Gesichter all der in Pflege genommenen und im Haus gestorbenen Waisenkinder hinzu. Ein Kreis aus hungrigen Augen um das Lager herum.

Alfonsina war ein Jahr alt, als die Eltern wieder zum Waisenhaus gingen und Giuseppina samt einer weiteren Unterstützung abholten. Sie starb nach einem Vierteljahr. Die kleine Leiche wurde vom Karren der Pfarrei abgeholt, während ihre bleiche, aufgedunsene Seele sich aufmachte, um dem faltigen Gespenst Ubaldas Gesellschaft zu leisten. Die Kinder kamen nun immer abwechselnd: auf eines, das die Mutter zur Welt gebracht hatte, folgte im nächsten Jahr eines aus dem Heim, das sie als Amme aufzog. Alfonsinas erster Bruder, Riccardo, wurde 1893 geboren, und kaum war er abgestillt, wurde das Findelkind Amelia aufgenommen. Amelia hatte mehr Glück oder war von zäherer Natur, denn sie wurde über ein Jahr alt und schließlich ins Waisenhaus zurückgegeben. Man hörte nichts mehr von ihr, doch sie musste überlebt haben, denn ihr Geist erschien nie unter denen, die den schmalen Platz um das Bett herum bevölkerten.

Vor der Geburt Lodovicos, des vierten Kindes, zogen die Morinis um. Auch das wiederholte sich regelmäßig. Jahr für Jahr gegen Ende des Sommers luden arme Familien wie sie Möbel und Haushaltsgegenstände auf einen Karren und wanderten von einem Ort in der Ebene zum nächsten. Die Ernte war weitgehend eingebracht und der Boden hart und trocken, ausgedörrt von der Sonne. Die Kleinstbauern und Tagelöhner nutzten die Zeit, um weiterzuziehen, bevor die Herbstregenfälle die Felder aufweichten und eine neue Aussaat ermöglichten. Sie hofften auf fruchtbareres Pachtland, allerdings meist vergeblich. Nach jeder Umsiedelung war der Boden karger, ausgelaugt durch die, die ihn vorher bestellt hatten.

Der September war der Monat der großen Wanderungen, auf der Erde wie am Himmel. Oben machten sich Schwärme von Zugvögeln bereit, weite Länder zu überfliegen, um etwas zu picken zu finden, und unten bewegten sich Scharen von armen Teufeln, getrieben von dem gleichen Bedürfnis, auf Muliwagen oder häufiger zu Fuß durch die Gegend.

Es war wie das Spiel *Bäumchen wechsle dich*, bei dem einer in der Mitte stehen und rasch einen Platz besetzen muss, während die anderen von hier nach dort rennen. Doch jeder Winkel war schlimmer als der vorige. Klar, denn wenn er besser gewesen wäre, hätten die vorigen Bewohner ihn nicht aufgegeben. Die Kinder wussten das, hielten aber den Mund, denn wehe, wenn man den Erwachsenen widersprach. Also ließen sie sich stumm herumkarren, in einem endlosen, unsinnigen Reigen.

»Aufbruch«, so hieß dieses hastige Wegziehen im Spätsommer, ehe der Regen die Straßen in Schlammbäche verwandelte, oder auch »den San Michele machen«. Wahrscheinlich nach dem Heiligen, dessen Tag am 29. September begangen wurde, wenn das Hin und Her allmählich nachließ und die Familien ihre Kinder und Habseligkeiten von den Wagen hoben, um sich in den neuen Hütten, genauso schäbig wie die letzten, einzurichten.

Alfonsina reckte oft die Nase zum Himmel und beobachtete den Flug der Turteltauben, Schwalben und Stare. Sie schienen sich auf ihren Wegzug zu freuen und riefen einander mit lang gezogenen Pfeiftönen, sammelten sich zu großen Wolken, die die Sonne verdeckten. Der Luftzug, wenn sie über die Köpfe der Menschen dahinsausten, erinnerte an das Streicheln des Winds.

Wenn sie Flügel hätte, dachte sie, würde sie ganz schnell ganz weit weg fliegen und nie wiederkommen. Aber wohin nur? Jedes Mal waren die Häuser kleiner, wenn man diese Hütten aus Mörtel und Laub überhaupt so nennen konnte, jedes Mal schwirrten mehr Mücken und Fliegen durch die Gegend und gab es weniger Brot. Sie hätten die Vögel um Rat fragen sollen, denn die kannten das richtige Ziel, Gegenden mit fruchtbarem Boden, der reichlich Getreide und Mais hervorbrachte, um duftendes Brot und Polenta daraus zu machen, auch gute Hirse für die Hühner, die saftige Eier legen würden, sogar welche mit zwei Dottern! Das dachte Alfonsina, während die Schwalben kreischten und den Ärmsten unten auf den Karren »ciao, ciao« zuriefen.

Die Bauernkate, in der sie am längsten blieben, befand sich in der Nähe von Castenaso, nicht weit von Bologna. Sie war weder besser noch schlechter als die vorige, doch der Name des Ortsteils sagte alles: Fossamarcia, Faulgrube. Ein matschiges Loch voller Larven und Stechmücken. Dort wurde Lodovico geboren und nach ihm kamen Armando, Ernesto, Lina, Guglielmo und Anna, die Nella genannt wurde, niemand wusste, warum. Im Jahr 1912, als Mamma Virginia schon zweiundvierzig war, alt und ausgelaugt, kam noch Elio. Dazwischen hatte sie elf weitere Kinder in Pflege gehabt, an deren Namen Alfonsina sich als Erwachsene nicht mehr erinnerte, weil es zu viele gewesen waren. Eins aber wusste sie noch, nämlich dass es fast nur Mädchen waren. Daraus hatte sie geschlossen, dass Mädchen minderwertig sein mussten, aus schlechterem Holz geschnitzt als die Jungen, weshalb ihre Eltern sie nur zu gern loswurden.

Viele Kinder starben damals früh. Die aus den Findelhäusern kamen meist schon halb tot an, ausgezehrt von Tuberkulose, mit magerer, von Weinkrämpfen geschüttelter Brust oder gefleckt von Pellagra, geschwächt von Typhus. Diejenigen, die in den Hütten zur Welt kamen, erkrankten ebenfalls früher oder später und waren von Mangelernährung gezeichnet. Alfonsina entsann sich, dass die Todesfälle mit einer gewissen Resignation hingenommen wurden, als seien die Geburten eine Wette und die Eltern darauf eingestellt, diese zu verlieren. Es blieb keine Zeit zum Weinen, Trauer war ein Luxus für die Reichen. Starb dagegen ein Nachkomme der Grundherren, war das ein schwerer Schicksalsschlag, kaum zu verkraften. Die Familie trug jahrelang Trauer und ließ Messen und Novenen für die liebe kleine Seele lesen. Das tote Kind wurde in einen glänzenden weißen Sarg gelegt und von Kutschen und dem Wehklagen des ganzen Dorfs begleitet. Auch die Tagelöhner weinten, als sei der Verlust eine allgemeine Tragödie, als zählte dieses Engelchen mehr als die Bälger zu Hause. Vermutlich, weil die Reichen nur wenige Kinder hatten, sie dagegen mehr als genug.

Auch wenn Alfonsina sich nicht alle Namen gemerkt hatte, vergaß sie doch nie die Augen der Geschwister und Ziehgeschwister, die in dem Haus in Fossamarcia gestorben waren, kleine flackernde Laternen im Dunkel der Küche, in der sie zusammengedrängt schliefen. Sie starrten sie feindselig an, als wollten sie Rechenschaft von ihr verlangen für das versagte Brot und die allzu kurze Lebenszeit. Warum wurden wir auf die Welt gerufen, schienen sie zu fragen, was sollten wir auf Erden, wenn es für uns keinen Platz gab, keinen Teller Suppe, keine Liebkosung, nicht einmal eine Träne?

Das waren zu schwierige Fragen für die junge Alfonsina, und um ihnen zu entkommen, floh sie aus dem Bett hinaus ins Freie, in den dunklen, insektenverseuchten Sumpf, und stellte sie dem Mond. Der aber antwortete nicht. Er lächelte nur, mal schmal und gebogen wie eine Sichel, mal prall und rund, aber immer schweigend, den Kopf in den Wolken erfreute er sich an seinem silbernen Gewand. Was wusste der prächtige Mond schon vom Elend auf Erden? Welche Antworten konnten die Reichen auf die Armut der Unglücklichen geben, wenn doch diese selbst, die darin geboren worden waren, keine hatten?

Die traurigste Gestalt dieses jämmerlichen Friedhofs der Seelen war Emma, ihre ältere Schwester. Virginia hatte noch nicht die letzten Sprösslinge hervorgebracht, da wurde auch Emma schon schwanger, als wären frühe Schwangerschaften eine erbliche Krankheit, übertragen von der Mutter auf die Tochter.

Emma starb bei der Geburt eines kleinen Mädchens, auch das violettblau und schrumpelig, noch mehr als die Findelkinder aus dem Waisenhaus. Also musste Virginia zusätzlich als Amme für ihr Enkelkind herhalten, während

Emma sich zu dem Chor der nächtlichen Gespenster hinzugesellte.

Danach hatte Alfonsina Angst, dass sie jetzt an der Reihe sein könnte, die Kette der Schwangerschaften fortzusetzen, und beobachtete monatelang ihren Bauch. Zum Glück blieb er leer und flach, und irgendwann seufzte sie erleichtert auf, weil sie von der Krankheit verschont geblieben war.

Fasziniert und furchtsam zugleich betrachtete sie die kleinen hungrigen Münder an den Brüsten der Mutter. Was gab es da zu saugen, wenn Virginia selbst nur Haut und Knochen war? An manchen Abenden zur Essenszeit schien es ihr, als würden lauter Skelette um den Tisch sitzen. Sie kratzten die Teller leer und reichten dann den Topf herum, weil noch ein paar Reste am Boden klebten. Ihre Mienen waren ernst und konzentriert, während sie ein Stück Brot hineintunkten in der Hoffnung, dass ein wenig vom Geschmack der Mahlzeit daran hängen blieb. Danach herrschte stets gedrückte Stille.

Der Vater stützte den Kopf in die Hände und seufzte laut. Die Mutter sammelte das Geschirr ein und stapelte es mit müden Bewegungen im Spülbecken. Die Kinder schwiegen und beobachteten die Erwachsenen.

In der Schule hatte die Lehrerin einmal von einem berühmten Buch erzählt, das vor vielen Hundert Jahren geschrieben worden war und in dem die Seele eines Grafen sich in der Hölle grämte, weil er aus Hunger seine eigenen Kinder gegessen hatte. Er war mit ihnen in den Kerker geworfen worden, ohne Essen. Eines Tages, als er sich vor Verzweiflung in die Hände biss, bot sich ihm eines der Kinder, das glaubte, er täte es aus Hunger, als Speise an. Der Vater war entsetzt, doch als die Kinder nacheinander an Auszehrung starben, stürzte er sich auf sie und riss ihnen mit den Zähnen das Fleisch vom Leib. Alfonsina hatte sich an ihre Familie erinnert gefühlt. Sie saßen zwar nicht im Kerker, waren aber dennoch Gefangene eines ewigen Hungers, dem sie gern entkommen wäre, indem sie sich den anderen als Nahrung anbot. Immer noch besser, als ständig das Leid auf den Gesichtern von Eltern und Geschwistern zu sehen.

Seit sie die Geschichte von dem Grafen gehört hatte, konnte sie es abends nicht erwarten, vom Tisch aufzustehen und ins Freie zu flüchten. Draußen sah sie zum Mond auf, dessen Üppigkeit sie ihre Not vergessen ließ, auch das Bedürfnis, zu Vater und Mutter hinzugehen und zu sagen: Hier, bitte, ich mache mir nichts aus dem Körper, den ihr mir geschenkt habt, nehmt ihn und stillt euren Hunger.

Im blausilbrigen Licht der Nacht stellte sie fest, dass sie einen zweifachen Hunger in sich trug. Einen nach Brot und noch einen anderen, der nichts mit Essbarem zu tun hatte und den sie nicht richtig benennen konnte. Er überkam sie jedes Mal, wenn sie an Virginias Röcken vorbeistreifte oder an den dürren Beinen des Vaters. Dann blieb sie kurz stehen und hoffte auf einen Blick, eine Geste, mit der die Eltern zu erkennen gaben, dass sie sie wahrgenommen hatten, dass es ihnen nicht gleichgültig war, ob es sie gab oder nicht. Keine großen Wunder, nur so viel, damit sie sich gewollt und zu Hause fühlte.

An diesem Septembermorgen 1959 nun, so viele Jahre später, während der Himmel zunehmend heller wurde und den fernen Umriss des Monviso zum Glänzen brachte, dachte Alfonsina, versteh einer, warum, an all das zurück.

Wahrscheinlich, weil die Reise zum Mond sie durcheinandergebracht hatte, auf dem irgendwann Astronauten landen und Adern von Gold und Edelsteinen entdecken würden. Sicher gab es dort oben große Reichtümer, warum sonst sollte man sich auf solche verrückten Missionen versteifen und sein Leben aufs Spiel setzen?

Das war eine dumme Frage, merkte sie. Die Antwort war dieselbe, die sie mit ihrem Fahrrad gesucht hatte. Wie weit konnte man gehen? Sie beschleunigte ein wenig, weil es sie auf einmal drängte, so schnell wie möglich nach Varese zu kommen.

Antonia heiratet also, dachte sie. Heilige Madonna, wie die Zeit vergeht. Ihr kam es vor, als hätten sie sich erst gestern kennengelernt, dabei war es mittlerweile zehn Jahre her.

Das Mädchen war ihr eines Nachmittags im Sommer in der Via Farini aufgefallen. Die Kleine stand am Rand, während ein paar Kinder aus der Nachbarschaft Himmel und Hölle spielten. Es war ihr anzusehen, wie gern sie mitgemacht hätte, doch sie blieb mit herzzerreißend traurigen Augen an der Mauer lehnen.

»Warum spielst du nicht mit den anderen?«, hatte sie gefragt.

Das Mädchen zuckte die Achseln.

»Wie heißt du?«

»Antonia.« Schon daran, wie sie ihren Namen aussprach, erkannte Alfonsina, dass sie nicht aus Mailand stammte. Sie fühlte sich bestimmt fremd, das arme Ding. »Hast du schon mal eine Fahrradwerkstatt gesehen?«, fragte sie.

Antonia schüttelte den Kopf.

»Dann komm mit rein.«

Das Mädchen blieb an der Tür stehen. »Gehört die Ihnen?«

»Ja, gefällt sie dir?«

Sie nickte. »Sind Sie Mechanikerin?«

Alfonsina lachte. »Ja, das auch. Na los, komm her, und bitte sag du zu mir.«

»Aber ich kenne Sie doch gar nicht.«

»Ich heiße Alfonsina Strada. Ich bin so was wie eine Tante für das ganze Viertel hier.«

Schüchtern betrat Antonia die Werkstatt.

Alfonsina erklärte ihr nacheinander jedes Fahrradteil, dann die Werkzeuge auf der Werkbank und wozu sie dienten.

Das Mädchen gewöhnte sich bald an, sie regelmäßig zu besuchen.

Sie gewann sie lieb wie eine Enkelin, und die Eltern waren froh, dass diese nette Frau sich ihrer Tochter annahm. Alfonsina half ihr bei den Hausaufgaben, ging mit ihr Eis essen und ins Kino. Dreimal schleppte sie die Kleine in *Das Wunder von Mailand*, und sie beklagte sich nie. Alfonsina war überzeugt, dass De Sica und Zavattini sich von ihr zu der Figur des Totò hatten inspirieren lassen. Ihr ganzes Leben war in diesem Film enthalten.

Plötzlich ruckelte die Moto Guzzi heftig, offenbar hatte sie ein Schlagloch übersehen. Achte mal lieber auf die Straße, Träumerin, sagte sie sich und blickte verstohlen nach oben, als erwartete sie, Totò auf einem Besen über den Himmel sausen zu sehen.

Der Mond mit seinem krummen, blassen Bauch machte nun endgültig der Sonne Platz.

Heute Abend sehe ich dich ja wieder, dachte sie, und um Viertel nach elf werde ich im Radio hören, ob sie dich diesmal erwischt haben.

Als sie auf die Landstraße abbog, hatte sie eine letzte Vision von all den kleinen, hungrigen Gesichtern ihrer Kindheit, den lebenden und den toten. Sie erschienen am Straßenrand wie damals zu ihren Anfängen, als die Strapazen so groß waren, dass sie fürchtete, aufgeben zu müssen. Los, Alfonsina, fahr weiter, sagten ihre Blicke. Fahr immer weiter, denn du kannst es.

Sie spürte einen Druck im Magen, als hätte ihr Herz sich aus der Brust gelöst und wäre dort hinuntergerutscht. Eine Träne quoll hervor und verflog. Sicher nur der Wind, der unter ihre Brille fuhr und die Augen reizte. Es gab ja auch keinen Grund zu weinen. Antonia heiratete, und sie fuhr einem schönen, erfüllten Tag entgegen.

Vater und Mutter waren beide hübsch gewesen in ihrer Jugend, jedenfalls, wenn man ihren Erzählungen Glauben schenken konnte.

Carlo Morini, stattlich und dunkel, hatte einen Schnurrbart gehabt, den die Frauen mit Küssen verschlingen wollten. Er stammte aus Modena, war aber mit achtundzwanzig nach Rastellino bei Castelfranco gezogen, um Arbeit zu finden. Als Tagelöhner machte er alles, was anfiel, ob es nun eine Mauer hochzuziehen oder den Boden umzugraben galt. Virginia war zehn Jahre jünger als er und mit Brüsten gesegnet, die das Gespräch von ganz Riolo, ihrem Wohnort, waren. Nur zwei Kilometer trennten sie voneinander, und Carlo legte diese Strecke liebend gern zu Fuß zurück, besonders, wenn ein Erntefest oder eine Kirchweih lockten.

Er war hin und weg vom üppigen Busen dieses Mädchens. Sie hatte noch nie einen so glänzenden schwarzen Schnauzer gesehen. Die beiden zogen zusammen, ohne sich um die Sakramente zu kümmern. Daran, ihre Verbindung durch eine ordnungsgemäße Heirat legitimieren zu lassen, dachten sie erst nach Emmas Geburt.

Die Familie Morini unterschied sich nicht von den anderen ringsherum. Der Mann ging arbeiten und die Frau zog die Kinder auf, viele, so viel es ging, in der Hoffnung, dass ein paar überlebten und zur Stütze ihres Alters wurden.

Schon als Alfonsina noch klein war, fanden sich in Carlos Schnurrbart die ersten grauen Haare, und aus seinen Augen war der Glanz verschwunden, von dem Virginia manchmal noch schwärmte. Wer weiß, ob es ihn je gegeben hatte. Die Brüste der Mutter dagegen hingen welk herab. Durch das ständige Sichfüllen und Entleertwerden hatten sie ihre schöne Form verloren, und man konnte kaum glauben, dass Virginias geschwollene Beine einmal leicht und anmutig getanzt hatten.

Alfonsina hatte gedacht, dass das Leben eben so war, dass es nichts anderes gab, als zu frieren oder zu schwitzen, je nach Jahreszeit, das ganze Jahr hindurch Hunger zu haben und zu sechst oder noch mehr in einem der beiden Betten für die Kinder zu schlafen. Eins für die Jungen, eins für die Mädchen, die einen so herum, die anderen anders herum, um es ein wenig bequemer zu haben. Dazu das nächtliche Konzert von Fürzen, die nach Kohl stanken, das Einzige, was auf den Feldern von Fossamarcia reichlich wuchs. Sonntags gab es manchmal ein Omelett, einen gelblichen, dünnen Fladen, denn die wenigen Hühner im Hof ernährten sich praktisch von nichts, hauptsächlich Steinchen und Larven, und schieden nur wenige Eier aus. Sie waren so mager, dass einem die Lust verging, ihnen den Hals umzudrehen, und ergaben eine Brühe so fad und dünn wie Spülwasser. Nicht einmal genug Holz, um es richtig warm zu haben, war vorhanden, und wenn die Herrschaft mitbekam, dass man einen Baum gefällt hatte, gab es Ärger. Zum Glück konnte der Vater im August und September immer beim Hanfdreschen helfen und wurde mit einer Handvoll Münzen und ein paar Ballen Wurzeln entlohnt, die auf dem Dach getrocknet wurden und im Kamin knisterten, dass es eine Freude war. Die Küche füllte sich mit einem dichten, süßlichen Rauch, und die Familie versammelte sich um das Feuer, genoss die angenehme Wärme und lachte ohne Grund. Der Duft des brennenden Hanfs bewirkte eine unsinnige Heiterkeit, und das ewige Loch im Bauch kam ihnen nicht mehr ganz so groß vor.

An solchen Abenden konnte Alfonsina sogar die Stimmen der kleinen Toten um das Bett herum hören, während ihre Geschwister wie betäubt einschliefen und bis zum Tagesanbruch reglos auf ihren Strohsäcken lagen. Vater und Mutter hingegen packte in den vom Hanf gewärmten Nächten eine Art Raserei, sie rollten sich grunzend und seufzend herum und fanden keinen Schlaf, als hätte der Rauch sie wild gemacht.

Bei der Erinnerung an die Liebestollheit der Eltern musste sie lachen. Erst Jahre später hatte sie verstanden, was dieser nächtliche Radau zu bedeuten hatte.

Alfonsina fuhr auf Rho zu und verlangsamte ein wenig, um das gleißende Panorama bei Sonnenaufgang zu bewundern. Wer hätte damals geahnt, was alles jenseits des Sumpfs von Fossamarcia lag?

Der Weg hinaus eröffnete sich ihr eines Tages in Gestalt eines alten Fahrrads mit abgeplatztem Lack.

Der Doktor hatte sich ein neues gekauft und dem Vater die Klapperkiste für zwei von Virginias mageren Hühnern überlassen. Auch das Fahrrad schien in den letzten Zügen zu liegen, doch die Familie Morini empfing es mit Ausrufen der Bewunderung.

»Damit finde ich bessere Arbeit«, sagte Carlo stolz und gab dem Sattel einen Klaps. Er würde die Umgebung abfahren und vor allen anderen dort sein, wo es für guten Lohn einen Tag lang etwas zu tun gab.

Alfonsina mit ihren zehn Jahren hatte noch nie etwas Schöneres gesehen. Wie weit man mit einem Fahrrad wohl kam? Bis nach Fiesso oder Prunaro. Bis Budrio womöglich. Vielleicht sogar bis Bologna, du liebe Güte, bis Bologna und noch weiter, wohin die Beine und die Fantasie einen trugen.

Der Vater warf drohende Blicke um sich. »Wehe, jemand von euch fasst es an!«, sagte er mit erhobenem Zeigefinger und richtete sich in seinen knochigen, krummen Schultern auf. »Es gehört ganz allein mir, weil ich das Geld nach Hause bringe.« Alle nickten stumm, beeindruckt von diesem wunderbaren Fahrzeug, von dem ihr Schicksal abhing.

Alfonsina ging zurück ins Haus, nahm das Blatt mit den Maßen des Kleids, an dem sie gerade nähte, und schrieb das Wort mit dem Bleistift.

Virginia legte großen Wert darauf, dass ihre Kinder lesen und schreiben lernten. Sie schickte sie allesamt zur Schule in Fiesso, und falls eines sich widersetzte, gab es was auf die Ohren, dass sie sich purpurrot färbten.

Alfonsina war gern zur Schule gegangen. Sie hatte sich schnell zwischen Wörtern und Zahlen zurechtgefunden und es sehr bedauert, als man zu Hause beschloss, dass zwei Jahre Schule mehr als genug waren. Es wurde Zeit für sie, zum Lebensunterhalt der Familie beizutragen. Wahlmöglichkeiten gab es nicht viele: Entweder half sie auf den Feldern, oder sie setzte sich an den Webstuhl. Daran, selbst einen anzuschaffen, war jedoch nicht zu denken, und die Spinnereien lagen zu weit weg. Virginia hatte ihr schließlich vorgeschlagen, Schneiderin zu werden. Das war eine sichere Arbeit, denn jemand, der einen Rock oder eine Hose nähte, wurde immer gebraucht, und sie konnte sie zu Hause erledigen, anstatt sich in Eiseskälte oder unter stechender Sonne den Rücken zu verrenken. Alfonsina hatte sich überzeugen lassen und die Familie die Ausgaben für Schere, Nadeln und Garn auf sich genommen. Den Stoff brachten die Kundinnen selbst mit.

An diesem Tag nun schrieb sie neben die Maße von Taillenumfang und Beinlänge für eine Hose das Wort »Fahrrad« und das Jahr, »1901«. Die Zahl erschien ihr Glück verheißend. Das gerade begonnene Jahrhundert hatte einen Hauch von Fortschritt auch in den Mückensumpf gebracht.

Fahrrad. Schon der Name war schön. Sie wiederholte ihn so oft, dass er seine ursprüngliche Bedeutung verlor und etwas Wunderbares bezeichnete. Ein magisches Pferd, das nicht einmal Hafer brauchte, eine unermüdliche Maschine, die Ebenen und Gebirge überwand.

Durch das Fahrrad lernte Alfonsina den Ungehorsam.

In einer Vollmondnacht setzte sie sich darauf. Helles, kühles Licht, das durch die schadhaften Fensterläden hereinfiel, hatte sie wach gehalten, während die anderen schliefen. Sie schlüpfte aus dem Bett und folgte der silbrigen Spur. Das Fahrrad stand hinten beim Gemüsegarten. Carlo hatte es ins Haus stellen wollen, aus Angst, dass es gestohlen werden könnte, aber Virginia hatte sich geweigert. Sie konnten sich selbst kaum umdrehen in der Hütte, da fehlte dieses Ding gerade noch. Also versteckte der Vater es in den Rosmarinsträuchern, und jeden Abend, bevor er hineinging, flüsterte er ihm etwas zu und tätschelte es zärtlich. Mit keinem seiner Kinder hatte er je so ein Getue gemacht.

Ein Streifen Mondlicht fiel auf den Rosmarin, und der Lenker schimmerte daraus hervor wie Quellwasser.

Alfonsina, die nur Unterhose und Hemdchen trug, fröstelte. Es war Ende März, und ein zaghafter Frühling löste allmählich den Winter ab, aber es war nicht der Nachttau, der sie erschauern ließ.

Als sie das Rad aus dem Gebüsch zog, hörte sie ein leises Quietschen, wie ein Klagelaut, als täten ihm die Knochen weh. Sie hob es an und schleppte es ein Stück vom Haus weg, damit das Geräusch sie nicht verriet. Für ihr Leben gern wollte sie aufsteigen, doch es war zu hoch für sie.

Etwas weiter vorn ragte eine weiße Felsnase aus dem Boden, genau das, was sie brauchte. Sie kletterte hinauf und beschrieb mit einem Bein einen Bogen, wie sie es bei den Herrschaften gesehen hatte, wenn sie aufs Pferd stiegen. Um den Lenker greifen zu können, musste sie sich quasi auf die Stange legen, und sie reichte nicht mit den Füßen auf den Boden, aber das war egal, Hauptsache, sie gelangte an die Pedale.

Mit einem Fuß stieß sie sich von dem Felsen ab. Ein paar Meter weit ging alles gut, bis das Rad kippte und sie plötzlich mitten auf der Straße lag, mit dröhnendem Schädel. Sie war heftig aufgeschlagen. Ein doppelter, verschwommener Mond starrte vom Himmel auf sie herab, und beim Fallen war ihr Hemd hochgerutscht, sodass sie sich die Haut auf dem Schotter aufgeschürft hatte, vom Hals bis zum Hintern. Es brannte höllisch. Sie rappelte sich auf die Beine, wartete, bis sie wieder klar sah, und betastete ihren Hinterkopf. Da war eine Beule so groß wie eine Kastanie, aber es blutete zum Glück nicht.

Das Fahrrad lag neben ihr. Die Pedale drehten sich noch und forderten sie auf, es erneut zu versuchen. Warum nicht? Hingefallen war sie schon oft, und schlimmer, sie würde sich von ein paar Kratzern nicht aufhalten lassen. Diesmal benutzte sie nicht einmal den Felsbrocken zum Aufsteigen. Sie packte den Lenker und schob das Rad in halsbrecherischem

Tempo bis zu einem leichten Gefälle. Dann sprang sie auf das linke Pedal und schwang das rechte Bein hinüber. Sie saß im Sattel! Der Weg verlief weiter sanft bergab, sodass sie nicht treten musste, sondern sich darauf konzentrieren konnte, die Balance zu halten. Sie begriff, was sie zuvor falsch gemacht hatte: Sie durfte sich nicht starr an den Lenker klammern, als wollte sie ihn zu sich heranziehen, sondern musste mit ihm mitgehen und den Kurven folgen. Schon nach kurzer Strecke hatte sie gelernt, ihr Gewicht dabei leicht zu verlagern.

Der Mond schien klar, die Zwergohreulen riefen leise, der Fahrtwind rauschte um sie herum und liebkoste ihre Haut.

Im Nu hatte sie das Ufer des Idice erreicht. Der kleine Fluss murmelte vor sich hin, angeschwollen vom einmündenden Bach Savena und dem Schmelzwasser des Apennin. Da es gerade so schön lief, fuhr sie bis Castenaso. Wie lange hatte sie gebraucht? Wenige Minuten, ohne jede Anstrengung. Sie hätte noch wer weiß wohin fahren können, doch sie musste umkehren. Der Vater würde bald aufstehen und den Streich entdecken. Sie wendete auf der Piazza und strampelte zurück. Inzwischen hatte sie eine gewisse Gewandtheit erlangt, das Rad gehorchte ihr zahm, und sie fühlte sich als Herrin der Welt.

Alfonsina nahm sich vor, auch in der kommenden Nacht wach zu bleiben und in der darauf. Sie würde Neues entdecken, Dörfer in der Umgebung, die sie nur dem Namen nach kannte. Castenaso war nur einen Steinwurf entfernt, nach Fiesso würde es sogar noch schneller gehen. Bologna lag in erreichbarer Nähe, und sie konnte noch weiter fahren. Heilige Madonna, wer hätte das gedacht, das Leben endete nicht in Fossamarcia!

Allerdings musste sie etwas gegen das Quietschen unternehmen, das mit steigender Geschwindigkeit zunahm, als würde das Fahrrad jammern. Ihr krampfte sich der Magen zusammen bei dem Geräusch. Sie musste unbedingt Abhilfe schaffen, nichts sollte die Harmonie des Tretens stören.

Tränen quollen ihr aus den Augen wie Rosenkranzperlen. Alfonsina achtete nicht darauf, sondern schob es auf die kühle Luft und den versäumten Schlaf. Sie stellte keine Verbindung her zwischen diesen Tropfen und dem Aufruhr in ihrem Magen, ihrer geblähten Lunge und der Leichtigkeit im Kopf. Viel später erkannte sie: Ihr Weinen war Ausdruck eines unbekannten Gefühls – sie war glücklich, ohne es zu wissen.

Sie fand den weißen Felsen wieder und stieg mit seiner Hilfe ab. Kurz vor der Hütte blieb sie abrupt stehen. Was war das für ein Getümmel an der Tür? Sie bekam einen Schreck, offenbar hatten Vater und Mutter ihren Ausflug bemerkt und erwarteten sie schon, um auf sie einzuprügeln wie auf eine Matratze. Flüchtig erwog sie, wieder in den Sattel zu steigen und davonzufahren. Aber wohin sollte sie, mitten in der Nacht und in Unterwäsche? Besser war es, sich dem Donnerwetter zu stellen. Mit erhobenem Kopf schob sie das Fahrrad auf die Behausung zu. Die Schemen zeichneten sich beim Näherkommen deutlicher ab, und das Mondlicht brachte eingefallene Gesichter und verstörte Augen zum Vorschein. Die kleinen Toten! Die armen Seelen hatten ihren Platz um das Bett herum verlassen und sich hier herausgewagt, eng aneinandergedrängt, als hätten sie Angst, sich zu verlieren oder davongeweht zu werden.

»Was macht ihr hier?«

Sie sahen sie stumm an, wussten es offenbar selbst nicht.

»Wolltet ihr das Fahrrad sehen?«

Ihre flackernden Blicke wanderten über den Sattel, den

Lenker, die Pedale. Sie hatten eine unbändige Lust, es anzufassen, doch sie konnten nicht, diese traurigen Gespenster. Mit ihren körperlosen Händen waren sie nicht in der Lage, irgendetwas zu berühren.

Alfonsina hatte großes Mitleid mit ihnen. Was half es einem, zu sterben und ein Geist zu werden, wenn man weiter in demselben Sumpf festsaß, in dem man sein kurzes Leben verbracht hatte? »Immer wenn ich zurückkomme, erzähle ich euch, was ich erlebt habe, ich schwöre es.«

Das Meer von Augen blickte sie aufmerksam an.

»Ihr sollt alles kennenlernen, was ich selbst sehe, so als würde ich euch vorn auf der Stange mitnehmen.«

Die kleinen Toten dehnten die mageren Brustkörbe.

Sie fasste es als ein zufriedenes Seufzen auf. »Und jetzt macht Platz, es ist schon spät.«

Die Gruppe teilte sich, um Mädchen und Fahrrad durchzulassen.

Mit angehaltenem Atem erreichte sie die Rosmarinsträucher. Die kleine Seelenprozession hinter ihr flößte ihr eine angstvolle Scheu ein. Als sie noch einmal über den Sattel streichelte, spürte sie ein merkwürdiges Ziehen in den Eingeweiden. Wie viele neue Empfindungen in einer einzigen Nacht!

Sie ging in die Hütte und stahl sich in ihre Ecke des Betts. An Schlaf war jedoch nicht zu denken. Als Erstes hielt sie ihren Schwur und berichtete der Zuhörerschaft um das Lager herum, was sie erlebt hatte. Angefangen bei dem Felsen, auf den sie gestiegen war, um in den Sattel zu kommen, dann von ihrem Sturz und schließlich vom Idice, dessen Lauf im Mondlicht voll glitzernder Kaskaden und Strudel war. Laut zu sprechen war nicht nötig, ihre Gedanken genügten. Sie sah sie zwar, die kleinen Toten, wusste aber, dass sie nicht wirklich vorhanden waren und ihre Körper sich schon seit einer Weile in Erde für die Kichererbsen verwandelt hatten.

Nachdem sie fertig war, wälzte sie sich endlos herum, trat gegen die Füße der einen Schwester, stieß gegen den Ellbogen einer anderen. Bis die aufgehende Sonne sie endlich erlöste und dieses unnütze Wachsein beendete.

Alfonsina blieb ihrem Vorsatz treu und stand jede Nacht auf, außer wenn es regnete, als wären alle Schleusen im Himmel geöffnet worden. Sie hatte gelernt, rollend aufzusteigen, und wagte sich jedes Mal ein Stück weiter vor. Unerwarteterweise hatte sie auch ein Mittel gegen das erbärmliche Quietschen des Fahrrads gefunden, und nun war das Treten die reinste Freude. Von einer Anhöhe aus betrachtet, stellte sie fest, war das flache Sumpfland beinahe schön, und die Bäume hatten eine besondere Anmut, wenn sie entlang der Straße auf sie zukamen und freudig mit den Ästen winkten. Zurück in Fossamarcia erzählte sie der Sippe um das Strohlager herum getreulich von ihren Unternehmungen.

Eines Morgens, als sie eine abgetragene Hose ausbessern sollte, deren Stoff schon so dünn wie Gaze war, und gerade überlegte, wie sie die Flicken am besten aufsetzte, bekam sie einen Schlag gegen den Hinterkopf, dass sie mit der Stirn auf den Tisch knallte. Die Kopfnuss war nicht heftig gewesen, hatte sie jedoch unvorbereitet getroffen. Flink wie eine Natter fuhr sie herum, in der Erwartung, eins der Geschwister vor sich zu sehen.

Es war aber der Vater, mit finsterer Miene. »Du warst das, stimmt's? Du hast es genommen.«

»Was denn?«

»Stell dich nicht dumm, du weißt genau, was ich meine.« Er wirkte eher beleidigt als wütend, sein Rücken noch gebeugter als sonst, als hätte er den Schlag abbekommen und nicht sie. Selbst sein Schnurrbart hing bekümmert herab.

»Wie haben Sie es herausgefunden?«

Er richtete sich ein Stück auf. »Ich weiß alles.«

Das war reine Prahlerei. Sie fuhr schon seit über einem Monat mit dem Rad, und wenn er etwas davon mitbekommen hätte, so hätte es die Kopfnuss wesentlich früher gesetzt.

»Das Fahrrad gehört mir! Mir allein! Ich brauche es, um zur Arbeit zu fahren, kapiert?« Er holte zu einer Ohrfeige aus.

Alfonsina schloss die Augen, aber es kam nichts. Vorsichtig blinzelte sie. Der Vater stand immer noch mit erhobenem Arm da, starr wie eine Wachsfigur oder einer von diesen großen ausgestopften Vögeln, wie sie die Herrschaften in ihren Gutshäusern hatten. Nur seine Augen lebten, und am unteren Lidrand schimmerte es feucht.

»Ich mache es nie wieder, ich schwör's«, sagte sie schnell. »Und ich habe es gut behandelt.« Das stimmte. Nach dem ersten Mal war sie nicht mehr hingefallen, das Rad hatte keine einzige Schramme abbekommen. Sie achtete darauf, den Schlaglöchern auszuweichen und sich von den Büschen am Wegrand fernzuhalten, um es nicht zu zerkratzen, selbst wenn es ein Wrack war.

»Das will ich dir auch geraten haben, sonst kannst du was erleben!«

Virginia kam herein. Sie hielt einen schlaffen, oben schon schwarzen Blumenkohl in der Hand, einen der letzten. »Was gibt's hier zu streiten?«, fragte sie mit matter Stimme, eher aus Gewohnheit als aus wirklichem Interesse.

Dem Vater war Publikum bei seinen Vorhaltungen willkommen. »Fonsina klaut mir nachts das Fahrrad«, jammerte er. Nicht einmal die kleinsten Kinder greinten so, wenn sie sich um ein Stück Brot stritten.

»Das ist nicht wahr, ich habe gar nichts geklaut«, verteidigte sich Alfonsina. »Ich stelle das Fahrrad immer wieder an seinen Platz. Wie kann das denn Klauen sein, wenn ich es zurückbringe?«

Der Vater ließ verdutzt die Hand sinken. »Jetzt gibst du mir auch noch Widerworte?«

»Ja, weil Sie lügen!«

Carlo wurde weiß wie eine Leinwand. Fassungslos sah er seine Frau an.

»Sagst du gar nichts dazu? So hast du sie erzogen!«

Virginia hatte inzwischen den Blumenkohl zerteilt und in den Kochkessel geworfen, war dann zu Armando hingegangen, um ihm die Stirn zu fühlen. Der Junge fieberte seit einer Woche, und wenn er zu husten anfing, hörte er stundenlang nicht mehr auf. »Was hast du gesagt?«

»Sie ist ein ungezogenes Ding, das ist sie!«

Die Mutter deckte ihren kleinen Sohn besser zu. Dann hob sie Lina hoch und legte sie sich an die Brust, während sie mit der freien Hand etwas Wasser in den Kessel goss.

Carlo baute sich vor seiner Frau auf. »Hast du gehört? Deiner Tochter fehlt es an Respekt!«

Virginia wich ihm aus und setzte sich neben Alfonsina an den Tisch. »Warum beleidigst du deinen Vater?«

»Ich habe niemanden beleidigt. Ich habe mir nur das Rad genommen, um ein bisschen herumzufahren.«

»Aber es gehört mir! Du machst es mir kaputt.«

Virginia drehte sich zu ihrem Mann um. »Ist denn was damit?«

»Bis jetzt noch nicht.«

Die Mutter strich sich über die Stirn. Sie war zum Erbarmen blass und mager, mit dunklen Ringen unter den Augen und straff um den Schädel gespannter Gesichtshaut.

Lina löste sich mit einem Aufstoßen von ihrer Brust und würgte ein wenig Milch heraus. Die Mutter wischte ihr den Mund mit der Hand ab und leckte sich die Finger.

Alfonsina versuchte, sich an den Geschmack ihrer Brüste zu erinnern, aber es war zu lange her.

»Du darfst das Fahrrad von deinem Vater nicht nehmen, hast du verstanden?«

»Sie macht es mir noch kaputt«, wiederholte er weinerlich.

Das war zu viel. Alfonsina sprang auf und warf die Hose auf den Tisch. »Nichts mache ich kaputt, gar nichts, es läuft jetzt besser als vorher!« Sollten sie ihr eben verbieten, damit zu fahren, wenn es sein musste, aber das wollte sie klarstellen. »Haben Sie nicht gemerkt, dass es gequietscht hat und schwer zu treten war?«

»Na und?«

»Jetzt quietscht es nicht mehr, und es fährt sich viel besser.«

Der Vater sah sie perplex an. »Was hast du damit gemacht?«

»Ich habe die Kette geschmiert.« Sie hatte sie mit dem Fett um die Genitalien und die Körperöffnungen eines Schweins eingerieben, das dermaßen verseucht war und nach Klosett stank, dass es selbst für die Morinis ungenießbar war. Normalerweise wurde es dazu benutzt, das Leder ihrer wenigen Schuhe, die von den Älteren an die Jüngeren weitergereicht wurden, weicher und wasserabweisend zu machen. Alfonsina hatte erkannt, dass das Quietschen von der Kette kam, die den Antrieb der Pedale auf die Räder übertrug. Alt und angerostet, wie sie war, hatten die Zähne des Zahnrads nicht mehr richtig gegriffen, und ein zu fester Pedaltritt hätte sie reißen lassen können.

»Wer hat dir so was beigebracht?«, fragte der Vater zornig.

Alfonsina zuckte mit den Schultern. »Ich wusste es einfach.« Anders konnte sie es nicht erklären. Sie und das Fahrrad verstanden sich eben.

Virginia hatte aufmerksam zugehört. Ein kleines, stolzes Lächeln spielte um ihre Lippen, und sie merkte nicht einmal, dass Lina aufgehört hatte zu saugen. Die Kleine war eingeschlafen, während ihre Brust noch aus der geöffneten Kittelschürze hing. »Sieh mal an, was für eine gute Idee die Fonsina gehabt hat«, murmelte sie.

Ihr Mann riss die Augen auf. »Sie stiehlt mir das Fahrrad, und du lobst sie noch?«

Virginia stopfte ihre Brust mit einer knappen Bewegung unter den Stoff. »Ach, mach nicht so ein Geschrei«, sagte sie. »Ist ja niemand gestorben, und das Rad läuft besser denn je.« Sie stand auf, um Lina hinzulegen.

Was Alfonsina am meisten beeindruckte, waren nicht die Vorwürfe des Vaters, sondern sein verlorener Ausdruck, wie bei einem Kind, das nicht mitspielen durfte.

Er versuchte, einen Punkt wettzumachen. »Nein, aber das Rad ist doch kein Spielzeug! Nur ich darf es benutzen, weil ich das Brot ranschaffe.«

»Das tue ich auch!«, platzte Alfonsina heraus.

Er winkte ab. »Was sollen uns deine paar Kröten.«

»Wenn ich das Fahrrad nehmen dürfte, könnte ich viel mehr verdienen.«

Virginia hob interessiert den Kopf. »Wie meinst du das?«

»Deine Tochter redet dummes Zeug, was hörst du ihr überhaupt zu?« Carlo konnte es nicht glauben, dass seine

Frau ihm so in den Rücken fiel. »Man muss ja wohl nicht kilometerweit fahren, um einen Saum zu nähen. Sie sitzt gemütlich mit dem Arsch auf dem Stuhl, und wer geht raus und schuftet sich bei Hitze und Kälte krumm, hä? Den echten Lohn, den mit Schweiß verdienten, bring ich nach Haus.«

Diesmal winkte die Mutter ab. »Nun warte doch mal.« Sie sah ihre Tochter an. »Sag mir, wie du mit dem Fahrrad mehr verdienen willst.«

Ganz einfach, erklärte Alfonsina. Wenn sie die Möglichkeit hätte, zu den Dorffesten und Märkten in der Umgebung zu fahren, könnte sie dort ihre Dienste anbieten. Die Kunden müssten nicht extra nach Fossamarcia kommen und sich von den Mücken zerstechen lassen, sie würde bei ihnen zu Hause Maß nehmen und ihnen die fix und fertig genähten Sachen dann liefern.

Virginia sah ihren Mann an. »Das klingt nicht verkehrt.«

Er verdrehte die Augen und zuckte mit dem Mund, sagte aber nichts.

»Machen wir es doch so«, fuhr seine Frau fort, »du nimmst das Fahrrad die ganze Woche, nur nicht am Sonntag. Dann kann Fonsina damit losfahren und sich ihre Kundschaft auf den Märkten suchen.« Damit ging sie hinaus in den Gemüsegarten, und das Thema war erledigt.

Tochter und Vater blieben schweigend zurück, sie mit geradem Blick, während er auf die Spitzen seiner ausgetretenen Schuhe starrte, bis er aus der Küche stürmte und die Tür hinter sich zuschlug.

Alfonsina konnte es kaum fassen, dass sie den Kampf gewonnen hatte. Sie hatte sich das mit den Kundenbesuchen per Fahrrad nicht vorher überlegt, die Idee war ihr spontan gekommen, eingegeben von ihrer Wut. Aber sie war gut, sehr gut sogar. Jetzt durfte sie jeden Sonntag bei hellem Tageslicht losfahren und so weit radeln, wie sie Lust hatte.

An diesem Tag verlor sie den Glauben daran, dass die Männer es stets besser wussten. Virginia war ihr eine unschätzbare Hilfe gewesen, was sie aber erst viel später begreifen sollte, im Laufe einiger gemeinsam im Ausland verbrachter Wochen. Am meisten prägte sich ihr die geschlagene Miene des Vaters ein. Der Ärmste hatte nichts mehr von der alten Kühnheit gehabt, deren er sich rühmte, und er erwähnte von da an auch nicht mehr, wie gut er damals bei den Mazurkas in Riolo ausgesehen hatte. Das Bündnis zwischen Mutter und Tochter, mit dem sie den Hausherrn herausgefordert hatten, musste ihm wie ein Fluch erschienen sein. Carlo konnte nicht einmal auf die Unterstützung seiner Söhne zählen. Sie waren jünger als Alfonsina und durften noch Frösche und Kröten im Sumpf jagen und mit der Zwille auf Spatzen schießen, im Gegensatz zu ihren großen Schwestern, die sich schon unter der Plackerei der Arbeit beugen mussten.

Mailand, Juli 2017

Sonnenlicht überflutet die Straße, nur wenige geparkte Autos, eine ungewöhnliche Stille. Die hohen Wohnhäuser schlafen noch hinter ihren herabgelassenen Rollläden. Sie sind fast alle verlassen an diesem ersten Julisonntag, wie ich vermute, viele Leute werden aus der Stadt herausgefahren sein. Wer in Mailand geblieben ist, wird bald aufwachen und die gute Luft heute genießen, ohne den Smog, der sonst über uns liegt. Man sieht ihn zwar nicht, aber er dringt in die Lunge ein.

So früh am Morgen bin ich allein auf dieser kleinen Nebenstraße, die bisher namenlos war. Verrückt eigentlich, wenn man darüber nachdenkt. In jeder dieser Mietskasernen wohnen Dutzende Familien, Hunderte Personen, Tausende sogar, rechnet man alle Häuserblocks zusammen.

Wie haben die das bisher gemacht? Mit der Post, zum Beispiel, oder mit Warenlieferungen. Wohin soll ich dieses Paket bringen? Dahin. Wo, dahin? Da rüber nach Lorenteggio, kennen Sie das Straßenstück hinter den Bahngleisen? Was, das abgesperrte? Ja, genau das, es hat seit dreißig Jahren keinen Namen. Dreißig? Aber wie kommen Sie da zurecht?

Das frage ich mich auch.

Andererseits ist es gut, dass dieser Asphaltstumpf bisher unbenannt war, quasi auf sie gewartet hat. Es hätte ihr hier gefallen: Auf der einen Seite kahles Brachland, abgesehen von ein paar dürren Sträuchern, auf der anderen Wohn-

blocks. Kräuter und Unkräuter, die einen verwaisten Ort schmücken. Ich wünschte, sie wäre hier, als eine schwer auszureißende Quecke, denn die Menschen haben heutzutage ein kurzes Gedächtnis, und es gibt so viel aufzufrischen.

Ich genieße die Stille. Heute ruhen sogar die Pendlerzüge, kein Ruckeln, Rattern, Pfeifen.

Ich bin gespannt, wer in ein paar Tagen zur Einweihung kommen wird, ob überhaupt jemand kommt, Familien, junge Leute. Oder nur eine Handvoll Stadtabgeordnete und ein paar Alte wie ich mit getrübter Neugier, aber großer Dankbarkeit für die Abwechslung im Einerlei der immergleichen Tage.

Ich habe Angst, mich zu verhaspeln. Hätte ich doch abgelehnt, mich vor dem Festakt gedrückt. Aber ich habe mich überreden lassen. Ihr zuliebe. Sie hätte es mir nie verziehen, sie wäre nachts gekommen, um mich im Schlaf an den Beinen zu zerren. »Was ist los, Antonia, hast du die Fonsina auch vergessen?«, hätte sie gefragt.

Nein, ich habe nichts vergessen, es fällt mir nur schwer, die richtigen Worte zu finden. Ich werde einfach sagen, was mir in den Sinn kommt. Immerhin bin ich fast achtzig, man wird nachsichtig mit mir sein.

Von den Wohnsilos dringt das Geräusch eines hochgezogenen Rollladens herüber, schon dröhnt ein Motor in der Garage. Die Straße ohne Namen erwacht. In Kürze wird die Sonne unerbittlich vom Himmel brennen.

Zeit, nach Hause zurückzukehren. Ich fahre den von Linden gesäumten Radweg entlang und stelle mir vor, was sie von dieser gummierten Spur halten würde.

Ach, Fonsina, Fonsina. Hast du gesehen? Heute gibt es alle möglichen Bequemlichkeiten, nicht wie zu deiner Zeit, als der Ruhm gering und die Mühe groß war.

DIE MONTAGNOLA

Bologna, 1904

Die großen Träume, die fand sie in Bologna.

Dort wurde alles prächtiger, die Häuser, die Straßen, durch die sie kam, die Plätze, die sie immer wieder umrundete, indem sie den Lenker in einem bestimmten Winkel hielt. Wie auf einem Karussell, obwohl sie nie mit einem gefahren war, denn das kostete ein Vermögen für Leute wie die Morinis.

Arbeit hatte sie mit dem Fahrrad nur wenig hinzugewonnen, dafür jede Menge Sehnsüchte. Sonntagnachmittags, nachdem sie die geflickten Säume abgeliefert und Maß bei den wenigen Kunden genommen hatte, die sich ein neues Kleidungsstück leisten konnten, steuerte sie ein kleines Paradies an: die Montagnola. Eine Radrennstrecke aus gestampfter Erde, auf der Spitzenfahrer wie Alfonso Calzolari und Ezio Corlaita fuhren, manchmal sogar Antonio Pezzoli, auch wenn er inzwischen älter war und an den Rennen nur noch wegen des Applauses seiner Anhänger teilnahm, die ihn als unbesiegbar in Erinnerung hatten.

Auch in den Giardini Margherita gab es eine schöne Piste, aber Alfonsina gefiel die Montagnola besser, weil man von dort aus fast über die ganze Stadt blickte.

Mit klopfendem Herzen und außer Atem nach dem Spurt traf sie unter den Zuschauern ein. Sie sprang noch rollend vom Rad, knotete ihren über die Knie hochgerafften Rock auf und nahm die Mütze ab. Die Leute bemerkten, dass sie kein Junge war, und fingen an zu tuscheln. Ihre schnurgerade abgeschnittenen dicken Haare, ähnlich einem Reisigbesen, sorgten für neugierige Blicke und Gerede. Die Erwachsenen schüttelten den Kopf, die Jugendlichen zeigten auf sie und stießen sich an, flüsterten sich etwas ins Ohr und lachten lauthals.

Alfonsina war das egal, sollten sie spotten, so viel sie wollten. Sie würde sich das Rennen nicht entgehen lassen, und ein wenig Belustigung hervorzurufen schien ihr ein geringer Preis für einen Platz am Rande der Rennbahn zu sein.

Von der ersten Reihe aus beobachtete sie Haltung und Bewegungen der Fahrer. Auch sie beugten sich tief über die Stange, obwohl sie mit ihren langen Armen ohne Weiteres an den Lenker kamen. Wie dumm sie doch gewesen war! Auf diese Weise erzeugten sie weniger Luftwiderstand und waren schneller. Aus demselben Grund hielten sie die Knie gerade und die Ellbogen eng am Körper. Und die Füße, die Füße! Wieso war sie nicht von allein darauf gekommen? Man musste vorn mit der Spitze treten, nicht mit den Fersen. Sie hatte gedacht, dass die Kraft dort sitze, dass es ein Geziere von feinen Fräuleins sei, die Fußspitzen zu gebrauchen, wie es die hohen Töchter machten, wenn sie zum Altar gingen oder trippelnd die Piazza überquerten. Doch der gestreckte Fuß verlängerte das Bein, wodurch das Treten flüssiger und sicherer wurde. Das und anderes begriff sie, teils durch Zusehen, teils durch Ausprobieren.

Den besten Stil hatte Pezzoli, der seit über zwanzig Jahren Rennen fuhr.

An einem Abend Ende Juni versuchte sie, ihn nachzuahmen. Die Sonne stand schon tief, und ein warmer, schelmischer Wind fegte unter ihre Röcke und legte Beine,

Unterhose und all das Unaussprechliche dort frei. Der Anstand hätte eine gesittete Haltung verlangt, mit aufrechtem Oberkörper und sorgsam heruntergestrichenem Rocksaum. Aber wen schert's, sagte sie sich. Sie stieg in den Sattel und rief sich Pezzolis Bewegungen in Erinnerung. Beugte sich vor und umfasste den Lenker, aber nicht zu fest. Sie musste ihm ein bisschen Spiel lassen, damit er dem Straßenverlauf folgen konnte. Schließlich hatten die Räder Bodenkontakt, nicht der Kopf, sie wussten besser als das Gehirn, was die richtige Stellung war. Schluss mit dem gespreizten Fahrstil, den sie sich angewöhnt hatte, mit den nach außen gekehrten Ellbogen, als müsste sie sich einen Weg bahnen, und den offenen Knien, um mehr Raum einzunehmen. Das Ziel war mehr Geschwindigkeit, nicht mehr Umfang.

Die Via Emilia erstreckte sich vor ihr, milde Wärme abstrahlend und nach in der Sonne gedörrten Stoppeln duftend. Alfonsina schloss die Augen, sie kannte jeden Meter hier, hätte die Zahl der Bäume benennen können und wo sich jeder Stein befand, jedes Grasbüschel. Sie musste sich angewöhnen zu fühlen, statt zu schauen. Ein Pedaltritt nach dem anderen, blindlings. Heilige Madonna, es war wie das erste Mal in jener Märznacht unter dem Halbmond. Die Ellbogen angelegt und in die Hüften gebohrt, die Beine eng am Rahmen. Nicht einmal die feinen Leute hoch zu Pferd wussten ihre Tiere mit solcher Sicherheit zu beherrschen.

»He, pass auf, du Hornochse!«, rief es ein Stück vor ihr im Dialekt der Gegend.

Überrascht riss sie die Augen auf, sie hatte geglaubt, freie Bahn zu haben.

Ein mit Getreidegarben beladener Maultierkarren nahm die ganze Straße ein, und der Mann daneben wedelte mit den Armen zum Zeichen, dass sie ausweichen sollte.

Sie bremste mit aller Kraft, obwohl sie wusste, dass es zwecklos war, an diesem Schrotthaufen funktionierte rein gar nichts. Der Karren kam rasend schnell näher. Tat sie nichts, würde sie mit ihm zusammenstoßen; lenkte sie nach links, würde sie gegen eine Mauer knallen, schwenkte sie nach rechts, die Böschung hinuntersausen. Sie hob den Hintern an und ließ sich schwer auf den Sattel fallen. Das Fahrrad wurde gestaucht und schnellte dann in die Höhe. Alfonsina vollführte eine halbe Pirouette und riss es, den Rahmen fest zwischen den Oberschenkeln, scharf herum. Sie schlug sich die Hüfte an dem Karren an, hatte aber ihr Gesicht gewahrt.

»Wär besser gewesen, du wärst gegen die Wand da gedonnert, Blödmann!« Der Mann überprüfte hastig seine kostbare Ladung. Die Weizengarben lagen alle noch an ihrem Platz, abgesehen von ein paar Ähren, die sich in Alfonsinas Haaren verfangen hatten. Ihre Kappe war davongeflogen, und ihr aufgeknoteter Rock hatte sich gelöst und flatterte im Wind.

Sie befreite sich lachend von den Halmen.

Dem Bauern stand der Mund offen. »Du bist ja'n Weib!«, stammelte er.

Alfonsina nickte. Ja, ein Weib. Sie musste wieder lachen, sie war erst dreizehn, aber die erschrockene Miene des Mannes gab ihr das Gefühl, größer und mächtiger zu sein.

Er starrte sie an wie vor den Kopf geschlagen. Wenn sich die Erde aufgetan und den Teufel persönlich hervorgebracht hätte, wäre er weniger erschüttert gewesen.

»Herrgott, tatsächlich ein Weib.«

Der Mann wich hastig vor ihr zurück. Er stemmte sich gegen den Hintern seines Maultiers und schob und brüllte, damit es sich bewegte, als hätte er Angst, der Satan mit dem

Lockenkopf könnte ihm Karren und Getreide in Brand stecken. Unter viel Geschiebe und Gefluche machte das Tier schließlich ein paar Schritte zur Seite.

Alfonsina hob ihre Mütze auf und musterte dann im Vorbeigehen den Bauern. Er klammerte sich an das Muli wie ein plärrendes Kind an den Rockzipfel seiner Mutter.

Sie konnte der Versuchung nicht widerstehen, ihre Macht noch ein wenig auszukosten. Auf die Pedale steigend, holte sie tief Luft und beugte sich zu ihm vor. »Buh!«

Der Arme zuckte erneut zurück und purzelte rückwärts ein Stück die Böschung hinab, rappelte sich aber gleich wieder auf. Der Fall hatte ihn ein wenig von seiner Dreistigkeit zurückgewinnen lassen. Mit ausgestreckten Händen lief er auf sie zu, um sie zu packen.

Sie beschleunigte und krümmte sich dabei vor Lachen. Als sie sich noch einmal umdrehte, war der Mann nur noch ein dunkler Punkt auf dem Weg.

»Das Unheil soll dich treffen, dich und deine Sippe!«, brüllte er. »Ungezogenes Gör!«

Vielleicht stimmte es, vielleicht hatten Carlo und Virginia sie schlecht erzogen, aber das war ihr egal, denn in diesem Moment fühlte sie sich so, wie sie sein wollte: stark, draufgängerisch und schnell.

Sie nahm wieder Pezzolis Sitzposition ein: über das Oberrohr gebeugt, Ellbogen und Knie eng beieinander, Kopf gesenkt. So schnitt sie durch die warme, schwüle Luft wie ein Messer durch Butter.

Im Nu war sie zurück in Fossamarcia. Schweißgebadet, und doch leicht wie der Wind. Mit schmerzenden Gliedern ging sie ins Bett, was sie nicht weiter kümmerte, denn sie hatte gelernt, Schmerzen auszuhalten. Bestimmte Muskeln, die unter den Achseln oder an den Innenseiten der Oberschenkel, waren durch die kauernde Haltung mehr beansprucht worden als gewöhnlich, auch die im Nacken und am Schulteransatz wegen des eingezogenen Kopfs. Sogar die Brust tat ihr weh.

Sie legte sich auf den Rücken und versuchte, sich Platz zu schaffen zwischen den Beinen von Emma und Lina, die umgekehrt zu ihr schliefen. Knackend streckte sie ihre Wirbelsäule. Die Schmerzen in der Brust konzentrierten sich an zwei bestimmten Stellen, unter den rosa Rädchen ihrer Brustwarzen. Sie legte ihre Hände darauf und fühlte zwei harte Verdickungen, kaum größer als eine Eichel. Als sie die Beulen mit der flachen Hand massierte, bewegten sie sich und taten höllisch weh. Was waren das denn für Muskeln?

Emma seufzte laut im Schlaf, drehte sich um und versetzte ihr einen Fußtritt gegen die Stirn.

Alfonsina riss im Dunkeln die Augen auf: Sie bekam einen Busen! Auch die große Schwester hatte sich vor ein paar Jahren über schmerzende Brustwarzen beklagt. Und dann war es darunter angeschwollen. Nach ein paar Monaten hatte Emma aufgehört, in Unterhosen im Haus herumzulaufen, und in weniger als einem Jahr war ihr ein Vorbau gewachsen, der Virginias in den Schatten stellte.

Damals hatte Alfonsina die Schmerzen nicht mit dem Wachstum des Busens in Verbindung gebracht, sonst wäre sie darauf vorbereitet gewesen, statt einen solchen Schreck zu bekommen. Und wenn ihr die Brüste durch die Anstrengungen des Tages gesprossen waren, so wie Eiklar sich aufbläht, wenn es geschlagen wird? Warum war das ausgerechnet an diesem Tag passiert? Sie dachte an den Verlauf des Sonntags zurück. Bestimmt waren es die Verwünschungen des Mannes mit dem Maultierkarren, die diese Fleischklumpen an der Brust hervorgerufen hatten!

Du bist ein Weib, hatte er genauso überrascht wie entsetzt gerufen, und sie als *ungezogen* bezeichnet. Damit sie wusste, wo ihr Platz war. Es wurde Zeit, sich anmutigere Bewegungen zuzulegen, längere Röcke, ein sittsames Verhalten.

Nie im Leben, dachte Alfonsina. Sie würde sich nicht den Veränderungen ihres Körpers anpassen. Am nächsten Sonntag würde sie in Hose und Hemd zu den Radrennen gehen wie die Männer und die Röcke nur überziehen, wenn sie Kunden besuchte.

Dieser Entschluss bewirkte, dass die Schmerzen nachließen, ihrer Brust gefiel die Idee. Sie schloss die Augen und sah sich in Trikothemd und Hose. Schwarz würden sie sein, die geeignetste Farbe, weil sie streckte, statt die Körperformen zu betonen. Es war ihr Schicksal, anzuschwellen wie Emma, zuerst die Brust, dann die Hüften, und schließlich würde auch der Hintern mehr Fleisch ansetzen. Umso besser, dachte sie und lachte in sich hinein, dann habe ich es auf dem Sattel bequemer. Gleich darauf schlief sie ein und träumte davon, in ihrer schwarzen Aufmachung die Via Emilia entlangzustrampeln, die Haare unter der Kappe verborgen, tief über das Fahrrad gebeugt, um den Wind zu zerteilen. Eine Gewehrkugel.

»Bist du damit einverstanden?«

Überaus einverstanden. Sie würde einen festen Lohn bekommen, so knapp er auch war, und hätte einen Grund, um jeden Tag nach Bologna zu fahren. Vor allem aber lag die Schneiderei, in der sie Anstellung gefunden hatte, in einer Nebenstraße der Via dell'Indipendenza, nur wenige Schritte von der Montagnola-Piste entfernt. Sie hätte sogar ohne Bezahlung dort gearbeitet.

»Sicher«, sagte sie und gab dem Eigentümer die Hand,

so wie es die Männer machten, wenn sie eine Übereinkunft trafen.

Er blickte kopfschüttelnd auf ihre klobigen Finger und drückte sie flüchtig. »Du musst jeden Tag kommen, von acht Uhr morgens bis sieben Uhr abends, außer sonntags.« Er zeigte auf einen von mehreren Stühlen, die um einen langen, mit Stoffen und Garnspulen beladenen Tisch standen. »Dort ist dein Platz, und wehe, du verspätest dich auch nur eine Minute. Von zwölf bis eins hast du Mittagspause.«

Das Schwierigste war, den Vater davon zu überzeugen, dass sie das Fahrrad jetzt täglich brauchte.

Carlo hatte damit nicht mehr Arbeit gefunden. Mal zwei Tage hier, einen halben dort, aber nichts Regelmäßiges. Als seine Tochter ihm die Nachricht von der Anstellung mit fester Bezahlung überbrachte, glotzte er wie ein Esel.

»Ich kann ja schlecht zu Fuß nach Bologna gehen«, sagte sie.

Er verzog den Mund, als hätte er in eine saure Pflaume gebissen, und ging aus dem Haus, um erst spät in der Nacht zurückzukommen, nach Wein stinkend, dass es einem den Magen umdrehte.

Der Zustand des Fahrrads war allerdings zum Weinen. Inzwischen hielt es nur noch wie durch ein Wunder zusammen. Alfonsina tat ihr Möglichstes, um es vor Regen zu schützen, das Getriebe immer gut zu fetten, die Reifen und den Sattel zu flicken, aber lange konnte das nicht mehr gut gehen.

Sie musste ein besseres anschaffen, eines ganz für sich. In der Nähe der Montagnola gab es einen Fahrradmechaniker, zu dem die Rennfahrer gingen, wenn sie eine Panne hatten. Hin und wieder besorgte sich einer von ihnen ein neues Rad und ließ das alte zum Verkauf dort.

Alfonsina brachte Stunden damit zu, die verschiedenen Modelle zu bewundern und davon zu träumen, eines zu besitzen. Besonders ein wenige Jahre altes Bianchi ließ ihr Herz höher schlagen. Es hatte einen Rennlenker aus glattem Stahl, der gut zu greifen war, und einen fast neuen Ledersattel mit nur einem kleinen Riss an der Seite. Jeden Morgen ging sie an der Werkstatt vorbei, voller Angst, dass das Rad nicht mehr da sein könnte. In einer Mittagspause schließlich nahm sie ihren Mut zusammen und trat ein. »Wie viel kostet das Bianchi-Rennrad da draußen?«, fragte sie.

Der Mechaniker war gerade dabei, eine Kette neu zu montieren. »Sag deinem Vater oder Bruder, er soll selbst herkommen, dann reden wir darüber.«

»Es ist für mich.«

Der Mann sah kurz auf. Seine Hände waren schwarz vor Schmiere, sein Gesicht glänzte vom Schweiß. »Geh weiter, Kleine, ich hab keine Zeit zu verschenken«, sagte er im Bologneser Dialekt und wandte sich wieder seiner Arbeit zu.

»Sagen Sie mir jetzt, was es kostet?«

Er ignorierte sie. Sosehr er auch zog und sich abmühte, die Kette wollte einfach nicht richtig auf den Zahnrädern laufen.

Alfonsina ging weiter in die Werkstatt hinein. So etwas Schönes hatte sie noch nie gesehen. Überall Fahrräder, vollständige, auseinandergenommene, an die Wand gelehnte, aufgehängte. Sie beobachtete das Gefummel des Mannes. »Die da passt nicht«, bemerkte sie.

Verärgert fuhr er herum. »Bist du immer noch da?«

»Sie haben die Teile verwechselt«, erklärte sie. »Die Kette, die Sie in der Hand haben, gehört zu dem Micoud mit festem Ritzel dort drüben.« Sie zeigte auf das zerlegte französische Modell. »Das, an dem Sie arbeiten, ist aber ein Frejus.«

Der Mechaniker starrte verdutzt auf die Kette. »Da soll mich doch der Schlag treffen«, murmelte er. »Seit einer Stunde plage ich mich damit ab.« Er blickte zu ihr auf. »Dich hab ich doch schon mal gesehen.«

»Kann sein, vielleicht sonntags bei den Montagnola-Rennen.«

Jetzt lächelte er. »Du magst Fahrräder, was?«

»Sehr.«

Er ging hinüber und legte die Kette auf das Micoud. »Sehen wir uns mal dieses Bianchi da draußen an«, sagte er.

Sie betraten den Vorhof der Werkstatt.

»Ach, das da«, sagte er, als sie darauf zeigte. »Das kostet vierzig Lire.«

Das war ein Haufen Geld. In der Schneiderei zahlte man ihr zwei Lire zwanzig pro Tag, weil sie sich für die feste Arbeitszeit mit Mittagspause entschieden hatte. Wenn sie dagegen Akkord arbeitete, würde sie dreißig Centesimi mehr verdienen, fast zehn Lire pro Monat, dann allerdings Lebewohl Montagnola. Der Kauf war das Opfer wert, sie musste mit dem Padrone sprechen. »Kann ich es in Raten bezahlen?«

Der Mann strich sich mit dem schmierigen Handrücken über die Stirn, sodass ein schwarzer Fleck zwischen seinen Augenbrauen zurückblieb. »Normalerweise trau ich so was nicht, aber für dich mache ich eine Ausnahme.«

Alfonsina hätte ihn umarmen können. »Am Monatsende bringe ich Ihnen die Hälfte des Gelds«, versprach sie. »Aber verkaufen Sie es bitte inzwischen nicht.«

Der Mechaniker lächelte. Seine verschmierten Augenbrauen wirkten wie ein zweiter, zahnloser Mund. »Abgemacht.«

Der Inhaber der Schneiderei änderte ihre Stundenzahl

gern. Zu dieser Jahreszeit wurde viel geheiratet, und Meter um Meter an Aussteuer musste genäht werden. Die anderen Näherinnen hatten alle Familie und wollten nicht noch länger arbeiten, als sie ohnehin schon mussten.

Alfonsina machte das nichts aus. Um das Bianchi erstehen zu können, hätte sie sich auch in der Schneiderei einmauern lassen. Innerhalb von drei Monaten hatte sie das nötige Geld zusammengespart.

Geputzt, gewienert und mit frisch geölter Kette wartete es auf sie. »Sieh zu, dass du es gut behandelst, ja«, brummte der Mechaniker.

Das brauchte er ihr nicht zu sagen, sie wäre für dieses Rad durchs Feuer gegangen. Stolz fuhr sie es nach Hause und führte das alte am Lenker mit sich.

Vater, Mutter und Geschwister empfingen das Bianchi mit stummer Verwunderung. Niemand zeigte eine Spur von Anerkennung oder gratulierte ihr zu dem Kauf. Es ging über ihren Verstand, wie diese Verrückte sich so etwas Feines leisten konnte.

Alfonsina spürte ein hohles Gefühl im Bauch, diesen unbestimmten Hunger, der sich wieder regte. Nach ein wenig Beachtung vielleicht, einem halblauten »Gut gemacht« oder einfach einem Schulterklopfen, sie wusste es selbst nicht genau. Doch die Leere war da und tat weh.

Am nächsten Tag kehrte sie zu der festen Arbeitszeit mit Mittagspause zurück.

Sie lebte für diese Pause, die es ihr erlaubte, auf der Montagnola zu fahren.

Die professionellen Fahrer beachteten sie nicht, sie zogen an ihr vorbei, als wäre sie unsichtbar. Manchmal konnte sie gerade noch an den Rand ausweichen, um nicht von der Lawine dahinsausender Männer überrollt zu werden.

Einer von ihnen aber schien sie interessiert zu beobachten. Er stellte sich an den Rand der Rundstrecke und sah ihr zu. Manchmal nickte er, manchmal schüttelte er den Kopf. Eines Tages sprach er sie an. »Du hast gar nicht mal so einen schlechten Stil, weißt du?« Er war ein großer, kräftiger Kerl, bestimmt schon über zwanzig, mit schwarzen, mit Pomade gekämmten Haaren, nach rechts gescheitelt und zu einer Tolle gelegt. Die Pracht geriet weder beim Radfahren noch bei starkem Wind durcheinander.

Alfonsina lächelte ihn verhalten an. »Danke.« Sie stieg wieder in den Sattel, weil es gleich eins war und sie zur Schneiderei zurückfahren und sich umziehen musste, damit der Padrone sie ruhig und gesittet am Arbeitstisch vorfand.

Der Riese deutete mit dem Kinn auf ihr Fahrrad. »Du bräuchtest allerdings ein neues.«

Sie seufzte. Und das, nachdem sie so geschuftet hatte, um sich das gebrauchte Bianchi kaufen zu können.

»So was kostet eine Menge Geld, das ich nicht habe. Vorläufig bin ich mit dem hier zufrieden.«

»Du könntest aber welches verdienen.«

Alfonsina warf lachend den Kopf zurück. »Und wie? Liegt es vielleicht auf der Straße?«

Der Mann tippte auf ihren Lenker. »Mit dem Rad.« Er strich sich glättend über seine perfekte Tolle. »Darf ich mich vorstellen, Carlo Messori.«

»Ich weiß«, erwiderte sie, »ich habe Sie schon fahren sehen.«

Er lächelte. Seine Augen waren ebenfalls schwarz und schön, groß und länglich wie reife Mandeln. Außerdem hatte er einen nach oben gebogenen Schnurrbart, ein kleiner Fahrradlenker, viel glänzender und dichter als der des Vaters. »Aha, du kommst zu den Rennen?«

»Ja, fast jeden Sonntag. Ihr Fahrstil gefällt mir sehr.«

Messori warf sich in die Brust. Heilige Madonna, so wirkte er noch größer und breiter, wie eine frisch gezimmerte Scheune.

»Das freut mich«, sagte er. »Aber sieze mich doch nicht, sonst fühle ich mich alt. Außerdem sind wir Kollegen.«

Alfonsina wurde rot. »Ach, schön wär's.« Gern Fahrrad zu fahren machte einen noch nicht zum Rennfahrer, das wusste sie. Es genügte nicht, von etwas zu träumen, damit es wahr wurde.

Er sei aus Marmirolo, erzählte er ihr, in der Nähe von Reggio Emilia, und komme oft nach Bologna zum Trainieren und um sich mit anderen Amateurfahrern zu treffen, die wie er überlegten, sich für die Profiklasse anzumelden.

Die Glocke von San Benedetto schlug die volle Stunde. Sie musste schleunigst los, sonst blieb ihr keine Zeit mehr zum Umziehen. Schade, denn sie hätte dem Riesen gern noch viele Fragen gestellt. »Kommen Sie auch morgen her?«

Messori nickte. »Natürlich.«

»Ich würde Sie gern um Rat fragen.«

»Zu deiner Verfügung. Es ist immer schön, einem jungen Talent zu helfen.« Damit ging er mit großen Schritten, jeder mehr als einen Meter lang, zurück zur Rennbahn. Er winkte ihr zum Abschied. »Aber denk daran, mich zu duzen!«

Alfonsina flog zur Schneiderei. Vom Padrone war noch nichts zu sehen. Eine der Kolleginnen, Luisa, bedeutete ihr, sich zu beeilen. »Schnell, der Alte ist noch in der Osteria!«

In dem Kabuff, in dem die Arbeiterinnen sich umzogen, streifte sie rasch die Schürze über Hemd und Radhose und schaffte es gerade noch rechtzeitig auf ihren Platz. Einen Augenblick später kam der Chef zur Tür herein, mit rotem Gesicht und wässerigen Augen. Er ging im Zickzack zwischen den Tischen hindurch, stolperte über einen Schemel, der unter einem hervorstand, und steuerte torkelnd und leise vor sich hin fluchend sein Büro an. Mehrmals verfehlte er die Klinke, bis es ihm endlich gelang, die Tür aufzubekommen. Mit einem Knall, der bis zur Piazza Vittorio Emanuele zu hören sein musste, schloss er sie hinter sich.

»Ostern fällt spät dieses Jahr«, flüsterte eine Näherin von hinten.

Lachen hallte durch die Schneiderei. Der Padrone hatte den Wein allzu gern. Zum Glück, denn so schloss er sich wenigstens nach dem Mittagessen ein, um seinen Rausch auszuschlafen, und sie konnten ein wenig durchatmen. Vormittags dagegen ging er immer mit einer Schneiderelle herum. Wenn er eine von ihnen reden hörte, ihm ein Saum nicht gefiel oder einer die Nadel ausrutschte und sie sich stach, stürzte er sich wie ein Falke auf die Ärmste. Der dünne Stock zischte durch die Luft und verursachte Schwellungen so hart und dick wie Bohnenschoten an den Händen. Nach eins aber konnten die Näherinnen endlich ein paar Worte miteinander wechseln.

Luisa reckte den Hals zu Alfonsina hin. »Wo warst du denn, was hast du so lange gemacht?«

»Ich war oben, auf der Montagnola.«

»Und was treibst du da jeden Tag?«

»Ich fahre Rad.« Sie hatte leise geantwortet, trotzdem blickte die eine oder andere auf.

»Ach komm, du hast einen Schatz und willst es nur nicht sagen«, erwiderte Luisa.

»Nein, ich gehe zum Radfahren hin, glaub mir.« Sie war noch keine vierzehn und wollte an solche Dinge nicht einmal denken. Lieber konzentrierte sie sich auf das Kleid, das sie gerade nähte, denn morgen würde der Chef wieder nüchtern sein, und sie hatte keine Lust, den Stock auf ihren Händen zu spüren.

Die Frauen aber waren ganz versessen auf ein wenig Unterhaltung. »Soso, die Alfonsina hat also einen Verehrer?«, fragte eine Zuschneiderin.

»Los, erzähl mal. Sieht er gut aus? Ist er groß? Reich?« Auf einmal ging es zu wie in einem Bienenkorb, alle wollten etwas über diesen angeblichen Verehrer erfahren. »Deshalb also kommt sie immer ganz rot und zerzaust aus der Mittagspause zurück!«

»Ich fahre nur Fahrrad, was redet ihr denn da!« Sie wusste nicht, wie sie die Kolleginnen zum Schweigen bringen sollte. Das Gezeter konnte jeden Moment den Padrone wecken.

»Ja, klar, du und dein Fahrrad«, rief eine andere. »Ich wette, du hast noch was anderes, auf das du steigst!« Das rief schallendes Gelächter hervor.

Alfonsina verstand das ganze Theater nicht. Was hatten sie bloß? Sie wollte ernst genommen werden. Zornig sprang sie auf und hob ihre Schürze. »Ich habe noch die Radhosen an. Glaubt ihr mir jetzt?«

Die Frauen verstummten. Sie starrten auf die kurze Hose wie auf etwas Unanständiges. Wäre Alfonsina unter ihrer Schürze nackt gewesen, hätten sie weniger bestürzt geguckt. Eine schob ihren Stuhl zurück, um besser zu sehen, und bekreuzigte sich. »Fährst du wirklich Fahrrad in der Mittagspause?«

»Ja.«

»Reicht es dir nicht, damit zur Arbeit und wieder nach Hause zu strampeln?«

»Auf der Rennstrecke ist das was anderes.«

Die Frau, die sich bekreuzigt hatte, schlug entsetzt die Hand vor den Mund. »Aber das ist doch da, wo die Männer fahren!« Es kam ganz gequetscht heraus, als würde ihr jemand die Luft abschnüren.

»Na und?« Was starrten sie denn alle so? Nun, wenigstens hatten sie aufgehört zu kichern und von Verehrern zu reden.

Eine von den Älteren kehrte kopfschüttelnd an ihren Platz zurück. »Du bist wirklich eine Irre.« Sie sagte es mit heruntergezogenen Mundwinkeln und einem Gesichtsausdruck, der zu verstehen gab, dass sie noch etwas anderes meinte.

»Warum?«, wollte Alfonsina wissen.

Warum, warum, antworteten sie, das war etwas für Männer! Seit Anbeginn der Welt mussten Männer die Kraft, die der Herr ihnen gegeben hatte, irgendwie austoben. Es lag in ihrer Natur, ihre Muskeln zur Schau zu stellen und sich vor anderen zu brüsten. Für Frauen dagegen schickten sich Bescheidenheit und Anstand, das Arbeiten im Verborgenen, die stille Mühe als Gabe an die Familie und Gebet zu Gott. Außerdem, schämte sie sich denn nicht, sich so zu zeigen, verschwitzt und mit vor Anstrengung verzerrtem Gesicht, den Rücken gebeugt und den Hintern rausgestreckt, obendrein in einer eng anliegenden Hose? Eine Irre, ja, das war sie, um nicht noch Schlimmeres zu sagen.

»Ihr seid doch die Bekloppten!«, platzte Alfonsina heraus. »Weil ihr euch nicht mal vorstellen könnt, wie schön es ist, etwas einfach nur aus Freude zu tun statt aus Zwang.«

Die mit dem Kreuzzeichen hob die Hand wie zu einer Ohrfeige. »Halt den Mund, du schamloses Stück!« Das zog weiteres Geschrei nach sich. Sie hörten gar nicht mehr auf, zu zetern und darauf zu beharren, wie richtig ihre Sichtweise war und wie falsch Alfonsinas.

Eine Männerstimme donnerte dazwischen. »Heda!« Der Chef stand in der Tür. Schon stürzte er sich auf sie und schlug wahllos mit der Schneiderelle zu. Dünn und fein, wie sie war, schnitt sie peitschengleich ins Fleisch. Er traf überallhin, auf Hände, Rücken und bei denen, die sich nicht rechtzeitig mit den Armen schützten, auch ins Gesicht. Eine Weile hörte man in der Schneiderei nur das Zischen des Stocks, gefolgt vom Klatschen auf der Haut.

»Ich bezahle euch doch nicht fürs Maulaffenfeilhalten!« Sein Gesicht war aufgedunsen und violett gefleckt, als würde ihn gleich der Schlag treffen. Doch er starb nicht, im Gegenteil, der Wutanfall verlieh ihm Kraft und ließ seinen Rausch im Nu verdampfen. »Auf eure Plätze!«, brüllte er.

Die Näherinnen gehorchten eilig und mit gesenkten Köpfen.

»Die Hände auf den Tisch, mit den Handflächen nach oben.«

Sie taten wie geheißen. Was blieb ihnen auch anderes übrig?

Alfonsina setzte sich als Letzte hin. Sie hatte nicht übel Lust, sich zu wehren, den Arbeitstisch mit den Stoffen und Nadeln und allem umzuwerfen, auch um den Preis, ihre Anstellung zu verlieren. Warum mussten sie eine solche Ungerechtigkeit ertragen? Gut, sie hatten ein bisschen Zeit mit Schwatzen vertan. Wie viel, zehn Minuten? Und wie oft waren sie länger geblieben oder früher gekommen, weil dringend ein Kleid abgeliefert werden musste? Wie viel von ihrer ohnehin schon schlecht bezahlten Zeit hatten sie dem Padrone geschenkt? Sie umfasste die Tischkante mit aller Kraft, die sie hatte, und das war für ihr Alter nicht wenig. Doch dann kam ihr Messori in den Sinn, mit seinem Schnurrbart in Form eines Fahrradlenkers, der auf ihr Rad zeigte. »Du bräuchtest ein neues«, hatte er gesagt. »Um Geld damit zu verdienen.«

Ausnahmsweise siegte die Vernunft über ihr Temperament. Wenn sie wirklich vom Radfahren leben wollte, musste sie sich ein besseres kaufen, und ohne Lohn ging das nicht. Also ließ sie den Tisch los, setzte sich, kehrte die Hände nach oben und wartete auf den Stock.

Der Chef leistete ganze Arbeit. Er schlug zweimal präzise zu, einmal auf jede Handfläche. Ein sauberer, gerader Strich blieb zurück, wie mit Ajourstickerei und blutrotem Faden gemacht. Danach kehrte er in sein Büro zurück.

Die Frauen saßen stumm da und blickten auf ihre Hände. Als das Brennen ein wenig nachgelassen hatte, griffen sie zur Nadel und machten weiter.

Aus der letzten Reihe, wo die Älteren saßen, erhob sich eine leise Stimme. »Das ist alles deine Schuld.«

Niemand reagierte. Es war kein Name gefallen, aber Alfonsina spürte ein Brennen im Nacken, als hätte der Stock sie ein drittes Mal getroffen.

Messori hatte recht.

Kraft war nicht alles, man musste auch Köpfchen haben. Der Rennfahrer hatte sich Zeit für Alfonsina genommen und ihr wertvolle Ratschläge gegeben. Vor allem, was die Haltung anging. Sie trat zu verbissen in die Pedale, auf diese Weise konnte das Gehirn keinen Kontakt zu den Beinen herstellen. Es war wichtig, dass beide miteinander sprachen, um die Wut im Herzen in Geschwindigkeit zu verwandeln.

Und dann die Schultern. Alfonsina hielt sie zu hoch und zu steif, wie ein Stier, der mit gesenktem Kopf angriff. Das war nicht gut, erklärte er ihr. Man musste sie locker lassen, damit die Arme den Lenker spürten. Und die Beine, Herrgott, härter als Marmor, ganz zu schweigen von den Füßen, die auf die Pedale hämmerten wie ein Esel, der nach Fliegen trat. Mein liebes Mädchen, sagte er immer wieder, weißt du, wie viel Energie du auf diese Weise verschwendest?

Alfonsina hörte ihm aufmerksam zu und machte sich jede Bewegung zu eigen.

»Gut. Jetzt bist du bereit, es mit den Männern aufzunehmen.«

»Wirklich?« Es erschien ihr als ein Ding der Unmöglichkeit, tatsächlich die männlichen Fahrer herauszufordern.

»Versuch's doch, wenn du mir nicht glaubst.«

Mit einer Mischung aus Angst und Aufregung kehrte sie in die Schneiderei zurück. Sie fühlte sich verändert, größer und stärker, dabei zugleich leichter. So viel Neues und alles auf einmal. Sie war wie betrunken. Ihre Hände zitterten, und die Nadel entglitt ihr mehrmals. Bei Arbeitsschluss hatte sie zerstochene Finger, und im Umkleideraum bemerkte sie, dass sie noch das Leibchen und die Kniehosen unter der Schürze trug. Als sie von der Montagnola zurückgekommen war, war sie so durcheinander gewesen, dass sie sich nicht einmal umgezogen hatte.

Ich lass sie jetzt einfach an, dachte sie. Was soll's. Messoris Worte gingen ihr immer noch im Kopf herum: *Du bist bereit, es mit den Männern aufzunehmen.* Wenn sie Glück hatte, würde sie auf dem Heimweg ein paar Radsportlern begegnen und konnte die Gelegenheit nutzen, sich zu beweisen. Sie zog ihr Kleid über die Hose.

Die anderen sahen es kopfschüttelnd. Die Älteste bekreuzigte sich wieder.

»Warum lässt du die Hose darunter an?«, fragte Luisa.

»Das ist bequemer.«

Die Freundin runzelte die Stirn. »Du hast doch wohl nicht vor, dir unterwegs das Kleid auszuziehen.«

Alfonsina reckte ihr Kinn. »Und wenn schon?«

»Aber das gehört sich nicht!«

Etwas weiter hinten hielt eine spitzgesichtige Frau um die dreißig beim Umziehen inne. »Wer weiß, was der noch einfällt, benimmt sich eben wie eine Irre«, sagte sie laut.

Mit wem redete die? Sie schien gerade dabei zu sein, ihre Strümpfe am Korsett zu befestigen, das bis zum Gehtnichtmehr eng geschnürt war. Ein Wunder, dass sie überhaupt Luft bekam in dem Käfig.

»Ich würde mich ja totschämen, mich so zur Schau zu stellen«, fuhr die Frau fort.

»Sprechen Sie mit mir?«, fragte Alfonsina.

Die andere zog ihren Unterrock an und darüber ein enges, knöchellanges Kleid. Es musste schon eine Tortur sein, darin zu gehen, an Fahrradfahren war nicht zu denken. »Ja, Herzchen«, seufzte sie schließlich, »ich spreche mit dir.«

»Was geht es Sie an, was ich tue?«

Die Frau setzte einen Hut mit einem großen Büschel schwarzer Federn daran auf. »Du erregst Anstoß, und das betrifft auch uns, solange du hier arbeitest.« Sie bewegte sich ruckartig beim Reden, wobei die Federn sich zur Mitte hin aufrichteten und ihr das Aussehen eines Perlhuhns verliehen. »Die Leute reden, sie lachen über dich und letztlich auch über uns.«

Alfonsina hätte einiges darauf erwidern können, doch das schwarze Büschel war so lustig, dass ihr Ärger verpuffte. Sie faltete ihre Schürze zusammen und klemmte sie sich unter den Arm. »Was ich mache, ist allein meine Sache.«

»Da irrst du dich!«, schrie die Frau. »Du verdirbst unseren Ruf.«

Die anderen nickten. Das stimmte, Alfonsinas Verhalten brachte sie alle in Verlegenheit. Sie war kein kleines Mädchen mehr, es wurde Zeit, dass sie lernte, wo ihr Platz war, und sich vernünftig benahm. Viele Kunden hatten sie auf der Montagnola gesehen, wie sie in Unterhosen auf diesem verdammten Zweirad saß. Die Verrückte, ja, so nannte man sie, und damit wurde auch die Schneiderei gebrandmarkt: Da, wo die Verrückte arbeitet. Manche ließen ihre Kleider schon woanders nähen, wo es keine so unanständigen Arbeiterinnen gab. Wie lange würde es dauern, bis das dem Padrone zu Ohren kam? Verstand sie jetzt, dass alle in Mitleidenschaft gezogen wurden?

Die mit dem Hut kreischte bei jeder Bemerkung ihre Zustimmung. »Genau, sagt es ihr, sagt es ihr auch, ihr anderen!«

Luisa versuchte, Frieden zu stiften. »Jetzt hört mal auf, Alfonsina hat doch nicht die Absicht, uns zu schaden.«

Die Perlhuhn-Frau stampfte mit dem Fuß. »Aber das tut sie, sie schadet uns!« Eine Feder löste sich aus ihrem Hut und schwebte kurz herum, wurde dann von einem Lüftchen zum Fenster getragen. »Wenn sie wenigstens weit weg von der Schneiderei strampeln gehen würde!«

Alfonsina verfolgte den Flug der Feder, bis sie verschwand, von den Luftströmungen nach oben gerissen. »Keine Sorge«, sagte sie, »ich bleibe nicht mehr lange hier.«

Schlagartig wurde es ruhig. Die Älteste bekreuzigte sich wieder und blickte zur Decke, als wollte sie dem Herrgott für eine erwiesene Gnade danken.

»Bald werde ich mein Geld mit dem Fahrrad verdienen, und dann adieu, Schneiderei.«

Lautes Gelächter brach in der Kammer aus. Manche hielten sich den Bauch oder krümmten sich wiehernd. Auch das Perlhuhn schüttete sich aus vor Lachen. »Habt ihr das gehört? Sie wird ihr Geld mit dem Fahrrad verdienen!« rief sie, und so ging es munter weiter.

Alfonsina rannte hinaus. Sie schwang sich auf den Sattel und radelte los wie von der Tarantel gestochen. Das Gelächter der Näherinnen hatte sie mehr beleidigt als die gemeinen Worte und Beschimpfungen. Sie trauten es ihr nicht zu, ihr Brot mit den Pedalen zu verdienen? Denen würde sie es zeigen, dass ihnen das Lachen im Hals stecken blieb. Hinter der Porta San Vitale zog sie ihr Kleid aus, die Luft strich ihr um die Beine. Sie spürte eine Hitze im Gesicht, als hätte der Wind ihr Blut aufgeschäumt und sie himmelwärts geschoben.

Die ebene und bequem zu fahrende Straße führte durch sonnenversengte, spätsommerliche Felder.

Sie stieg wieder aufs Rad und schob sich das zusammengefaltete Kleid unter den Po.

Hinter ihr ging die Sonne unter und zeichnete einen lang gezogenen, wackelnden Schemen vor ihr Rad. Sie begann ein Wettrennen mit ihrem Schatten, was aber keinen richtigen Spaß machte, denn so schnell sie auch in die Pedale trat, der andere war ihr immer voraus. Bald wurde sie des Spiels müde, sie brauchte echte Gegner.

Kurz darauf drangen näher kommende männliche Stimmen an ihr Ohr. Es mussten ziemlich junge Kerle sein, wenn sie so schnell fahren und dabei noch laut rufen konnten.

Die Schatten der Radfahrer erreichten ihre Reifen. Sie zählte drei Köpfe und fuhr ein wenig langsamer, um sich überholen zu lassen und sie genauer zu betrachten.

Sie hatte richtig vermutet, es waren noch Jungen, nur wenige Jahre älter als sie. Laufburschen oder Maurergesellen möglicherweise, die in Bologna arbeiteten und in den Dörfern der Umgebung wohnten.

Einer von ihnen drehte sich zu ihr um. Vor Überraschung ließ er fast seinen Lenker los. »He, seht mal, das ist ja ein Mädchen!«

Auch die anderen beiden verlangsamten und starrten sie mit halb offenem Mund an.

Eine Weile fuhren sie stumm nebeneinander.

Alfonsina achtete konzentriert auf die Straße, Arme und Beine ruhig und parallel.

»Was ist mit dir, hast du heute Morgen vergessen, dich fertig anzuziehen?«, spottete schließlich der, der sie als Erster entdeckt hatte. Die anderen beiden lachten.

»Deine Hose ist aufgerissen, man sieht deinen Hintern.« Noch lauteres Hohngelächter.

Einer der beiden anderen verdrehte den Hals, um sie von hinten zu beglotzen. »Die hat gar keinen Hintern, ist ganz flach.« Dann musterte er sie von vorn. »Auch keine Titten.«

Alfonsina biss die Zähne zusammen und umklammerte den Lenker.

»Was ist, hast du deine Zunge verschluckt?« Sie riefen ihr noch ein paar Albernheiten zu, bevor sie, da sie nicht darauf einging, das Tempo steigerten. »Na dann, friss Staub!« Immer noch lachend, zogen sie ab.

Alfonsinas langer Schatten streifte die Hinterräder des Trios. Warum nicht?, sagte sie sich. Diesmal würde das Wettrennen interessanter werden. Sie senkte den Kopf und trat in die Pedale. Im Nu hatte sie die Jungen eingeholt.

»He«, schrie einer, »die Signorina ohne Titten will sich aufplustern!«

»Spiel hier nicht den Hahn«, rief ein anderer, »du bist und bleibst ein Huhn.« Der Spruch gefiel seinen Kumpanen so gut, dass sie eine volle Minute lang grölten.

»Spart euch den Atem lieber fürs Treten«, rief Alfonsina und zog an ihnen vorbei.

»He, wo willst du hin?«, riefen sie ihr nach.

Ein frischer Septemberwind war aufgekommen. Sie atmete tief durch und beugte sich über die Stange, sie musste die Luft zerteilen, um sich nicht davon bremsen zu lassen. Mit einem Blick nach unten stellte sie fest, dass die Schatten der drei schnell hinterherkamen.

»Wart nur, gleich haben wir dich.«

Versucht es doch, dachte sie.

Kurz darauf hatten sie sie umzingelt, einer rechts, zwei links. Sie strampelten wie verrückt, um auf gleicher Höhe zu bleiben, und lachten nicht mehr.

Derjenige, der sie wegen ihrer kleinen Brüste und dem flachen Hintern aufgezogen hatte, war schon ganz rot im Gesicht. Er rückte noch ein Stück näher heran. »Du willst hier doch wohl kein Wettrennen veranstalten?«

Sie grinste. Der Ärmste keuchte bei jedem Atemzug. »Warum nicht?«

»Aber du bist ein Mädchen. Wo willst du eigentlich hin?«, schnaufte er.

»Da, wo ihr hinwollt. Aber ich bin eher da.« Alfonsinas Stimme klang klar und hell.

»Ist mir recht«, rief einer der anderen dazwischen. »Wir fahren nach Castenaso.«

Sie nickte. »Wir treffen uns auf der Piazza.« Damit legte sie sich flach aufs Rad und stellte sich auf die lange Aufwärtskurve am Horizont ein.

Ein gutes Stück der Strecke lagen sie alle abwechselnd vorn, mal um eine Handbreit, mal um einen halben Raddurchmesser. Alfonsina hielt ohne Weiteres mit den Jungen Schritt, doch das genügte ihr nicht. Sie wollte besser sein.

Die drei ertrugen es nicht, von einem Mädchen übertroffen zu werden. Daher machten sie gemeinsame Sache und kämpften unfair, fuhren plötzliche Schlenker, um ihr den Weg abzuschneiden und sie zu Fall zu bringen.

Alfonsina gelang es knapp, ihnen auszuweichen. Einer wollte sie mit einem Fußtritt in den Graben schicken, und sie schaffte es gerade noch, sich zu retten, weil es an der Stelle bergab ging und er bremsen musste, um nicht selbst in der Böschung zu landen.

»Schlampe! Hündin! Ich erwisch dich noch!«

»Versuch's ruhig, du Schwachkopf!«, rief sie lachend. Doch es war gefährlich, in der Nähe dieser Kerle zu bleiben.

Von den kessen Spaßvögeln zu Anfang war nichts mehr zu merken. Sie runzelten finster die Stirn, und ihre Halsschlagadern traten vor Anstrengung und Demütigung hervor. Es gelang ihnen nicht, eine Frau zu schlagen, und das, obwohl sie drei gegen eine und zu allen schmutzigen Tricks bereit waren.

Sie erinnerten sie an ihren Vater, als er herausgefunden hatte, dass sie sich das Fahrrad nahm und die Kette in Ordnung gebracht hatte. Er hatte den geschlagenen Ausdruck eines Mannes gehabt, der den Boden, über den er sein ganzes Leben lang selbstverständlich gegangen war und den er als sein alleiniges Territorium betrachtete, vor sich einbrechen sah. Ihm hatte geschwant, dass er ihn von nun an mit seiner Tochter würde teilen müssen.

Ja, sie war bereit, gegen die Männer anzutreten, wie Messori gesagt hatte. Doch die waren offenbar nicht gewillt, sich ehrlich mit ihr zu messen, wenn sie nicht sicher sein konnten zu gewinnen. Sie griffen zu allen Mitteln, sogar zu Gewalt. Zum Glück aber hatte sie noch mehr gelernt – Kraft war nicht alles, man brauchte auch Hirn.

Sie spähte zu den drei Jungen hin: schmale Augen, aufgeblasene Wangen, den Kopf eingezogen zwischen den Schultern. Dazu zerrten sie am Lenker, als würden sie einen Pflug über einen harten, gefrorenen Januaracker schieben.

Auch sie selbst trat mit Wucht in die Pedale, von Wut getrieben. Wo blieben Messoris Ratschläge? Gehirn und Füße mussten miteinander sprechen, sonst wurde die Kraft zwischen Schultern und Brust blockiert, die sich vor Verbissenheit verkrampften. Bewusst entspannte sie ihre Muskeln und den Rücken. Ihre Arme, nun lockerer, wurden eins mit dem Lenker. Die Hüften passten sich der Neigung der Straße an und erlaubten der Kraft, frei durch die Beine zu fließen. Sie trat mit den Fußspitzen und schön gestrecktem Fuß.

Auf einmal war es, als würde eine gütige Hand sie von hinten schieben. Die hochroten Köpfe der drei verschwanden allmählich aus ihrem Gesichtsfeld, dann ließ sie auch ihre Schattenumrisse auf der Straße hinter sich.

Bei letztem Tageslicht kam sie in Castenaso an. Sie hielt auf der Piazza, um auf die Jungen zu warten, jedoch ohne abzusteigen. Wenig später tauchten sie auf, die Hintern vom Sattel gehoben und die Schultern über den Lenker gebeugt, weil sie glaubten, dadurch mehr Geschwindigkeit zu bekommen. Diese Trottel wussten nicht, dass sie auf diese Weise nur den Luftwiderstand vergrößerten, der sie bremste.

Alfonsina winkte ihnen zu, halb Gruß, halb Spott, dann fuhr sie weiter. So, wie sie sich auf der Strecke benommen hatten, wollte sie die drei lieber nicht zu nahe herankommen lassen. Sie war bereit, männliche Gegner mit dem Fahrrad herauszufordern, jedoch nicht mit den Fäusten.

»He, warte, wenn du Mut hast!«, riefen sie ihr nach. »Komm her, du Irre!«

Alfonsina bog auf den Weg ein, der nach Fossamarcia führte. *Irre.* So hatten die Frauen sie genannt, und so nannten sie auch die Männer. Was war denn nur so irrsinnig an dem, was sie tat? Zu fahren, wohin die Beine sie trugen? Die eigene Kraft zu kennen, den eigenen Wert? Sollten sie sie ruhig beschimpfen, es kümmerte sie nicht.

Sie konnte es kaum erwarten, am nächsten Tag Messori von ihrem Erlebnis zu erzählen. Ja, sie war so weit, mit den Männern um die Wette zu fahren. Und Geld damit zu verdienen.

Das Schwein kam zum Gitter.

Es war zwar nicht so groß und dick, wie die Veranstalter angekündigt hatten, aber das machte nichts. Auch wenn es nicht älter als sechs, höchstens acht Monate sein mochte, hatte es doch pralle, rosige Haut und wirkte kerngesund. Ein Prachtexemplar. Man sah ihm an, dass bei seiner Aufzucht keine Kosten gescheut worden waren, dass es Äpfel und Eicheln zu fressen bekommen hatte und nicht die armseligen Essensreste der Bauern von Fossamarcia, ein paar Brotkrusten, die selbst für die Zähne der älteren Kinder zu hart waren, oder von Schnecken angefressene Kohlblätter. Nein, das hier war ein herrschaftliches Schwein.

Alfonsina seufzte – was für ein Festessen sie damit zu Hause machen könnten! Wenn es ihr gelänge, es zu gewinnen, würden die Eltern vielleicht aufhören, ihr mit Schlägen zu drohen oder damit, sie sonntags ans Bett zu fesseln, damit sie nicht mehr an den Wettrennen teilnahm. Die Schläge kamen allerdings nie, weil Carlo und Virginia zu sehr damit beschäftigt waren, nicht zu verhungern oder all den Kindern hinterherzurennen, die Gott ihnen geschenkt hatte.

Dem ganzen Theater ging sie am besten aus dem Weg, indem sie behauptete, dass sie zur Messe wolle, auch wenn das nicht immer funktionierte.

»Was redest du da, wir sehen dich doch nie in der Kirche!«, sagten Eltern und Geschwister.

Ich fahre zur Pfarrei von Castenaso, Fiesso, Colunga, San Lazzaro …, erwiderte sie, denn Gott ist schließlich überall, nicht nur in Fossamarcia. Das war nur halb gelogen, denn sie fuhr ja wirklich in das genannte Dorf, allerdings nicht zum Gottesdienst, sondern zu einem Radrennen. Wieder zurück in der Hütte, gestand sie den Schwindel, vor allem, wenn sie etwas dabei herausgeholt hatte. Denn sie verdiente nun tatsächlich hin und wieder Geld mit dem Radfahren, wenig zwar, aber immerhin. Mit Genugtuung warf sie es dann auf den Küchentisch.

Das Schwein legte seine Schnauze auf einem der Gitterstäbe ab.

Alfonsina kraulte ihm den Rüssel. Die ganze Familie könnte sie damit satt bekommen, sie würden sich endlich einmal an einen reich gedeckten Tisch setzen wie die feinen Leute. Und aus dem Gesicht des Vaters würde der beschämte Ausdruck verschwinden, der ihn jetzt gar nicht mehr verließ. Nur dieses eine Mal, gewiss. Aber für jemanden, der nie etwas gehabt hat, ist einmal schon viel.

»Pass bloß auf, Mädchen, ne, das beißt dir sonst noch die Finger ab«, rief ein vorbeikommender Mann.

Alfonsina zog schnell die Hand zurück, worauf die Umstehenden lachten.

Sie machten sich schon die ganze Zeit über sie lustig, seit sie sich für das Rennen eingeschrieben hatte – über ihre kurzen Hosen, die die Beine frei ließen, ihre wilde Mähne, ihre Schuhe, bei denen hinten die Fersen herauskamen.

Das Gespotte hörte bis zum Start nicht auf. »Wo willst du denn mit der alten Rostlaube hin?«, witzelte einer ihrer Mitbewerber.

Er war ihr gleich bei der Ankunft aufgefallen, weil er der Größte von allen war, mit enorm breiten Schultern und einem kantigen, halslosen Kopf, ein Ochse. Sein Fahrrad verschwand fast unter ihm.

»Das ist ein hartes Rennen, was für Männer«, fügte er hinzu.

Alfonsina verzog keine Miene, sie hatte sich schon Schlimmeres anhören müssen. Lieber sparte sie sich ihre Puste fürs Treten auf.

»Es kommt noch so weit, dass ich an solchen Fahrten nicht mehr teilnehme«, polterte der Kerl weiter, »da machen jetzt alle mit, Anfänger mit Milchzähnen, Alte, die's nicht mehr packen, außer, wenn's bergab geht, fehlten nur noch die Frauen. Wie stehen wir denn da, wir echten Rennfahrer?« Er sah sich Beifall heischend um.

Die anderen kümmerten sich um ihre eigenen Angelegenheiten, nur die Nächststehenden nickten zustimmend.

Es regnete ununterbrochen seit der vergangenen Nacht, und der Zustand der Strecke war erbärmlich. Budrio, das Start- und Zielort war, glich einem Teich, die Straßen waren Schlammbäche, und man sah kaum, wo der Graben anfing. Die rund vierzig Teilnehmer trieften jetzt schon vor Nässe, der Regen rann über ihre Mützenschirme und tropfte auf die durchweichten Leibchen. Ihr Atem kam als kleine Wolken aus ihren Mündern. Es war Mitte Oktober, doch der Herbst schien bereits dem Winter gewichen zu sein.

Die Startlinie wurde von zwei Jungen gebildet, die ein Seil zwischen sich hielten. Sie waren vielleicht zehn, elf Jahre alt und wurden von so dicken, prasselnden Tropfen getroffen, dass sie zum Schutz die Augen schließen mussten.

Einer der Organisatoren kam herbei, mit einem Schirm so groß wie eine Piazza und bis zu den Knien hochgekrempelten Hosen. »Schafft ihr das, heute zu fahren?«, fragte er die in der ersten Reihe. »Wir überlegen gerade, es zu verschieben.«

Die Frage wurde von vorn nach hinten weitergegeben, bis zu den Letzten in der Gruppe. Nach einigem Beratschlagen waren die Fahrer sich einig: Sie wollten starten.

»Wir sind doch keine Mädchen!«, rief der massige Kerl und deutete mit dem Kopf auf Alfonsina, die keiner nach ihrer Meinung gefragt hatte.

Belustigtes Gelächter reihum.

Alfonsina überhörte es und strich sich die Haare aus dem Nacken. Sie hingen ihr wie ein Schwamm vom Kopf, aus dem es unangenehm kalt tropfte, also wrang sie sie gut aus und schob sie unter ihre Mütze.

Der Organisator kam mit seiner Pfeife zurück. »Gut, dann geht's also los«, sagte er seufzend. »Seid ihr wirklich sicher?«

»Ja, ja!«, rief es von hinten. »Mach schon, wenn wir noch länger hier rumstehen, kippen wir um.«

Der Mann wirkte nicht überzeugt. »Aber wenn es nicht aufhört? Vierzig Kilometer hin und vierzig zurück bei dieser Sintflut sind kein Pappenstiel.« Als müsste er selbst mitfahren.

»Was für ein Gewichse!«, fluchte der Riese neben Alfonsina. »Sagt doch gleich, dass ihr das Schwein selbst behalten wollt.«

Einhelliger Protest erhob sich. Die Hinteren stiegen vom Rad und kamen nach vorn, um nach dem Grund für die Verzögerung zu sehen. Sie waren seit fünf Uhr morgens hier, wie lange sollten sie denn noch warten? Manche brüllten und schüttelten die Faust in Richtung des Veranstalters, die Aufgebrachtesten drohten sogar damit, ihn zusammen mit dem Schwein abzustechen.

Der Mann beeilte sich, die Straße freizugeben, und machte den beiden kleinen Jungen ein Zeichen, sich bereitzuhalten. »Eins, zwei, drei!«, schrie er und blies mit aller Kraft in seine Pfeife. Die offenbar ebenfalls nass geworden war, denn es kam nur ein schwaches, klägliches Piepsen heraus.

Das Seil fiel in den Matsch, und die Fahrer in der ersten Reihe, die als Einzige das Startsignal gehört hatten, sausten los. Die Übrigen brauchten ein bisschen länger, je nachdem, wo sie sich im Feld befanden. Die Letzten liefen Gefahr, von den Kollegen umgerissen zu werden, während sie noch zu ihren Rädern zurückkehrten und sie unter Geklapper und Gefluche aus dem Schlamm zogen.

Alfonsina fuhr weder ganz vorn noch zu weit hinten mit, sie wollte zuerst herausfinden, wer das Tempo vorgeben würde.

Messori hatte ihr geraten, sich beim Start nicht zu sehr zu verausgaben, es sei besser, unauffällig zu bleiben und vor allem festzustellen, wer der Stärkste war, um in seinem Windschatten zu fahren. Sie kannte die Rundstrecke von Budrio nach San Giovanni in Persiceto und zurück ganz gut, denn manchmal schickte der Padrone sie los, um Kundinnen im Umkreis von Bologna zu beliefern, die Ehefrauen von Grundbesitzern, Ärzten und Notaren, die in kleinen Orten wohnten, wo niemand ein Kleid nach der aktuellen Mode nähen konnte.

Alfonsina liebte diese Aufgabe, denn so kam sie früher aus der Schneiderei heraus und konnte nebenbei trainieren. Hin und wieder boten ihr die Damen auch eine Erfrischung an oder gaben ihr ein kleines Trinkgeld.

Das Feld der Fahrer verdichtete sich bald und schwankte im Einklang hin und her wie eine Herde auf der Weide.

Schlamm spritzte von den Reifen auf und bedeckte sie alle innerhalb kürzester Zeit von Kopf bis Fuß. Der Regen war noch stärker geworden. Getrieben von einem heftigen, kalten Wind stach er ihnen ins Gesicht wie mit Nadeln. Man sah die Hand vor Augen nicht, und niemand wagte einen Ausbruchsversuch, aus Angst, die Reifen sonst wohin zu setzen. Es war wie ein umgekehrtes Rennen, bei dem jeder das Tempo drosselte, um sich überholen zu lassen.

Alfonsina hatte sich an den Riesen drangehängt, dessen massige Gestalt ein wenig von dem peitschenden Regen abhielt. Neben ihr war ein Junge ungefähr in ihrem Alter aufgetaucht, erbarmenswert mager, der ebenfalls Schutz hinter dem Rücken des Kolosses suchte.

Bei Funo zog sich die Gruppe allmählich auseinander. Obwohl es schon acht Uhr war, blieb es dämmerig, und die fast verlassenen Straßenränder boten ein trauriges Bild.

Der Jubel und die beflügelnden Anfeuerungsrufe des Publikums fehlten ihr. Sie seufzte, es blieb ihr nichts anderes übrig, als den Kopf zu beugen und sich auf die Strecke zu konzentrieren.

Ein hoher, schmaler Kirchturm mit spitzem Dach zeichnete sich in der Ferne zwischen den Bäumen ab.

Alfonsina erkannte die Basilika von Sala Bolognese. Eine Kundin wohnte dort in der Nähe, und als sie das letzte Mal zu ihr gefahren war, wäre sie beinahe in ein riesiges Schlagloch an der Kreuzung der Via Emilia mit der Dorfstraße gekracht. Also hielt sie sich möglichst weit rechts, passte aber auf, dass sie nicht im Graben landete.

Der größte Teil der Fahrer blieb in der Mitte der Fahrbahn. Unwillkürlich wollte sie ihnen eine Warnung zurufen, damit sie nicht in die Pfütze fuhren, doch ein Gedanke hielt sie zurück: Hätten sie das Gleiche für sie getan? Wahrscheinlich nicht, eher hätten sie sich noch darüber kaputtgelacht, sie mit den Beinen in der Luft in dem Wasserloch zu sehen, und sich gegenseitig auf die Schultern geschlagen. Sie beschloss, den Mund zu halten.

Das Wasser strömte in Bächen über die Straße, schwemmte Erde und Steine mit sich. Der Kirchturm kam schnell näher, noch ein knapper Kilometer, dann würden sie an der Kreuzung sein.

Alfonsina ging die Kurve davor an und blieb achtsam am Rand.

Die übrige Gruppe drängte sich in der Mitte zusammen, um die Strecke zu verkürzen und ein paar Meter zu sparen. Viele landeten mit einem dumpfen *Plopp* in dem Loch, wie ein Haufen Kröten in einem Teich.

Etwa zehn Fahrer versanken bis zur Mitte der Räder in der Pfütze, die durch die Fluten noch größer geworden war. In dem Versuch, sich herauszukämpfen, klammerten sie sich aneinander, mit dem einzigen Ergebnis, dass sie noch tiefer im Schlamm versanken. Die hinter ihnen mussten abrupt ausweichen und fuhren rechts und links in die Gräben. Von den wenigen, die noch im Sattel saßen, hielt keiner an, um ihnen zu helfen.

Das Feld hatte sich jetzt halbiert, aber niemand rang sich dazu durch auszureißen. Der Riese war immer noch im Rennen, und Alfonsina heftete sich wieder an seine Fersen, ebenso der magere Junge.

Ein naher Blitz beleuchtete die Wallfahrtskirche Madonna del Poggio. Nur noch wenige Kilometer, dann hatten sie die erste Hälfte geschafft.

Ihre Ankunft in San Giovanni in Persiceto wurde von den neun Schlägen einer Kirchturmuhr begleitet. Sie hatten fast drei Stunden für die vierzig Kilometer gebraucht, zu Fuß wären sie schneller gewesen. Der Ort war wie ausgestorben, nicht einmal ein Hund verfolgte die Vorbeifahrt der Radler am Fenster. Zwei Männer standen stocksteif inmitten der zu einem See gewordenen Piazza. Die Fahnen in ihren Händen waren so nass, dass sie an den Stangen klebten. »Wo wart ihr denn?«, fragte der eine. »Wir dachten schon, das Rennen wäre abgesagt worden.«

Der andere klapperte mit den Zähnen, der Ärmste, und hatte blaue Lippen. »Selbst 'n Huhn wär fixer gewesen«, brummelte er. Sie trabten zwischen den Pfützen neben ihnen her.

»Wo sind die anderen?«, wollte der Erste wissen.

Der dünne Junge zeigte hinter sich. »Die sind gestürzt.«

Die beiden wiesen ihnen den Weg zur Porta Vittoria, wo sie durch den Torbogen fahren und dann umkehren sollten.

Nun blies der Wind von hinten und ließ den Rücken zu Eis gefrieren, aber wenigstens schob er sie an.

Alfonsina gab alles, um sich wieder ans Hinterrad des Riesen zu hängen.

Der Junge dagegen hatte Mühe mitzuhalten, sein Blick war matt, und er kam nur noch durch Beharrungsvermögen und dank des einen oder anderen Windstoßes gegen seine knochigen Schultern vorwärts.

Auf dem Rückweg begegneten sie den Gestürzten, die kilometerweit zurücklagen. Mit eingezogenen Köpfen schwankten sie auf ihren Rädern, hatten sich mit der Vergeblichkeit ihrer Mühe abgefunden.

Beim Anblick der langsamen Prozession dankte Alfonsina dem Padrone stillschweigend dafür, dass er ihr die Auslieferungen anvertraut hatte.

Dann steigerte der Riese auf einmal das Tempo, und die

übrigen fünf in der Spitzengruppe rückten hinter ihm zusammen.

Es fehlte nun nicht mehr viel bis zum Ziel, noch zehn Kilometer, vielleicht weniger.

Der Koloss beugte sich über die Stange und gewann ein paar Meter gegenüber seinen Verfolgern. Nach und nach fielen vier von ihnen zurück, der magere Junge als Letzter. Er versuchte noch einen Spurt, gab aber bald auf und sank röchelnd auf dem Lenker zusammen.

Ich habe Glück, dachte Alfonsina, unter diesen Bedingungen zählen nicht Kraft und Geschwindigkeit, sondern Zähigkeit. Und davon hatte sie jede Menge.

Der Riese blickte sich nach seinen Verfolgern um. »Nur noch du und ich sind übrig, Junge«, keuchte er. »Gut gemacht. Versuch jetzt, dicht an mir dranzubleiben.«

Alfonsina wunderte sich, mit wem er sprach, und drehte kurz den Kopf. Da war niemand. Dann begriff sie: Er verwechselte sie mit einem Jungen. Ihre flache Brust, die Locken als einziges weibliches Merkmal unter der Mütze und obendrein ihr schlammbespritztes Gesicht.

Plötzlich drehte der Wind und traf sie beide mit der Wucht einer Granate von vorn. Jetzt war Kraft allerdings entscheidend, und der Koloss wog mindestens dreimal so viel wie sie. Doch er beging eine Dummheit. Er hob das Gesäß vom Sattel und lehnte sich nach vorn über den Lenker.

Dem Wind gefiel es, so viel Oberfläche geboten zu bekommen, gegen die er blasen konnte. Je mehr der Kerl strampelte, desto mehr bremste ihn die Luft.

Alfonsina blieb an ihm kleben, hielt die Ellbogen eng am Körper, die Knie parallel und den Oberkörper flach über dem Rahmen.

Der Fahrer kämpfte mit gerecktem Hintern gegen die peitschenden Böen, wobei sich sein Hemd blähte wie Wäsche auf der Leine im März.

Das Ziel war nur noch wenige Hundert Meter entfernt. Die Organisatoren, deren Schirme im Regen undeutlich zu erkennen waren, erwarteten sie am Straßenrand, während die beiden kleinen Jungen ungeschützt dastanden und das Zielseil halten mussten.

Der Riese richtete sich noch mehr auf, sodass sein ganzer schwerer Körper auf den Lenker drückte.

Alfonsina sah sein Vorderrad durch den Schlamm am Ortseingang furchen. Jetzt, beschloss sie. Sie schwenkte nach links, immer noch schön tief über der Stange.

Ein Blitzschlag warf ein violettes Licht auf die Sumpflandschaft, gefolgt von mehreren Donnerschlägen, bei denen die Erde bebte.

Ihr Vorderrad erreichte sein Hinterrad.

Die Organisatoren traten ein Stück auf die Straße und brüllten Anfeuerungsrufe.

Dann waren sie auf gleicher Höhe, der große Mann, der halb auf dem Fahrrad stand, und das Mädchen, das auf seinem hockte wie ein Fröschlein auf einem Zweig.

Die beiden Jungen mit dem Seil begannen, auf und ab zu hüpfen.

Alfonsinas Vorderrad schob sich um eine Handbreit vor das des Riesen.

Die Schirme wurden in die Luft geworfen, begleitet von Jubelgeschrei.

Als sie die Ziellinie erreichte, war sie um eine ganze Fahrradlänge an ihrem Mitstreiter vorbeigezogen. Sie durchbrach das Seil mit zum Himmel gereckten Armen, lachend und weinend zugleich, frei wie noch nie zuvor.

Ihr führungsloser Lenker wackelte, knickte zur Seite und schickte sie samt Rad in den Graben.

Alfonsina überschlug sich, aber das war ihr egal, sie war noch nie so außer sich vor Freude gewesen.

Der Riese zog sie hoch. »Hast du dir wehgetan?«, fragte er.

Energiegeladen sprang sie auf die Beine. »Ach was, ich hatte einen Heidenspaß!«

Bei dem Purzelbaum war ihr die Mütze vom Kopf gefallen. Sie hob sie auf, schlug sie gegen ein Bein, um sie vom Matsch zu befreien, und schüttelte den Kopf, sodass ihre Haare sich lösten.

Die Männer machten einen Satz rückwärts. »Aber das ist ja das Mädchen!«

»Wie willst du es denn nach Hause bringen?«, fragte der Organisator mit der Pfeife, »auf deinen Schultern?« Er lachte, aber es klang unecht. Die ganze Sache schmeckte ihm nicht, genauso wenig wie den anderen.

Niemand hatte damit gerechnet, dass das kleine Fräulein mit dem alten Fahrrad das Rennen gewinnen könnte. Unter den Mitbewerbern waren ausgewachsene, kräftige Jungen gewesen und Männer, die seit Jahren auf den Pisten fuhren. Gut, manche hatten schon ein paar graue Haare, dafür aber so viel Erfahrung, dass sie damit die nachlassende Kondition wettmachten. Vom Regen ganz zu schweigen, der aus dem Tag eine knochenharte Prüfung gemacht hatte.

»Ich finde schon eine Möglichkeit, keine Sorge.«

Der Käfig war geöffnet worden, und einer der kleinen Jungen hatte dem Schwein das Seil, das als Start- und Ziellinie verwendet worden war, um den Hals gebunden.

Alfonsina streichelte es. Sie hatte das Schweinchen lieb

gewonnen, ein Symbol für den bislang schönsten Tag in ihrem Leben. »Ich glaube, ich werde es doch nicht übers Herz bringen, dich zu essen.«

Das Tier grunzte leise und rieb seinen Rüssel an ihren Beinen.

Sie überlegte, wie sie es transportieren sollte. Zu Fuß gehen kam nicht infrage, Budrio lag rund zehn Kilometer von Fossamarcia entfernt. Mit dem Schwein an der Leine hätte sie zu lange gebraucht, und außerdem befürchtete sie, dass man ihr folgen könnte, um es zu stehlen. Sie versuchte, es mit dem Seil an der Querstange festzubinden, aber das Arme wand sich schlimmer als eine Natter und quiekte herzzerreißend. Die einzige Lösung war, ihr Kleid als Tragesack zu verwenden. Nachdem sie das Schwein darin eingewickelt hatte, band sie die beiden Enden mit dem Seil zusammen und hängte es sich um. Zuerst strampelte es und schrie, dann jedoch wurde es still, vielleicht in den Schlaf gewiegt vom Schaukeln des Fahrrads.

Zum Glück hatte es aufgehört zu schütten. Eine blasse Sonne vertrieb allmählich die Wolken und trocknete die Straße und ihre Kleider.

Am Nachmittag kam sie in Fossamarcia an, ganz aufgeregt, weil sie einen solchen Schatz mitbrachte. Auch hier hatte es viel geregnet, überall bedeckten Wasserlachen den Boden, und ein dichter, faulig riechender Dunst stieg aus den Gräben auf. Niemand war draußen vor der Hütte zu sehen, weder ihre kleineren Geschwister beim Spielen noch die größeren und die Eltern bei der Arbeit im Gemüsegarten. Sie schob das Fahrrad nach hinten und legte das Bündel mit dem Schwein auf dem Boden ab. Das Tier regte sich nicht, vielleicht schlief es noch. Sie beschloss, es dort zu lassen, sie würde es später mithilfe des Vaters befreien, damit es nicht entwischte. Mit keckem Schritt betrat sie die Küche.

Sie waren alle dort drin, um den Pfarrer geschart, der in der Mitte saß.

Ihre Ankunft bewirkte ein regelrechtes Getümmel, man schien auf sie gewartet zu haben.

»Da ist sie!«, rief Carlo. »Sehen Sie, Herr Pfarrer, mit was für einer Tochter ich geschlagen bin?«

Der Priester zeigte auf ihre unbekleideten Waden. »Bedecke dich, Schamlose! Kennst du keine Gottesfurcht?«

Die Geschwister blickten zwischen Schwester, Vater und Pfarrer hin und her.

Virginia saß mit Elio auf dem Arm am Kamin und blies unter ein dürftiges Bündel von feuchtem Holz, das nicht brennen wollte.

»Was habe ich denn gemacht?«

»Wo bist du gewesen?«, brüllte der Vater mit hervorquellenden Augen.

Da sie in Hemd und kurzer Hose hereingekommen war, bis zu den Haaren mit Schlamm bespritzt, hielt sie es für besser, die Wahrheit zu sagen. »In Budrio. Da war ein Radrennen ...« Weiter kam sie nicht.

Carlo schlug mit der Faust auf den Tisch, der Pfarrer hob die Arme zum Himmel.

Virginia stützte den Kopf in die Hände und stieß einen Klagelaut aus. »So ein Elend«, murmelte sie, aber es war nicht klar, ob sie sich auf die nackten Beine der Tochter bezog oder auf das qualmende Holz.

Als Alfonsina sie alle so stumm um den Pfarrer versammelt gesehen hatte, hatte sie zuerst einen Schreck bekommen und gedacht, er sei da, um die letzte Ölung zu spenden, und ein neues totes Kind würde zu den nächtlichen Geistern hinzutreten. Doch da alle noch lebten, gewann sie rasch ihre Kühnheit zurück. »Für was soll ich mich denn schämen? Ich tue doch nichts Schlechtes!«

»Ach nein? Nein?« Die Halsadern des Priesters traten dick hervor wie Schnüre. »Und wie nennst du das, was du tust?« Er sei zur Kate der Morinis gekommen, weil er um die Moral der Familie besorgt sei, sagte er. Die Eskapaden ihrer Zweitgeborenen seien nicht nur in Fossamarcia in aller Munde, sondern auch in Bologna und darüber hinaus. Verstand sie denn nicht, welche Schande sie über ihre Eltern, ihre Brüder und Schwestern brachte? Obendrein ging sie wegen dieser vermaledeiten Mode des Radfahrens nicht einmal mehr in die Kirche!

Alfonsina merkte, dass seine Predigt sich länger hinziehen würde als die Weihnachtsmesse. Sie setzte sich an den Kamin, um der Mutter dabei zu helfen, das Feuer zu entfachen. Elio, der knapp zwei Monate alt war, begann leise zu greinen.

Virginia knöpfte ihr Kleid auf und legte ihn an ihre Brust.

Der Priester fuhr mit seinem Sermon fort. Denkt an den Papst, ermahnte er seine Zuhörerschaft. Pius x. hatte es klar in seiner letzten Enzyklika gesagt: Die Frauen waren für die häuslichen Arbeiten geschaffen, was wesentlich dazu beitrug, die Keuschheit des schwachen Geschlechts zu bewahren. Er wedelte mit der Hand in Virginias Richtung. »Seht ihr es nicht, das Sinnbild weiblicher Heiligkeit? Die höchste und einzige Bestimmung der Frau? Die Zeugung von Seelen zum Ruhme Gottes!«

Da sie sich angesprochen fühlte, hob die Mutter kurz den Kopf und nickte zerstreut. Sie war ganz rot vor Anstrengung und mit Ruß bedeckt. Das verfluchte grüne Holz weigerte sich hartnäckig, Feuer zu fangen.

Elio hörte auf zu saugen und rülpste. Gelblicher Schleim rann auf die Lumpen, in die er gewickelt war, und auf den Rock der Mutter. Sie wischte ihn mit dem Ärmel ihres Kleides ab, fluchte dabei halblaut.

Wenn die Morinis nicht unwissend wie die Ziegen wären, hob der Pfarrer wieder an, hätten sie gelesen, was Cesare Lombroso über das Fahrrad schrieb, eine weltberühmte Kapazität, der Geisteskranke heilte und sich bestens mit Dieben und Mördern auskannte. Das Veloziped begünstige das Verbrechen, so lautete die Erkenntnis des illustren Professors, denn auf zwei Rädern könne man schneller flüchten als zu Fuß! Wieder stürzte er sich auf Alfonsina. »Ist es das, was du willst? Genügt es dir nicht, dass alle auf dich zeigen wie auf eine Irre, ein verdorbenes Weibsbild? Willst du auch noch zur Diebin werden?«

Alfonsina verbarg sich hinter dem Rücken der Mutter. Der Priester schien von Sinnen zu sein. Er redete von Diebstahl und hatte offenbar keine Vorstellung von der Wirklichkeit in seiner Pfarrei – was sollte man denn stehlen, wenn das Einzige, das es im Überfluss gab, Hunger und Not waren?

Er baute sich mitten in der Küche vor seinem Publikum auf, das ihm nur noch mit halbem Ohr zuhörte. Die Kinder begannen, sich zu langweilen, gähnten rückhaltlos, schnitten Grimassen und zogen einander an den Haaren. Nur Carlo blieb aufmerksam und unterstrich jede Aussage mit einem Nicken.

Der Pfarrer musste seine Predigt zuvor im Pfarrhaus geübt haben. Es klang wie eine auswendig gelernte Litanei, mit Kunstpausen und an- und abschwellender Stimme. »Um nicht von der schlimmsten Sünde zu sprechen.« Er hob den Zeigefinger zum rußigen Dach. »Gott selbst hat Moses das sechste Gebot diktiert.« Tief Luft holend, drehte er sich halb um die eigene Achse, um sich zu vergewissern, dass alle ihm zuhörten. »Du sollst nicht ehebrechen! Und du sollst keine unkeuschen Handlungen begehen!«, donnerte er. »Das Fahrrad befördert die Onanie.«

Ein verdutztes Schweigen senkte sich über die Küche. Dieses Wort hatten sie noch nie gehört, noch konnten sie es mit den zehn Geboten in Verbindung bringen. Doch der zornige Gesichtsausdruck des Pfarrers bewirkte, dass sie nun gebannt zuhörten.

Er hatte seinen Talar gepackt und zerrte ihn hin und her, als wollte er ihn zerreißen oder hätte unerträgliche Leibschmerzen. Die Onanie, unterstrich er, zu der die Männer durch die Bewegungen der Frauen beim Radfahren verleitet wurden, durch das Hüftwackeln, das Beben der Brüste bei Erschütterungen. Und die noch viel schändlichere, welche die Frauen an sich selbst verübten. Solche lasziven, liederlichen Frauenzimmer brauchten sich nur den verwerflichen Neigungen zu überlassen, die der Sattel unterstützte. Sie setzten sich rittlings darauf, mit gespreizten Beinen, und gaben sich den Reibungen hin!

Krebsrot, verschwitzt und erschöpft ließ der Priester sich auf einen Stuhl fallen.

Die Morinis sahen sich an und wussten nicht, was sie sagen sollten.

Der Gottesmann zeigte auf Alfonsina. »Wenn du nicht von diesem Teufelsgerät ablässt, landest du in der Hölle!«

Auf seine Drohung folgte eine Art Furzgeräusch.

Carlo sprang auf. »Wer war das?«

Alle breiteten unschuldig die Arme aus, niemand würde es wagen, sich derart respektlos gegenüber dem Pfarrer zu benehmen.

Gleich darauf war es wieder zu hören und noch einmal, es kam von draußen.

Alfonsina hüpfte auf ihrem Platz herum. »Das Schwein!« Es war endlich aufgewacht und hatte angefangen zu grunzen. Jetzt konnte sie ihrer Familie den gewonnenen Preis zeigen.

»Was für ein Schwein?«, fragte Virginia.

»Das ich mitgebracht habe.«

Der Vater trat auf sie zu. »Du hast ein Schwein gestohlen?« Aus seiner Miene konnte man nicht schließen, ob er eher beeindruckt oder empört war.

Der Pfarrer zerrte wieder an seinem Talar. »Hab ich es nicht gesagt, hab ich es nicht gesagt? Lombroso hatte recht.«

Das war zu viel, niemand durfte sie eine Diebin nennen, auch nicht der Pfarrer. »Ich habe es gewonnen!«, schrie sie. »Es war der Preis bei dem Radrennen.«

Die Geschwister sahen sie plötzlich ganz anders an, beinahe mit Bewunderung. »Und jetzt gehört das Schwein uns?«, fragte Riccardo.

»Es gehört mir«, stellte Alfonsina klar, »aber ihr dürft alle davon essen.« Sie ging zur Tür. »Kommt mit, ich zeige es euch.« Carlo und Virginia folgten ihr hinters Haus, dann kamen die Geschwister, die Waisenkinder und zum Schluss der Pfarrer.

»Stellen wir uns im Kreis auf, sonst haut es ab«, sagte sie, dann band sie das Kleid auf.

Das Schweinchen jedoch, vielleicht benommen vom plötzlichen Tageslicht, blieb ruhig inmitten seiner Bewunderer stehen. Es schnüffelte ein wenig am Gras und begann schließlich, an einem Kohlblatt zu knabbern.

Die Morinis machten Gesichter, als wäre es das Jesuskind in der Krippe.

»Was habt ihr damit vor?« Der Priester starrte mit grimmigem Blick auf das Tierchen, als hätte er den Teufel persönlich vor sich.

»Wir essen es!«, riefen die Kinder im Chor.

Carlo war anderer Meinung. »Wir verkaufen es, für ein solches Schwein wird Gott weiß was bezahlt.«

»Oh nein«, mischte sich Virginia ein. »Es ist noch zu klein, wir ziehen es auf. Wenn wir es später schlachten, haben wir Fleisch für viele Monate. Und wenn wir es verkaufen, bekommen wir das Doppelte dafür.«

Das war nicht von der Hand zu weisen. »Einverstanden«, erklärte Alfonsina.

Der Vorschlag gefiel allen, es würden zwei Schinken dabei herauskommen und zwei Schulterstücke, Lendenstücke und Salami. Und ein Bottich Schmalz. Die ganze Familie bekam feuchte Augen, sie schmiegten sich aneinander, als hätten sie plötzlich entdeckt, dass sie sich gernhatten.

Nur der Pfarrer blieb außen vor. »Ihr begeht einen großen Fehler«, sagte er. Der Gewinn des Schweins am selben Tag, an dem er den Morinis einen Besuch abstattete, sei ein Zeichen göttlichen Wohlwollens. Der Herr werde Alfonsina vergeben, wenn sie sich reuig zeige und verspreche, nicht mehr Fahrrad zu fahren. Es sei ein wenig wie die Opferung des Isaak, aber in diesem Fall gebe sich der Höchste mit einem Schwein statt einem Widder zufrieden. Daher solle das Schwein noch am selben Abend geschlachtet und gegessen werden, um Gott in seiner Barmherzigkeit zu loben. Er, der Pfarrer, werde in seiner priesterlichen Eigenschaft an dem Mahl teilnehmen, um die wiedergefundene Eintracht zwischen dem himmlischen Vater und seinen sündigen Kindern zu bekräftigen.

Niemand wagte es, ihm zu widersprechen. Alfonsina

nicht, obwohl es doch ihr Schwein war, weil die seltsamen Reden des Pfarrers ihr ein schlechtes Gewissen gemacht hatten und sie sich ein bisschen schämte. Und die Eltern nicht, weil einem Gottesmann zu widersprechen Sünde war.

Virginia ging hinein, um den Kessel für das kochende Wasser aufzusetzen, mit dem die Borsten abgebrüht werden sollten. Carlo holte das Schlachtermesser.

Alfonsina, die nicht dabei sein wollte, warf sich aufs Bett und steckte den Kopf unter die Decken, doch die Schreie des Tiers drangen bis zu ihr hin. Bei Tisch hatte sie eine zugeschnürte Kehle und brachte nichts herunter.

Die anderen verschlangen das Schwein bis auf die Knochen, besonders der Pfarrer, unter lauten Lobpreisungen des Herrn für seine Gnade.

Später im Bett dachte Alfonsina lange über das sechste Gebot nach, dessen Auslegung sie nicht ganz verstanden hatte, besonders, was das mit dem Fahrradsattel zu tun hatte. Ihr kam der Verdacht, dass die Reibungen, von denen der Pfarrer gesprochen hatte, mit einem gewissen lästigen Gefühl zusammenhing, das sie manchmal zwischen den Beinen spürte und das sie nur loswurde, indem sie sich so lange mit den Fingern rieb, bis sie vor Lust und Erleichterung aufseufzte. Die älteren ihrer Geschwister hatten die gleiche Angewohnheit, und oft erbebte die Matratze des Nachts und ein leises Keuchen war zu hören. Man brauchte kein Fahrrad, um diese Sache da zu machen, hätte sie dem Priester entgegnen sollen, aber vielleicht verstand er von manchen Dingen nicht so viel.

Das Erscheinen der kleinen Toten unterbrach ihre Gedanken. Es waren mehr als sonst, und sie blickten böse. Vielleicht von dem Bratenduft angelockt, forderten sie nun eine Erklärung für den entgangenen Festschmaus.

Heilige Madonna, die Last der Schuld wog immer schwerer, und es half auch nichts, ihnen zu erklären, dass sie noch nicht einmal von dem Schwein gekostet hatte. Erst nachdem sie ihnen allen Geschenke versprochen hatte, beruhigten sie sich. Sie würde weitere Rennen gewinnen, Geld verdienen, ihnen Leckereien kaufen, dass sie sich bis zum Platzen satt essen konnten, auch wenn ihr Magen nur aus Dunst bestand.

Sie selbst fühlte sich ausgehungerter denn je, und das nicht nur, weil sie nicht an der Schlemmerei teilgenommen hatte. Sie hatte ein Dankeschön erwartet, ein Lob für ihre Leistung. Aber nichts.

Perlen vor die Säue, dachte sie.

Mailand, Juli 2017

Ich weiß nicht, ob es mir gelingt, Fossamarcia richtig zu beschreiben, oder ob ich am Ende wichtige Einzelheiten vergesse. Manchmal glaube ich tatsächlich dort zu stehen, mit den Füßen im Schlamm, wie damals während Alfonsinas Erzählungen. In den zehn Jahren, die ich sie kannte, hat sie immer wieder von der erstickenden Atmosphäre des Orts gesprochen, von den ständig umherschwirrenden Mücken, dem platten Land, dem Hunger. Und von den Augen der toten Kinder im Dunkeln um das Bett herum. Dennoch habe ich Angst, etwas Wesentliches auszulassen, das dazu beitragen könnte, sie besser zu verstehen und die Erinnerung an sie möglichst intakt weiterzugeben.

Zum Beispiel würde ich gern genauer wissen, was sie in jener Nacht empfand, als sie zum ersten Mal mit dem Fahrrad in die Gegenden jenseits des Morasts vorstieß. Die Fakten kenne ich, weil sie davon bereitwillig erzählt hat. Die Gefühle dagegen habe ich hinzugedichtet, so wie ich sie mir vorgestellt habe, während ich ihr mit geschlossenen Augen zuhörte. Ich sah sie als junges Mädchen mit den schlecht geschnittenen Haaren, die bei ihrem ersten nächtlichen Ausflug im Fahrtwind wehten, und versuchte, mich in sie hineinzuversetzen. Doch mit Emotionen kann man falschliegen, anders als bei Tatsachen, denn jeder erlebt die Dinge auf eigene Art.

Als ich sie kennenlernte, war ich zehn Jahre alt und fühlte mich in Mailand so fehl am Platz, wie sie sich damals in der Enge des Sumpfs gefühlt haben muss. Ich war erst vor Kurzem mit meiner Familie dorthin gezogen. Wir kamen aus dem Süden. Von da unten, *wie die Leute aus dem Norden sagten, wobei sie die Unterlippe kräuselten, als wollten sie mit dem Mund die Niederungen andeuten, aus denen wir aufgebrochen waren. Auch wir hatten dort auf dem Land gewohnt, aber es war keine flache Ödnis gewesen wie die, die Alfonsina beschrieb. Ich erinnere mich an leuchtende Wiesen, über die der Wind den Geruch des nahen Meeres herbeitrug, und eine goldgelbe, wohltuende Sonne. Hügelige Felder, Straßen aus weißem Stein und prächtige Kirchen, die sich beim Glockengeläut mit lärmenden Stimmen füllten.*

Wir hatten unsere Heimat verlassen müssen, weil der Krieg die Häuser zertrümmert und der Bombenhagel kurz vor dem Ende Tod zwischen die Pflanzreihen gesät hatte. Mein Vater beschloss, mit uns fortzugehen, als sein Bruder bei einem Spatenstich auf eine nicht explodierte Granate traf. Mein Onkel verlor ein Bein und sein Augenlicht sowie ein paar Finger. Andere Arbeit als in der Landwirtschaft gab es nicht, denn auch die Handwerksbetriebe und Geschäfte waren zerstört worden.

Der Wiederaufbau und die Entminungen zogen sich hin, während der Norden alle herbeirief, die arbeiten und Häuser hochziehen wollten. Auch bei uns wäre es nötig gewesen, Städte und Schulen neu zu errichten, aber es erschien uns besser, sozusagen von oben anzufangen, mit etwas in der Hand. Dann würden wir alle gemeinsam zurückkehren und das Land Stück für Stück in Ordnung bringen, dachten wir. Im Handumdrehen würde das gehen.

Stattdessen blieben wir im Norden, auch wenn wir uns wie ungeladene Gäste auf einem Fest fühlten. Denn die Re-

gionen, aus denen wir kamen, waren nach wie vor Friedhöfe, so schrieben es uns die wenigen dort ausharrenden Verwandten.

Wenn Alfonsina von der tristen Gegend erzählte, aus der sie stammte, dachte ich an meinen Vater, wie er abends nach acht Stunden Eingesperrtsein in der Fabrik in unsere Mietskaserne zurückkehrte. Nie sagte er ein Wort von Heimweh oder dem Wunsch, sich in der Sonne zu wärmen. Genauso wenig meine Mutter, die ihre Tage damit verbrachte, unsere zwei möblierten Zimmer auf Hochglanz zu bringen, als gäbe es sonst nichts auf der Welt, als geschähe sonst nichts in unserem Leben.

Das Glück wollte es, dass ich in der Straße wohnte, in der Alfonsina ihr Büro und ihre Werkstatt hatte. Sie war damals im Alter meiner Großmutter, denn auch bei uns bekommt man früh Kinder, und kümmerte sich um mich wie um eine Enkelin. Sie hörte mich beim Lernen ab, kaufte mir Kekse und nahm mich mit ins Kino. Einen Film musste ich tatsächlich drei Mal mit ihr sehen. Ich war zwölf oder dreizehn und mir gefielen Liebesgeschichten mit amerikanischen Filmhelden und den schönen Schauspielerinnen mit ihren exakt geschminkten roten Mündern und schmalen Augenbrauen. Der Film, den wir mehrmals sahen, war dagegen ein italienischer und in Schwarz-Weiß. Ich langweilte mich ein bisschen, aber sie saß so gebannt da, mit weit aufgerissenen Augen und leicht geöffnetem Mund, dass ich das nächste Mal wieder mitging, etwa so, wie man eine betagte, etwas verkalkte Verwandte besucht, die man sehr gernhat. Der Regisseur hieß Vittorio De Sica und die Geschichte handelte von einem Kind, das von einer alten Frau beim Gießen ihres Gartens im Kohlbeet gefunden wurde. Sie nannte es Totò und zog es auf wie ihr eigenes. Als die alte Frau starb, kam der Junge ins

Waisenhaus, und später landete er auf der Straße und lebte mit anderen armen Schluckern in Blechhütten. Totò half ihnen, bessere Behausungen zu bauen, doch dann fand jemand heraus, dass es auf dem Gelände Öl gab. Kurzum, die armen Leute mussten weg und fanden nirgends einen Ort, an dem sie bleiben konnten, immer gab es jemanden, der sich von ihnen gestört fühlte. Am Ende führte Totò sie auf einem Besen reitend in den Himmel hinauf, damit sie den Ozean überqueren und sich in der Ferne ein neues Zuhause suchen konnten.

Damals fühlte ich mich selbst so sehr als Außenseiterin, dass dieser Aufmarsch der Unglücklichen mich bedrückte, ich wollte meinen Kummer lieber mit schönen, märchenhaften Bildern vertreiben. Ich war zu jung, um zu verstehen, dass dieses filmische Wunderwerk viel von Alfonsinas Leben widerspiegelte: die Waisenkinder, die Armut, die Elendshütten, die Flucht auf dem Besenstiel mit dem Mond im Hintergrund, die Suche nach einem Stückchen Glück. Sogar die Kohlköpfe von Fossamarcia hatten ihren Platz auf der Leinwand gefunden.

Damals glaubte ich noch an Wunder, und dieses am Himmel von Mailand erschien mir leicht zu bewirken und auch ein wenig dumm. Konnten die sich nicht etwas Sinnvolleres wünschen als so einen Ritt durch die Luft? Ich habe viele Jahre gebraucht, um zu begreifen, dass das einzig mögliche Wunder in uns selbst liegt. Alfonsina hatte es in den Beinen.

Ich bin mit ihren Geschichten aufgewachsen, die meine Fantasie geformt haben. Das war ein Glück, denn so habe ich gelernt, über den Horizont hinauszublicken.

Tre Valli Varesine, 13. September 1959

Kurz vor dem Start traf sie in Varese ein.

Die Fahrer waren bereit und standen in Teams gruppiert um die Techniker herum, die ihnen letzte Ratschläge gaben.

Alfonsina erkannte die hellblauen Trikots mit dem weißen Streifen um die Brust des Teams Bianchi, die grünen mit den roten Säumen von Legnano, die orangefarbenen mit dem blauen Streifen von Molteni. Dazwischen Masseure, Manager, Fotografen, Kameraleute. Alles sehr anders als zu der Zeit, als man seine Kleidung selbst von zu Hause mitbrachte und der Hauptpreis ein Schwein war.

Inzwischen verdienten die Fahrer schwindelerregende Summen, aber das war gerechtfertigt, denn der Beruf eines Radprofis war hart, voller Entbehrungen und Opfer, die das Leben auffraßen.

Ihr Herz setzte plötzlich einen Schlag aus, und die Moto Guzzi schlingerte ein wenig. Sie beschloss, sie auf einem nahen, mit Seilen begrenzten Parkplatz abzustellen, auf dem schon einige Autos und Motorräder standen. Sie konnte es nicht erwarten, die neuen Stars zu begrüßen und mit den alten Freunden in Erinnerungen zu schwelgen.

Ein junger Mann mit einem Fähnchen und der Armbinde des Ausrichters stand vor der Einfahrt. »Sie können hier nicht parken.«

Sie zeigte auf die anderen Fahrzeuge. »Und was ist mit denen?«

»Das sind reservierte Plätze.«

Sie zog ihre Mütze ab, ohne den Schirm würde er sie vielleicht erkennen. »Für wen reserviert?«, fragte sie lächelnd.

»Signora, halten Sie mich nicht auf, das Rennen beginnt in einer halben Stunde.«

Alfonsina setzte die Füße auf den Boden, ohne abzusteigen. »Ich möchte wissen, für wen die sind.«

Der junge Mann seufzte. »Für die Prominenten, die Fachleute.« Er sah auf seine Uhr. »Seien Sie so nett und parken Sie woanders.«

»Dann darf ich auch dorthin.«

Er zog die Augenbrauen hoch. »Wer sind Sie, die Mutter eines Fahrers? Auch Verwandte dürfen hier nicht parken.«

»Du erinnerst dich vielleicht nicht an mein Gesicht, weil du zu jung bist, aber bestimmt an meinen Namen. Ich bin Alfonsina Strada.«

Er kratzte sich am Kopf. »Der Name sagt mir nichts.«

»Die ›Königin der Tretkurbel‹?«, fügte sie hinzu.

Eine flammend rote Giulietta Spider hielt neben ihnen, und vier Männer stiegen aus. Einer davon war sehr groß, mit hohlen Wangen und breiter Stirn. Kaum eingetroffen, schien der Wind die Nachricht von seiner Ankunft schon im Umkreis von zehn Kilometern verbreitet zu haben. Hunderte von Leuten kamen herbeigelaufen und riefen seinen Namen.

Fausto Coppi unterdrückte eine Grimasse und bemühte sich, ein Lächeln daraus zu machen. Es war das erste Mal, dass er beim Rennen von Tre Valli Varesine in Zivil erschien. Im Vorjahr hatte er sich als Siebter platziert und geschworen, es wieder zu versuchen, sobald er sicher war, auf die

Siegertreppe zurückkehren zu können. Das Rennen bedeutete ihm viel. Hier hatte er 1948 Giulia, die »Dame in Weiß«, kennengelernt.

Alfonsina war dabei gewesen. Der Ehemann der Frau, Enrico Locatelli, ein Arzt aus Varese, war ein begeisterter Radsportanhänger und Fan des »Campionissimo«. Das Paar hatte sich am Ziel aufgestellt, um Coppi um ein Autogramm zu bitten. Die Szene entbehrte nicht einer gewissen Komik: Der Mann schob seine Frau regelrecht auf den Rennfahrer zu, obwohl ihr das peinlich war und sie sich dagegen wehrte. Er aber insistierte dermaßen, dass er sie ihm praktisch in die Arme warf. Coppi, normalerweise ein eher mürrischer Typ, lächelte freundlich und wechselte ein paar Worte mit dem Paar. Locatelli hatte ihn daraufhin zu einem Urlaub in seine Villa eingeladen. Der Rest war Geschichte und in aller Munde; sogar Pius XII. hatte sich zu dem Skandal geäußert und die beiden Ehebrecher öffentlich verurteilt.

Alfonsina musste lachen, wenn sie daran dachte. Während ihre Unmoral sie damals einen Schweinebraten gekostet hatte, hatten die beiden tatsächlich eine Gefängnisstrafe riskiert. Vielleicht sollte sie den Campione auf sich aufmerksam machen, dann konnte er dem Grünschnabel mit dem Fähnchen erklären, wer die »Königin der Tretkurbel« war. Sie schwenkte ihre Mütze. »Fausto!«

Coppi drehte sich um. Die Schwermut stand ihm ins Gesicht geschrieben. Es war kein gutes Jahr für ihn gewesen. Nach seiner Schlappe bei der Vuelta, wo er auf der vierzehnten Etappe hatte aufgeben müssen, waren Stimmen laut geworden, dass der »Airone« das Fahrrad an den Nagel hängen solle. Doch er war dickköpfig, und es hieß, dass Bartali ihm noch eine Chance geben wolle. Coppi begegnete Alfonsinas Blick und öffnete den Mund, um etwas zu sagen.

Schon umringte ihn eine Meute von Fotografen und blendete die Umstehenden mit Blitzlichtgewitter. Man schubste ihn, zerrte an ihm, stellte Fragen, wollte Eindrücke hören. Die Männer, die mit ihm in dem Spider gekommen waren, nahmen ihn an den Armen und brachten ihn jenseits der Absperrung in Sicherheit.

Alfonsina verlor ihn aus dem Blick, als hätte die Menge ihn verschluckt.

»Also, Signora, fahren Sie jetzt weiter oder nicht?«

Sie sah den Jungen an und hatte Mitleid mit ihm. Der Arme tat ja nur seine Arbeit. Nach dem Rennen würde sie ihn aufklären und ihm sogar ein Foto mit Autogramm geben, was soll's. »Na gut. Wo soll ich parken?«

Er wies auf einen Platz, der schon voller Autos stand und fast einen Kilometer entfernt lag. Sie musste sich beeilen, wenn sie rechtzeitig zum Start zurück sein wollte.

Zum Glück sprang die Guzzi sofort an, Launen hatte sie ja schon genug gezeigt an diesem Morgen. Im Laufschritt hastete Alfonsina zum Ziel zurück, ganz außer Atem, nur weil dieser unhöfliche Junge sie am Arsch der Welt hatte parken lassen. Ruhig, Fonsina, sagte sie sich, als der Kleine geboren wurde, hattest du deine Karriere schon beendet, wie soll er dich da erkennen.

Klein, wie sie war, musste sie sich mit den Ellenbogen einen Weg durch die Zuschauer bahnen.

»Also, so eine Frechheit!«, rief eine Frau, der sie auf den Fuß getreten war.

»Entschuldigung, war keine Absicht.«

»Das wäre ja auch noch schöner!«

Mit gesenktem Kopf kämpfte sie sich weiter durch die Menschenmenge.

Die Leute machten ihr nur widerwillig Platz.

»Die hätte ja früher kommen können, wenn sie es so dringend hat.«

»Wo will die denn hin, diese Irre?«

Irre. Immer noch wurde sie so genannt. Gerade rechtzeitig schaffte sie es nach vorn zu den Fahrern, die über ihre Lenker gebeugt auf das Startsignal warteten. Sie erkannte das gelbe Trikot von Dino Bruni mit der Aufschrift der Firma Ignis vorn auf der Brust. Die Farbe löste so etwas wie eine Vorahnung aus. Vor ein paar Monaten hatte er eine Etappe der Tour de France gewonnen, gut möglich, dass er es schafft, dachte sie. Dann wurde das Startzeichen gegeben und die Menge tobte – Anfeuerungsrufe, Ratschläge, Jubelgeschrei.

Alfonsina geriet mitten ins Gedränge, wurde hin und her geschubst, bekam Ellbogen in die Rippen und ihrerseits Tritte auf die Füße. Aber das machte ihr nichts aus. Eine Staubwolke war von der Straße aufgestiegen, die nach Schweiß, Kampfgeist und Siegeswillen roch. Sie atmete alles in vollen Zügen ein. Heilige Madonna, es gab keinen köstlicheren Duft.

JENSEITS DES HORIZONTS

Sankt Petersburg 1909

Ab und zu musste sie sich kneifen, um zu glauben, dass sie wirklich hier war.

Es war eine wunderbare Reise gewesen, ein einziger Traum, so schien es ihr. Sie hatten in zehn Tagen fast dreitausend Kilometer zurückgelegt. Zigmal hatten sie den Zug gewechselt, mitsamt ihren Koffern, Kisten und Fahrrädern, die jedes Mal umgeladen werden mussten, unter den in fremden Sprachen gegebenen Anweisungen von Schaffnern, auf die sie und ihre Reisegefährten mit Rufen und Gesten reagierten, wie es Hirten mit ihren Ziegen taten. Zu guter Letzt waren sie in Russland angekommen.

Alfonsina hatte die meiste Zeit mit großen Augen am Fenster gestanden und versucht, sich die Landschaften einzuprägen, die Gesichter der Bauern, die sich in ganz Europa über ihre Felder beugten. Sobald sie das Pfeifen des Zugs hörten, richteten sie sich auf und sahen den vorbeiratternden Waggons nach. Sie legten die Hand an die Stirn gegen die Sonne und spähten nach den Schemen an den Fenstern. Vielleicht konnten sie gar nichts erkennen, vielleicht war es nur ein Vorwand, um ein Päuschen einzulegen, aber sie winkte trotzdem mit beiden Armen und warf ihnen Kusshände zu.

»Beruhige dich, Fonsina«, sagte Luigi dann, ihr Mann, der still neben ihr saß. »Alle starren dich an.« Er klang jedoch alles andere als vorwurfsvoll. Seine Augen glänzten vor Freude, sie so fröhlich und begeistert zu sehen.

»Was kümmert's dich, wenn die anderen gucken?«, erwiderte sie. »Komm her und wink ihnen auch zu!«

Er zuckte die Achseln und blieb auf seinem Platz. »Warum sollte ich? Du bist die Berühmtheit, sie wollen die beste Radrennfahrerin Italiens begrüßen.«

Alfonsina lachte und vergaß für einen Moment die Ausblicke entlang der Eisenbahn. Sie warf ihrem Mann die Arme um den Hals und bedeckte seine Wangen mit ungestümen Küssen.

»Die beste Radrennfahrerin Italiens«, ja, so wurde sie tatsächlich genannt, seit sie vor zwei Jahren Giuseppina Carignano auf der Valentino-Piste geschlagen hatte.

»Ja, aber hier sind wir in Österreich oder Böhmen«, sagte sie seufzend. »Da interessiert sich niemand für mich.« Als sie ihren Namen zum ersten Mal in den Zeitungen gelesen hatte, hatte sie sich so bedeutend gefühlt wie Königin Margherita, doch hier, am Ende der Welt, was wussten sie da von dem Mädchen mit dem Fahrrad?

Luigi strich ihr eine Locke aus der Stirn. »Sie werden sich bald für dich interessieren«, flüsterte er. »Warte nur, bis sie dich kennenlernen.«

Sie musste schlucken. Es war ein solches Glück, diesen sanften, zarten Mann kennengelernt zu haben, der immer in Bewegung war wie ein Eichhörnchen im Geäst und stets auf ihrer Seite. Eine feste, verlässliche Stütze. Dank ihm hatte sie es geschafft, aus Fossamarcia herauszukommen.

Sie hatte die Hütte ihrer Familie nicht in erster Linie wegen der Armut und des Mangels an Brot verlassen wollen, an Mangel war sie gewöhnt, sondern wegen der ständigen Demütigungen und Missbilligungen. Eltern und Geschwister schämten sich ihretwegen und ließen keine Gelegenheit aus, sich über sie lustig zu machen und zu betonen, wie seltsam, wie anders sie war. Sie war verrückt, ein schwarzes Schaf, über das man in den eigenen vier Wänden lachte und das einem draußen peinlich war. Alfonsina hatte es nicht mehr ausgehalten.

All das hatte ihre Versessenheit aufs Radfahren und ihren Wunsch, Berufsrennfahrerin zu werden, nur noch verstärkt.

Manchmal kam es vor, dass einige Bahnradfahrer auf der Via Emilia trainierten, auf dem Abschnitt zwischen Bologna und Castenaso, der gerade und eben war und daher gut geeignet, um Ausbrüche zu versuchen und die Ausdauer zu stärken.

Sie hängte sich dann an sie dran und studierte ihre Bewegungen und Techniken, denn es gab immer etwas zu lernen.

Irgendwann bemerkten die Fahrer sie und drehten sich gelegentlich um, weil sie sehen wollten, ob das Mädchen mithielt oder ob sie es unterwegs verloren hatten. Doch Alfonsina war immer da.

Manchmal machten sie ihr ein Zeichen aufzurücken und hielten an, um sich mit ihr zu unterhalten, neugierig geworden durch die Ausdauer und Zähigkeit, mit der sie ihnen hinterherfuhr. Sie gaben ihr Tipps und erzählten ihr von einer wunderbaren Welt jenseits der Via Emilia, in der auch Frauen ihren Platz hatten und Rennen fahren konnten, ohne, mit Verlaub gesagt, als Nutten bezeichnet zu werden.

Sie solle nach Mailand ziehen oder besser noch nach Turin, sagten sie, eine Stadt, die wie geschaffen war für Radrennen und in der die »Unione Velocipedistica Italiana«, der italienische Radsportverband, gegründet worden war. Auch die FIAT saß dort, hatte sie schon davon gehört?

Sie schüttelte den Kopf. Wie sollte sie, in ihr gottverlassenes Nest gelangten kaum Nachrichten von draußen. »Was ist die FIAT?«, wollte sie wissen.

Die »Fabbrica Italiana Automobili Torino«, erklärten sie, dort wurden Autos hergestellt, die der Stolz Italiens waren. »Und wusstest du, dass dort auch die erste Frau wohnt, die den Führerschein gemacht hat?«, berichtete ihr einer namens Francesco Verri.

Alfonsina kannte ihn gut, er stammte aus Mantua und nahm nicht nur an Straßenrennen, sondern hin und wieder auch an Bahnwettkämpfen teil. Verri hatte volle, glatte Haare, schwärzer als Rabenfedern, die er in einem langen Mittelscheitel von der Stirn bis zum Nacken trug. Dazu einen dichten Schnurrbart, passend zu seinen starken, schräg nach unten verlaufenden Augenbrauen, die ihm stets einen melancholischen Ausdruck verliehen, selbst wenn er gewann. »Und die erste Ingenieurin, Emma Strada«, fügte er hinzu.

Sie wusste nicht, was dieses Wort bedeutete, doch so, wie Verri es aussprach, stellte sie sich eine starke, mächtige Frau vor, die den Männern die Stirn bieten konnte. »Haben Sie sie kennengelernt?«

»Wen?«

»Die Frau mit dem Führerschein und die In… die Ingenieurin.«

Einer der anderen Fahrer nickte. »Sie sind immer unter den Ersten, die uns bei den Rennen applaudieren.«

Verri setzte noch einen drauf. »Sie kommen bestimmt auch nach Como im nächsten Monat.«

»Warum, was ist dort?« Alfonsina wollte alles über diese unglaubliche Welt wissen, zu der die Fahrer Zugang hatten.

In Como sei ein wichtiges Radrennen ins Leben gerufen

worden, der Giro di Lombardia, gerade erst in diesem Jahr, 1905, und zwar von der *Gazzetta dello Sport*. Es sei ein hohes Preisgeld ausgesetzt, berichteten sie.

Dann nahmen sie ihr Training wieder auf, während Alfonsina sich benommen an ein Mäuerchen an der Via Emilia lehnte und an all die fantastischen Dinge dachte, die sich jenseits des Horizonts abspielten. Wie sollte sie nur dorthin gelangen?

Auf die rettende Idee kam sie schließlich dank Virginia. »Entweder du gehst weg von hier, oder du hörst mit dem Radfahren auf«, sagte die Mutter eines Morgens zu ihr. Sie hielt den Kopf dabei gesenkt, als könnte sie ihr nicht in die Augen sehen. Vielleicht glaubte sie selbst nicht so recht an die Drohung, aber das alles war auch für sie nicht einfach.

Alfonsina hatte sich einen neuen Beinamen erworben, aus »die Irre« war »der Teufel im Rock« geworden. Niemand in Fossamarcia und Umgebung wollte etwas mit der Familie zu tun haben, in der dieser Dämon lebte. Zu Hause gab man ihr daher die Schuld an allem: wenn Carlo keine Arbeit fand, wenn keiner ihnen etwas auf Pump verkaufen wollte, ja sogar als einmal das Dach bei einem Gewitter einbrach und als Virginias magere Hühner die Räude bekamen, ihre Federn verloren, nackt herumtaumelten und so widerwärtig wurden, dass man sie bei allem Hunger nicht essen konnte.

Sie hätte ihre Familie liebend gern von sich erlöst, aber wo sollte sie hin? Von was leben? Auf keinen Fall wollte sie in ein anderes elendes Dorf ziehen, sie wollte in einer großen Stadt wohnen, wo ein Mädchen auf dem Fahrrad nicht als Tochter des Leibhaftigen angesehen wurde. Mailand, Turin, dahin würde sie gehen. Doch dazu brauchte sie Geld, das wurde schon im Vergleich mit Bologna mehr als deutlich, wo alles das Dreifache kostete wie in Castenaso. Sie hatte bei den Wettkämpfen ein paar Lire eingenommen und auch von ihrem Verdienst in der Schneiderei etwas beiseitelegen können, sodass es für ein paar Wochen reichen würde. Aber wenn sie endlich von hier wegging, wollte sie sicher sein, dass sie nie mehr zurückkommen musste.

Seit einiger Zeit ging ein Lied herum: »*Mamma mia, dammi cento lire che in America voglio andar* – Mama, gib mir hundert Lire, damit ich nach Amerika fahren kann.« Die Zeilen machten einem nicht gerade Mut zum Auswandern, denn das Schiff, das der Junge dann bestieg, versank auf der Überfahrt im Ozean. Wenn du arm geboren bist, schien das zu heißen, ist dein Leben vorgezeichnet. Du kannst bis nach Amerika flüchten, das Unglück holt dich trotzdem ein und versenkt dein Schiff, sodass deine Träume mit dir untergehen und die hundert Lire, für die deine Familie sich geschunden hat, zu einem Fliegenschiss werden.

Alfonsina ließ sich jedoch nicht so leicht abschrecken, was hatte sie schon zu verlieren? In Fossamarcia zu bleiben würde heißen, jeden Tag ein bisschen mehr zu sterben. »Gebt mir etwas Geld, und ich verschwinde sofort«, antwortete sie der Mutter.

Virginia deutete um sich herum. »Woher sollen wir das nehmen?«

Alfonsina betrachtete den Raum, die schiefen Möbel, die auf dem Matratzenlager aneinandergedrängten kleineren Kinder, die in alten Lumpen steif wie Stockfischstücke steckten. Heilige Madonna, war es am Ende ihr Schicksal, hier bleiben zu müssen? Wie ihre Mutter dazu verdammt, ein Kind nach dem anderen zu bekommen und dazu noch welche aus dem Waisenhaus zu holen, um den eigenen etwas zu essen geben zu können? Eine kalte Furcht ergriff sie. »Was soll ich dann machen?«, fragte sie.

Die Mutter seufzte. »Was wir Frauen alle machen, um von zu Hause wegzukommen – heiraten.«

Alfonsina war vierzehn und hatte noch keinen Gedanken daran verschwendet, sich einen Mann zu suchen. Sie fand es zu früh, auch wenn viele Mädchen in ihrem Alter schon unter der Haube und mit dem ersten Kind schwanger waren. Vor allem sah sie keinen Vorteil darin. Welchen Sinn hatte es, aus der Hütte der Morinis herauszukommen, nur um in einer ähnlichen zu landen, mit einem neuen Herrn, der womöglich noch stumpfsinniger war als der Vater oder sie gar schlug, und einer endlosen Zahl von Bälgern am Rockzipfel? Sie wollte nicht enden wie ihre Mutter oder ihre früh verstorbene Schwester Emma, deren kleine Tochter gerade in der Küche herumkrabbelte. »Aber lohnt es sich denn überhaupt zu heiraten?«

Virginia breitete die Arme aus und lief zum Bett, wo die Kinder angefangen hatten, im Chor zu plärren.

Das Thema wurde nicht wieder angesprochen, aber die Idee mit der Heirat ging Alfonsina nicht mehr aus dem Kopf.

Vielleicht fiel ihr auch deswegen der junge Mann am Rand der Montagnola auf. Er war bestimmt noch keine zwanzig, schmächtig, nicht sehr groß und trug immer denselben Anzug, der aber gut gebügelt und sauber aussah. Stets war er bei den Ersten, die kamen, und bei den Letzten, die gingen. Gespannt verfolgte er auch die Rennen der Frauen, während der größte Teil der männlichen Zuschauer nur einen höhnischen Blick auf die Fahrerinnen warf oder Bemerkungen über ihre nackten Beine machte. Die Damen in ihrer Begleitung bestaunten die Sportlerinnen wie seltene Tiere in den Käfigen eines Dorfzirkus.

Der junge Mann dagegen beobachtete alles mit ernsthaftem Interesse und gab seiner Meinung über die Leistungen der Fahrerinnen mit Kopfschütteln oder Nicken Ausdruck. Manchmal sagte er auch etwas und gestikulierte, als würde er das Rennen mit jemandem diskutieren, der nur für ihn sichtbar war.

Alfonsina hatte bemerkt, dass er ihr besonders aufmerksam zusah. Er zog den Hut, wenn sie vorbeifuhr, und hob kurz die Hand zum Abschied, wenn er ging. Einmal war er sogar am Rand der Rennbahn ein Stück neben ihr hergerannt, um sie anzufeuern. »Los, los, Sie schaffen es!«, hatte er gerufen, ganz rot und verschwitzt vor Aufregung.

Sie hatte dieses Rennen nicht gewonnen, sich aber als Dritte platziert. Die beiden vor ihr waren fast doppelt so groß und mindestens zehn Jahre älter. Es grenzte schon an ein Wunder, dass sie überhaupt mit auf dem Treppchen stand.

Bei der Siegerehrung hatte sie nach ihm Ausschau gehalten und ihm mit einem Lächeln gedankt. Er hatte errötend das Gesicht hinter der Melone in seinen Händen verborgen und war anschließend grußlos verschwunden. Verstehe einer die Männer, hatte sie gedacht.

Beim nächsten Rennen hatte er sie angesprochen. »Angenehm, ich heiße Luigi Strada.« Er hielt den Kopf gesenkt und drehte seinen Hut in den Händen, als rechnete er damit, eine Ohrfeige zur Antwort zu bekommen.

Als sie seinen Nachnamen hörte, tat ihr Herz einen Sprung. Ein Wink des Schicksals? »Ganz meinerseits«, antwortete sie. »Ich bin Alfonsa Morini.«

Er drückte seine Melone an die Brust. »Ich weiß.«

Das Rennen sollte in wenigen Minuten beginnen, die anderen Fahrerinnen machten sich schon für den Start bereit. Wenn er nicht bald mit der Sprache herausrückte, standen sie heute Nacht noch hier an der Piste.

Luigi sah mit wirrem Blick zu ihr auf.

Sie hätte es gern anders beschrieben, doch ihr Eindruck von seinen schwarzen, schwimmenden Augen war der einer leichten Verrücktheit. Das missfiel ihr aber nicht, im Gegenteil. Sie fühlte eine Art Verwandtschaft.

»Es wäre mir eine Freude, Sie auf ein Eis einladen zu dürfen«, platzte er endlich heraus und duckte sich schnell wieder hinter seinen Hut.

»Ich beiße doch nicht«, sagte sie lachend. Auch aus der Nähe betrachtet hatte der Junge ein angenehmes Äußeres, gut proportionierte Schultern, einen geraden Hals und ein sympathisches Gesicht. Seine verrückten Augen erheiterten sie. Außerdem liebte er den Radsport, sonst würde er seine Sonntage nicht auf der Montagnola verbringen. Wer weiß, vielleicht hatte sie einen Ausweg aus Fossamarcia gefunden. Auf alle Fälle war es besser, eines gleich klarzustellen. »Ich komme gern mit Eis essen«, erklärte sie, »aber niemand darf mir das Radfahren verbieten, verstanden?«

Er zog erschrocken die Augenbrauen hoch. »Nein, nein, um Himmels willen, das tue ich bestimmt nicht.«

Der Arme, vielleicht war sie etwas zu brüsk gewesen. »Danke, dass Sie mir beim letzten Mal Mut gemacht haben«, fügte sie freundlich hinzu.

Der junge Mann errötete wieder. »Sie sind sehr gut. Die anderen konnten Sie nur schlagen, weil sie größer und kräftiger waren.«

Alfonsina spürte, wie eine große Lust zu lachen in ihr aufwallte. Zum ersten Mal hatte ihr jemand ein Kompliment gemacht. Sicher, es hatte die Anerkennung und Ermutigung Messoris gegeben und den Ansporn der Fahrer auf der Via Emilia, aber das hier war noch etwas anderes.

Luigi Strada lobte alles an ihr. Ihm gefiel ihre Art zu fahren, und zwar nicht nur des Stils und der Technik wegen, sondern weil *sie* es war, die fuhr. Das hörte sie heraus, obwohl sie nur wenige Worte miteinander gewechselt hatten.

Die Veranstalter riefen die Nachzüglerinnen auf die Startplätze. »Ich muss los, wir sehen uns hinterher.«

Er setzte sorgsam seinen Hut auf. »Ich warte hier auf Sie.« Und das tat er. Während des ganzen Rennens bewegte er sich nicht vom Fleck, sondern harrte treu und ergeben dort aus.

Sie gingen in ein Café in der Strada Maggiore, wo sie einen Becher Schokoladeneis bestellte. Sie hatte so etwas noch nie probiert, aber gehört, wie die Kolleginnen in der Schneiderei, die Kinder hatten, darüber redeten. Es musste etwas sehr Köstliches sein.

Der junge Mann nahm nur einen Kaffee, jedoch mit einem Klacks Sahne obendrauf.

Es war ein schöner Tag im Spätfrühling, die Schwalben schrien sich am Himmel heiser, und ein laues Lüftchen streichelte den Nacken.

Eine Weile genossen sie schweigend das Bestellte. Das Schokoladeneis war tatsächlich umwerfend. An Luigis dünnem, aber gut gekämmtem Bärtchen hing ein Sahneklecks.

Sie machte ihn darauf aufmerksam.

»Sie haben dafür einen dunklen Streifen auf der Oberlippe«, erwiderte er. Und wurde rot.

Es gefiel ihr ungemein, wie sich sein Gesicht verfärbte, beinahe, als wollte er seine Gedanken mit einem Schleier der Scham verhüllen. Alfonsina wischte sich den Mund ab und blickte auf ihre braune Handfläche. »Jetzt habe ich auch einen Schnurrbart«, sagte sie lachend.

Er tupfte sich die Sahne mit der Fingerspitze ab und stimmte mit ein.

Sie kicherten haltlos den ganzen Nachmittag, und das war ein Glück, denn sie waren beide so gehemmt und unsicher, dass sie sonst stumm und starr wie die Mumien dagesessen hätten.

Am Sonntag darauf lief es besser. Sie gingen wieder in dasselbe Café, und diesmal wollte Alfonsina Vanilleeis probieren. Es schmeckte ihr sehr, sie fand es nur ein bisschen zu süß, das nächste Mal würde sie wieder Schokolade nehmen. Sie war sicher, dass es ein nächstes Mal geben würde.

Und so war es. Ihre dritte Verabredung fiel schon in den Juni, und die warme Luft hüllte Bologna in den Duft von reifem Getreide.

Luigi Strada hatte ihr zwischen dem einen und anderen Eis von sich erzählt. Er kam aus Azzate, einem Dorf weiter nördlich, nahe Varese, und arbeitete als Ziselierer und Graveur in einer Werkstatt nicht weit von der Montagnola entfernt. Ein Kollege hatte ihn im vergangenen Jahr zu einem Radrennen mitgenommen, und seitdem kam er immer wieder, der Staub der Piste hatte ihn süchtig gemacht.

Alfonsina erzählte fast nichts über ihre Familie und Fossamarcia, weil sie fand, dass diese Zeit schon der Vergangenheit angehörte und es sich nicht lohnte, darüber viele Worte zu verlieren. Auch wenig über die Schneiderei, die Teil einer Gegenwart war, die sie ebenfalls so schnell wie möglich hinter sich lassen wollte. Dagegen redete sie viel über die Zukunft. Sie malte sie sich hell aus, voller Arbeit und Zufriedenheit und natürlich mit dem Fahrrad verbunden, denn sie hatte nicht die Absicht, jemals vom Sattel zu steigen.

Beim vierten Rendezvous, nachdem sie ein Fruchtsorbet bestellt hatte, vertraute sie ihm ein Geheimnis an. Sie war kurz davor, den Mut und das nötige Geld aufzubringen, um mit dem Zug nach Turin zu fahren und sich dort ein Zimmer zu mieten.

Er riss die Augen auf. »Im Ernst?«

»Ja, ich warte noch diesen Monat ab, um den vollen Lohn zu kassieren, dann gehe ich weg, auf Nimmerwiedersehen.« Sie wollte sich beim italienischen Radsportverband einschreiben und sich mit Leib und Seele dem Radfahren widmen, statt jeden Tag zehn Stunden in der Schneiderei zu sitzen und sich für wenige Centesimi die Finger zu zerstechen. Vielleicht ging sie auch nach Mailand.

Luigi biss sich auf die Lippen. Er blickte unverwandt auf die Strada Maggiore und schien angestrengt über etwas nachzudenken. Schließlich machte er den Mund auf.

Wie sich herausstellte, hatte auch er den Wunsch, wieder näher an seiner Heimat zu wohnen. Er kenne Mailand, weil er als Kind dort gewesen sei, und würde sie gern dorthin begleiten, denn die Stadt sei sehr viel größer als Bologna und man könne sich leicht in ihr verirren.

»Aber ich habe Ihnen das nicht erzählt, weil ich einen Begleiter brauche«, erwiderte Alfonsina. »Ich wollte es Ihnen sagen, weil Sie mein Vertrauen gewonnen haben.«

Das Blut schoss ihm ins Gesicht, und Schweißperlen traten auf seine Stirn. Er fächelte sich mit seinem Hut Luft zu, bis er nicht mehr ganz so feuerrot war. »Ich weiß, dass Sie niemanden brauchen«, murmelte er, »aber es wäre mir eine Freude.«

Die Idee, mit dem jungen Mann gemeinsam nach Norden zu ziehen, gefiel Alfonsina, aber vielleicht hatte er ihr das Angebot mehr aus Freundlichkeit als aus innerer Überzeugung gemacht. »Und was ist mit Ihrer Arbeit?«, fragte sie.

Luigi legte die Hände mit den Innenseiten nach oben auf

seine Knie. Sie waren voller Schwielen. Arbeit und Mühe schreckten auch ihn nicht, versicherte er ihr. Jemand, der Metall schmieden und formen oder Schnörkel in Holz schnitzen konnte, wurde immer gebraucht. Mailand sei eine elegante Stadt, und die feinen Leute legten großen Wert auf schmiedeeiserne Haustore und kunstvoll geschnitzte Kopflehnen. Besonders bei Ehebetten, ergänzte er. Und errötete urplötzlich, stärker als all die Male zuvor.

Am darauffolgenden Sonntag, als sie Eis und Früchte aus demselben Becher, aber mit zwei Löffeln aßen, fragte er, Luigi Strada, siebzehn Jahre alt und Bearbeiter von Holz und Metall, sie, Alfonsina Morini, bereits vierzehn, ob sie sich mit ihm verloben und ihm erlauben wolle, sie nach Norden zu begleiten.

Das Erste, woran sie dachte, war der neue Nachname, den sie als Verheiratete tragen würde: Strada, Straße, der Ort ihrer Träume. Das Zweite war, dass sie sich in Gesellschaft dieses Jungen wohlfühlte und ihr gefiel, wie er mit ihr sprach, dass er ihre Gedanken ernst nahm und ihre Leistungen als Radrennfahrerin bewunderte. »Gut, ich nehme dich mit«, sagte sie und ging gleich zum Du über, obwohl sie noch kaum eine Minute verlobt waren, »aber woher bekommen wir genug Geld für uns beide?«

Luigi wedelte mit seinem Hut gen Himmel. »Es wird auf uns herabregnen.« Seine Wangen glühten, unnötig zu sagen, und seine Augen glänzten feucht. »Du wirst eine große Rennfahrerin, und auch ich habe, in aller Bescheidenheit, meine Pläne.« Er beugte sich über den Cafétisch, um ihr etwas ins Ohr zu flüstern. »Ich beschäftige mich nebenbei mit Erfindungen und habe eine Idee, die uns reicher als der König machen wird.«

Alfonsina glaubte ihm. Deshalb also wirkte er so versponnen, er war ein Erfinder! Wer weiß, wie viele irrwitzige Einfälle er im Kopf hatte, und sie wollte sie alle kennenlernen.

Zwei Monate später brachen sie nach Mailand auf, am Ende des Sommers, als die Hilfsarbeiter und Tagelöhner mit ihrem Herumziehen zwischen den Dörfern begannen.

Carlo und Virginia kamen zum Bahnhof von Bologna, um sie zu verabschieden. »Versuch, Vernunft anzunehmen«, bat die Mutter und umarmte Alfonsina.

»Ich denk ja nicht daran«, antwortete sie lachend.

Der Vater beschränkte sich darauf, dem zukünftigen Schwiegersohn die Hand zu geben. Geheiratet hatten sie noch nicht, das konnte warten. Alfonsina legte keinen großen Wert darauf, auch wenn sie dann schon offiziell den Namen ihres Mannes hätte annehmen dürfen. *Alfonsina Strada*, wie gut das klang, wie gut das passte.

In Mailand richteten sie sich in einem hübschen Kämmerchen mit Küche nicht weit vom Dom ein. Sie arbeitete als Schneiderin und Strickerin von zu Hause aus, während Luigi eine Werkstatt aufmachte und seine Dienste als Ziseleur und Fahrradmechaniker anbot.

Er wollte ihre Verbindung durch ein Geschenk bekräftigen, das ihm kostbarer schien als ein Ehering. Eines Tages, als sie nach einigen Besorgungen nach Hause kamen, nahm er Alfonsina auf dem Treppenabsatz bei der Hand. »Ich habe dir etwas gekauft«, murmelte er und schloss die Tür auf. Mitten im Zimmer stand ein funkelnagelneues Maino.

Alfonsina verschlug es die Sprache. Wie angewurzelt blieb sie in der Tür stehen und traute ihren Augen nicht.

»Komm rein«, forderte Luigi sie auf. Er konnte kaum an sich halten, sprang hierhin und dorthin, zeigte mal auf seine

Gefährtin, mal auf das Fahrrad. »Gefällt es dir? Was sagst du, Fonsina, gefällt es dir?«

Sie ging ehrfürchtig darauf zu. Noch nie hatte sie etwas so Schönes gesehen. Schwarz, glänzend, mit einem eleganten Rennlenker mit Holzgriffen. Der Rahmen war etwas nach vorn geneigt, damit das Körpergewicht gut verteilt wurde, ohne dass man Hals und Schultern zu sehr belasten musste. Der Sattel, der einen Geruch nach neuem Leder verströmte, war schmal und ideal geformt. Auch die Felgen waren aus Holz, die Reifen dick und fest und aus einem dichten Material mit Netzgewebe. Was sie jedoch am meisten erstaunte, war die Feinheit des Rahmens. Das Maino sah viel schnittiger aus als andere Rennräder, ein Pfeil, der nur darauf wartete, durch die Luft zu zischen.

Ein heftiges Ruckeln des Zugs, bei dem die Hutschachteln von der Gepäckablage flogen, riss sie aus ihren Erinnerungen.

»Verdammte Hacke, das ist ja schlimmer als auf einem Schiff!« Francesco Verri schreckte von dem Sitz ihr gegenüber hoch. Er war kalkweiß im Gesicht, dabei galt er als der Reiseerfahrenste von ihnen.

Alfonsina freute sich, dass er mit nach Russland kam. Bei der Abfahrt hatten sie sich umarmt wie Geschwister nach langer Trennung.

»Du hast es weit gebracht seit der Via Emilia, was, Alfonsina?«, hatte er gesagt und ihr dabei fast die Knochen zermalmt. »Ich bin froh, dass du auf mich gehört hast.« Er trug immer noch diesen über den ganzen Kopf verlaufenden Scheitel, der an eine reife Pflaume kurz vorm Aufplatzen erinnerte, und hatte den traurigen Blick eines geschlagenen Hundes. In diesem Moment im Zug wirkte er noch niedergeschmetterter.

»Ist doch schön, ein wenig so herumzuhüpfen und zu tanzen, oder?«, neckte sie ihn.

Verri beugte sich vornüber. »Hör auf, mir dreht sich der Magen um.«

»Also wirklich«, sagte Alfonsina, »du bist doch groß und stark, und der Zug hat festen Bodenkontakt. Wie hast du es denn geschafft, übers Meer zu fahren?«

Das war das Zauberwort. Francesco vergaß auf der Stelle seinen aufgewühlten Magen, und die Farbe kehrte in seine Wangen zurück. »Als ich in Athen war, meinst du?«

Sie musste insgeheim lachen, ließ sich aber nichts anmerken. »Ja, genau. Erzähl doch Luigi mal davon.«

Das ließ Verri sich nicht zweimal sagen. Er berichtete ihrem Mann haarklein von dieser Reise – von den Olympischen Zwischenspielen von 1906 und den Wettkämpfen, an denen er teilgenommen hatte: Zeitfahren, Sprint und 5000 Meter auf der Bahn, was ihm eine Dreierserie an Goldmedaillen eingetragen hatte.

Luigi hörte aufmerksam zu und freute sich oder staunte angemessen mit der ihm eigenen Freundlichkeit. Er war wissbegierig und interessierte sich für alles, lernte gern neue Menschen und Orte kennen und war glücklich, wenn er Alfonsina zu Radsportereignissen in ganz Italien begleiten konnte. Als sie ihm von der Fahrt nach Russland erzählt hatte, hatte er Luftsprünge gemacht wie ein Kind. Das Reisen tat ihm gut, seine verstörte Seele und die ruhelosen Augen fanden Frieden bei unbekannten, unerwarteten Anblicken und Landschaften, die es zu entdecken galt. Auch Francesco Verris Erzählung sog er nun Wort für Wort in sich auf.

Alfonsina, die die Schilderung der olympischen Ereignisse schon mindestens zehnmal gehört hatte, sah wieder zum Fenster hinaus. Eine plötzliche Besorgnis überkam sie. Wie sollte sie sich nur alle Einzelheiten dieser Reise merken, um sie den kleinen Toten zu beschreiben? Denn obwohl sie ihr Elternhaus schon seit einigen Jahren verlassen und das Radfahren zu ihrem Beruf gemacht hatte, hörten die armen Seelen von Fossamarcia nicht auf, sich um ihr Bett herum zu drängen.

Sie hatte manchmal ein schlechtes Gewissen, weil sie so vieles sehen und kennenlernen durfte, während diesen armen Geschöpfen nur ein kurzer Moment auf Erden vergönnt gewesen war. Deshalb versuchte sie, sich alles gut einzuprägen, Namen und Dinge, die Form eines Kirchturms oder das Plätschern eines Flusses, um so genau wie möglich berichten und die Geschichten mit reichlich Details ausschmücken zu können. Die kleinen Seelen hielten sich an den Händen und lauschten andächtig ihren Schilderungen von der faszinierenden Welt jenseits des Sumpfs. Und Alfonsina fühlte sich dann weniger schuldig, immerhin tat sie, was sie konnte.

Um sich von den Gedanken an die eingefallenen kleinen Gesichter abzulenken, fragte sie: »Hat jemand Hunger? Wer weiß, wann wir wieder mal halten.«

Inzwischen war auch Messori herbeigekommen und hatte sich neben Verri gesetzt. »Ach, wenn noch ein Stück Brot da ist, nehm ich das gern.«

»Schön, Carlo, dass du uns Gesellschaft leistest.«

Der Riese zeigte grinsend auf seinen Kollegen. »Ich wollte mir mal wieder die Märchen von dem da anhören.«

Francesco boxte ihn auf den Arm. »Wenn hier jemand Kohl erzählt, dann bist du das!«

Alfonsina zog grinsend das Bündel voll Verpflegung unter ihrem Sitz hervor. Sie zerbrach ein Brot und schnitt ein

Stück Käse auf. Die Korbflasche mit Wein war noch halb voll. »Ich habe keine Gläser«, sagte sie entschuldigend und reichte sie Luigi.

»Das macht nichts«, antwortete er lächelnd. »Wir sind alle Freunde hier.«

Alfonsina nickte. Sie waren noch mehr als Freunde, eine Familie. Endlich hatte sie ihr Zuhause gefunden, bei Leuten, mit denen sie viel mehr gemeinsam hatte als mit ihren Eltern und Geschwistern.

Käse und Brot wurden verteilt, die Flasche herumgereicht. Alle kauten, tranken und lachten. Messori wieherte am lautesten und schlug sich dabei auf die Knie.

Alfonsina hatte ihn von Herzen gern. Er war es, der sie in Russland hatte dabeihaben wollen und die Organisatoren dazu gebracht hatte, »die beste Radrennfahrerin Italiens« in die Gruppe aufzunehmen, die sich beim *Grand Prix* vor dem Zaren präsentieren würde. Sie hatte ihm viel zu verdanken, nicht nur dieses Engagement. Unermesslich viel. Er war ein guter, liebenswürdiger Mensch, eine Kinderseele im Körper eines Riesen. Sein treuherziges Wesen behinderte ihn allerdings als Sportler. Messori war geschickt und ausdauernd, er scheute keine Strapazen, hatte aber das Herz eines Hasen. Im vergangenen Jahr hatte er den Rekord beim 500-Meter-Sprint mit stehendem Start gebrochen, der einzigen Disziplin, in der er konkurrenzlos war. Auf der Straße dagegen war er eine Katastrophe, weil er Angst vor seinem eigenen Schatten hatte. Am meisten fürchtete er Stürze, was seine Gegner wussten und gnadenlos ausnutzten. Sie hängten sich an ihn dran, und bei der ersten Kurve oder einem Schlagloch brüllten sie »Hilfe!«, »Weg vom Rand, da ist ein Abgrund!« oder »Mach Platz, sonst fahr ich dir hinten rein!«.

Messori bekam dann einen Schreck, bremste heftig und sprang vom Rad. »Was? Was ist?«, rief er und versuchte zu verstehen, woher die Gefahr kam.

Die anderen überholten ihn kopfschüttelnd und lachten sich kaputt. Jedes Mal fiel er darauf herein.

Carlo wartete, bis sein Herzschlag sich beruhigt hatte, dann stieg er wieder auf, während seine Gegner schon einen Vorsprung von mehreren Hundert Metern hatten. Doch er nahm es ihnen nicht übel. Am Ziel war er immer der Erste, der den Siegern gratulierte und den Witzbolden auf die Schultern klopfte.

Verri war an der Stelle seiner Geschichte angekommen, als er den Marathonläufer Dorando Pietri in Athen unterstützt hatte, und alle hörten ihm gebannt zu.

Jemand musste die Läufer auf der kräftezehrenden Strecke begleiten, sie brauchten Wasser und Nahrung, Austausch mit ihren Trainern oder einfach ein Wort der Ermutigung.

Pietri war bei dieser Olympiade als Favorit ins Rennen gegangen. Er hatte die Qualifikationsläufe mit Leichtigkeit gewonnen und in Athen nach zwanzig Kilometern bereits einen Vorsprung von fünf Minuten gegenüber seinen Gegnern gehabt. Doch dann fingen die Bauchschmerzen an. Vielleicht war das griechische Klima zu ungewohnt, oder er hatte etwas Schlechtes gegessen. Francesco schrie sich die Lunge aus dem Hals, um ihn anzufeuern, brachte ihm die nötigen Flüssigkeiten und fuhr ein Dutzend Mal zwischen dem leidenden Läufer und dem italienischen Team, das am Ziel wartete, hin und her, um Rat von den betreuenden Ärzten einzuholen. Doch es war nichts zu machen gewesen. Bei Kilometer vierundzwanzig hatte Pietri aufgegeben, sich unter Schmerzen seines Darms krümmend, der zu platzen drohte.

»Das ist wirklich ein Pechvogel, der da«, bemerkte Messori.

Die anderen nickten ernst. Alle kannten sie die Mühen, die Härten des Trainings, die Einsamkeit, die geopferte Lebenszeit, die der Preis für jeden Kilometer sind. Das Publikum, die Fans, was wussten die schon davon? Sie bekamen nur mit, was sie während des Rennens sahen, und dachten, dass damit alles anfing und endete, während es nur der kleinste Teil der Arbeit war.

Pietri hatte es zwei Jahre später, bei der Olympiade in London 1908, erneut versucht. Es war unvorstellbar heiß gewesen in diesem Sommer. Der Italiener hatte den ersten Teil des Marathonlaufs in der Endgruppe bewältigt, vielleicht, um nicht zu sehr aufzufallen oder weil er sich selbst keine falschen Hoffnungen machen wollte. Nach der Hälfte aber beschloss er, die Schrittlänge zu erhöhen. Man sah ihn Platz um Platz gewinnen, eine nicht zu bremsende Lokomotive. Bei Kilometer zweiunddreißig lag er an zweiter Stelle, vier Minuten hinter dem Südafrikaner Hefferon. Der Radfahrer, der ihn begleitete, informierte ihn, dass der Kopfläufer das Tempo nicht halten konnte. Pietri holte alles aus sich heraus und beschleunigte noch mehr. Bei Kilometer neununddreißig überholte er den Südafrikaner. Inzwischen waren alle vom Sieg des Italieners überzeugt, sein Name ging von Mund zu Mund und wurde bis in das Stadion getragen, in dem der Marathon endete und fünfundsiebzigtausend Zuschauer darauf warteten, ihn zu feiern.

Vielleicht hatte Pietri zu viel Kraft bei der Aufholjagd verbraucht oder nicht genug getrunken, um die höllische Hitze verkraften zu können. Oder die Erschöpfung hatte Mus aus seinem Gehirn gemacht. Jedenfalls lief er kurz vor dem Stadion in die falsche Richtung, und die Kampfrichter mussten ihn zurückschicken. Pietri lief ein paar Meter, dann stürzte er. Die Zuschauer schrien auf. Er versuchte aufzustehen, schaffte es aber nicht. Die Richter zogen ihn hoch. Er lief weiter, obwohl er sich kaum noch auf den Beinen halten konnte. Sein Vorsprung auf den Zweitplatzierten war so groß, dass er zweihundert Meter vor dem Ziel immer noch vorn lag. Die Fünfundsiebzigtausend im Stadion riefen Dorando Pietris Namen. Er schleppte sich vorwärts wie ein Schlafwandler, mit ausgestreckten Armen, um nicht das Gleichgewicht zu verlieren, und nach hinten gelehntem Oberkörper. Die Kampfrichter und die Ärzte umringten ihn. Er fiel noch vier Mal, und sie halfen ihm ebenso oft wieder auf. Von einem Richter auf der einen Seite und einem Arzt auf der anderen gestützt, erreichte er das Ziel. Gleich hinter der Linie fiel er in Ohnmacht und musste auf einer Trage hinausgebracht werden. Die Marathonstrecke hatte er in zwei Stunden, vierundfünfzig Minuten und sechsundvierzig Sekunden zurückgelegt, wobei er für die letzten fünfhundert Meter fast zehn Minuten gebraucht hatte. Eine Tortur.

Kurz danach kam ein Amerikaner, Johnny Hayes, ins Ziel. Er und sein Team legten Beschwerde ein, weil der Italiener fremde Hilfe in Anspruch genommen habe, und bekamen recht. Dorando Pietri wurde der Sieg aberkannt.

Es stimmte, dass Königin Alexandra ihn für seine Leistung mit einem Goldpokal auszeichnete und der bekannte Kriminalschriftsteller Conan Doyle, der als Zuschauer dabei gewesen war, in allen großen Zeitungen über den unglücklichen Italiener schrieb und Geld für ihn sammelte, mit dem er später zu Hause eine Bäckerei aufmachte. Auch dass er noch im selben Jahr in den New Yorker Madison Square Garden eingeladen worden war, wo er Hayes herausforderte und besiegte. Alles wahr und alles richtig. Doch dieses eine Rennen hatte er verloren, und letztlich war er für eine Niederlage berühmter geworden als für all seine Siege.

Alfonsina, Luigi und die Radfahrerkollegen wurden bei der Erinnerung an die sportlichen Ereignisse des Vorjahres in London ganz betrübt. Sie ließen die Köpfe hängen, jeder in seine Gedanken versunken, und drehten Brot und Käse in den Händen herum, weil ihnen der Appetit vergangen war. Sogar die Weinflasche blieb unbeachtet auf dem Waggonboden stehen.

Was weiß schon das Publikum, was wissen die Anhänger. Ja, sicher, Pietri war berühmt und reich geworden. Doch ein Läufer, Radfahrer oder Schwimmer erkennt es, wenn er versagt hat. Er hatte geglaubt, über seine Grenzen gehen zu können, und war doch dagegen gestoßen.

Mit den Siegen stellten sich Ruhm und Geld ein, noch zuvor aber die Illusion, immer größer werden zu können, unendlich, unsterblich.

Alfonsina sah zum Fenster, um ihre glänzenden Augen zu verbergen. Die Bauern auf den Feldern winkten dem Zug nach, ohne etwas von der melancholischen Stimmung an Bord zu ahnen. Sie winkte zurück, bis sie nur noch Punkte im Gras waren, undeutliche, mit dem Horizont verschmelzende Erscheinungen.

Wieder musste sie an die kleinen Toten denken. Nicht einmal ihnen hatte sie je von ihren Kümmernissen und Misserfolgen erzählt. Sollten sie Alfonsina ruhig weiter für vom Glück begünstigt halten, so hatten sie wenigstens etwas, an dem sie sich erfreuen konnten, einen Traum von fortwährender Schönheit jenseits der Hässlichkeit, in der sie gelebt hatten.

Sie fühlte sich nach Fossamarcia zurückversetzt.

Nicht, was den Ort selbst betraf, um Himmels willen, der war in jeder Hinsicht so weit entfernt von ihrem heimatlichen Sumpfland, wie es nur ging. Der Winterpalast, wie diese Residenz hieß, war noch größer als die Piazza Maggiore in Bologna. Man konnte ihn mit dem Blick nicht ganz erfassen, und wohin man sich auch drehte, stieß man auf endlose türkisfarbene Fassaden mit Säulen aus weißem Marmor und goldenen Verzierungen, höher als ein Kirchturm und breiter als alles bisher Gesehene. Dahinter strömte die Newa, ein immenser, reißender Fluss, der Sankt Petersburg in zwei Hälften teilte, und vor ihm erstreckte sich ein unermesslich großer Platz.

Alfonsina und die anderen hatten ihn schweigend überquert, eingeschüchtert von der Erhabenheit des Ganzen, gegenüber der sie sich klein und unbedeutend fühlten, so wie in manchen hohen Kirchen mit ihren schmalen, unerreichbaren Fenstern, wo einem bewusst wurde, dass man in der Gegenwart Gottes nur ein winziger Floh war.

Doch hier schien es noch schlimmer, denn der Bewohner des Winterpalasts war kein körperloses Wesen hoch oben im Himmel, das über unsichtbare Seelen regierte, sondern ein Mensch, Herr über Länder und Untertanen, Kopf einer alten und mächtigen Dynastie.

Alfonsina klammerte sich an Luigis Arm, als fürchtete sie, von einem Windstoß davongeweht oder vom Blitz getroffen zu werden. Alles Mögliche konnte an diesem grandiosen Ort passieren.

Um das Innere zu beschreiben, genügten keine Worte, reichte kein Vergleich aus. Wer hatte je so viele Treppen gesehen, die sich um sich selbst wanden wie die Häuser der Schnecken, die im Juniregen herauskamen, so breite Stufen, die ganze Salons überspannten, und Kuppeln, die ins Nichts hinaufstrebten? Oder Decken, an denen kein Zentimeter unbemalt war. Ganz zu schweigen von den Marmorfußböden mit Einlegearbeiten, den vielen Säulen, den gewaltigen Kronleuchtern mit ihren Glastropfen, die goldenes Licht herabregnen ließen. Und den weitläufigen, saalartigen Salons, in denen mindestens tausend Personen Platz hatten und man sich leicht verlaufen konnte.

Zar Nikolaus II. und die Zarin hatten eine Zeremonie abhalten wollen, bei der die erfolgreichsten Radrennfahrer ausgezeichnet wurden. Francesco Verri, der Sieger des Grand Prix von St. Petersburg, sollte einen goldenen Pokal bekommen und Alfonsina, die zusammen mit den Männern gefahren war und mehr als einen geschlagen hatte, eine Medaille.

Am Tag zuvor, nach dem Rennen, war die Delegation der Sportler in der italienischen Botschaft zu Gast gewesen. Beim Essen hatten die Diplomaten ihnen das Palastprotokoll erklärt und wie sie sich der Zarenfamilie gegenüber zu benehmen hatten: sich verneigen, den Kopf möglichst gesenkt halten, dem Zar und der Zarin nicht zu lange in die Augen blicken. Keine Fragen stellen, bescheidenes Auftreten. Viel lächeln, aber mit Zurückhaltung.

In dem Salon, in den man sie führte, hatten sich schon Hunderte von Menschen versammelt. Eigentlich hätte die Stimmung festlich sein sollen, und doch hing über allem eine Glocke der Schwermut.

Eine Zeit lang geschah nichts. Erwartung hing in der Luft, ohne dass sich etwas regte, wie bei einem wolkenverhangenen Himmel vor dem Gewitter. Dann war ein Gemurmel zu hören, wonach mehrfach mit einem Stab auf den Boden geklopft wurde, anschließend das Seufzen einer sich öffnenden Tür und das Rascheln von Stoff auf dem Fußboden.

Die Romanows schritten leichtfüßig über den Marmor. Es schien, als hätten sie Seifenstücke unter den Füßen und glitten einfach dahin, statt zu gehen.

Alle Anwesenden verstummten zugleich, hielten womöglich den Atem an, und dann verbeugten sie sich.

Alfonsina senkte ihre Stirn nur leicht. Zum Glück verdeckte ihr dichter Mopp von Haaren die Augen, sodass sie unbemerkt alles beobachten konnte.

Allen voran ging der Zar. Er hatte ein ernstes, sanftes Gesicht, große, länglich geschnittene Augen und einen rötlichen Schnurrbart samt Kinnbart. An der Brust seiner dunklen Uniform prangte eine Reihe von Orden, an den Schultern Epauletten. Trotz seiner kerzengeraden Haltung wirkte er verlegen und sah sich um, als wüsste er nicht, warum all diese Leute da waren und was sie von ihm wollten.

Gleich hinter ihm kam seine Frau, die Zarin Alexandra, umringt von ihren Kindern, vier Mädchen und einem Jungen, der der Kleinste war, etwa fünf Jahre alt. Seine Mutter führte ihn an den Schultern, als hätte sie Angst, dass sie ihn verlieren oder er sich irgendwo stoßen könnte. Zarin und Kinder waren ganz in Weiß gekleidet und wirkten wie eine Gruppe von Engeln auf einem Kirchenbild.

Sie betraten das Podium, auf dem zwei vergoldete Sessel und fünf samtbezogene Hocker standen. Die Familie nahm Platz, und im selben Augenblick richteten sich die Eingeladenen wie ein Mann wieder auf.

Es folgten viele Reden auf Russisch. Der ihrer Delegation zugeteilte Dolmetscher tat sein Bestes und erklärte, dass der Zar seiner Zufriedenheit mit dem großartigen Wettkampf Ausdruck gebe sowie seiner freundschaftlichen Verbundenheit mit Italien, dem die Radfahrer Ehre gemacht hätten.

Alfonsina war fasziniert von der Zarin und den um sie herum sitzenden Kindern. Sie bewegten sich alle im Einklang miteinander, als würden unsichtbare Fäden zwischen ihnen verlaufen, die dafür sorgten, dass sie im selben Moment lächelten, den Kopf wandten oder blinzelten.

Die Mädchen, im Alter von acht bis vierzehn Jahren, waren Miniaturausgaben der Mutter, das gleiche ovale Gesicht mit breiter, hoher Stirn und der gleiche ernste, melancholische Ausdruck. Am meisten aber rührte sie der kleine Junge.

Am Abend zuvor in der Botschaft hatte eine der von den Diplomaten ausgegebenen Regeln gelautet, dass man sich niemals, unter keinen Umständen, dem Zarewitsch Alexei nähern dürfe. Auch nicht zufällig, auch nicht, wenn das Kind selbst auf einen zukam. Dann müsse man sich zurückziehen, ihm ausweichen und vor allem darauf achten, es nicht zu behindern, nichts auf dem Boden zurückzulassen, nicht einmal ein Taschentuch.

»Aber warum denn? Wir fressen ihn doch nicht«, hatte Messori getreu seiner Rolle als Spaßvogel erwidert.

Die Diplomaten hatten ihn mit Blicken durchbohrt. »Witzige Bemerkungen sollten Sie sich lieber sparen«, hatte einer von ihnen in strengem Ton geantwortet. »Halten Sie sich daran, was Ihnen gesagt wurde. Das Leben des Kindes und auch Ihr eigenes hängen davon ab.«

Ein eisiges Schweigen hatte sich daraufhin über die Tafel gesenkt.

Erst die italienische Dienerschaft hatte nach beendigtem Diner, als die Männer zum Rauchen in den Salon gegangen und Alfonsina und Luigi am Tisch zurückgeblieben waren, das Geheimnis gelüftet. Der jüngste Zarenspross litt an einer seltsamen Krankheit. Ein kleiner Kratzer, ein winziger Schnitt genügte, und er fing an zu bluten und zu bluten, es hörte gar nicht mehr auf. Seine Mutter hatte ihm dieses Übel vererbt, und die Ärmste musste nun mit der Schuld leben, ihm Leben und Tod zugleich geschenkt zu haben. Die Zarin war nicht beliebt beim Volk. Zu steif sei sie, zu ernst, zu deutsch. Und obwohl es niemand öffentlich zu sagen wagte, machte man sie für das Sterben von über tausend Menschen verantwortlich. Am Tag nach ihrer Hochzeit mit Nikolaus II. und ihrer Krönung zur Kaiserin hatte sich eine große Menge zu den Feierlichkeiten um den Kreml herum versammelt. Traditionellerweise sollte es kleine Geschenke fürs Volk geben, doch irgendwann verbreitete sich das Gerücht, dass nicht genug Verköstigung und Rubel für alle da seien. Chaos brach aus, die Leute begannen zu schieben und nach vorn zu drängen, um etwas von den Gaben abzubekommen. Es hagelte Beschimpfungen, Ohrfeigen, Fausthiebe. Viele wurden umgestoßen und zu Tode getrampelt. Als Alexandra dann eine Tochter gebar, auf die drei weitere Mädchen folgten, sahen die Russen das als die gerechte Strafe für ihren Hochmut und die Toten vom Kremlpark an. Die kann nur Mädchen hervorbringen, hieß es, minderwertige Nachkommenschaft, ungeeignet, den russischen Thron zu erben, denn Herrschen war Männersache.

Schließlich gebar die Zarin doch noch den lang ersehnten Thronfolger. Nach knapp einem Jahr aber stellte sich heraus, dass sie die Krankheit ihrer Vorfahren an den Sohn weitergegeben hatte. Gott hatte sie durch ihr verseuchtes Blut gestraft, und das russische Volk fühlte sich gerächt.

Beim Abräumen der Tafel plauderte das Personal weiter munter über die Zarenfamilie.

Alfonsina gab sich gleichgültig, spielte mit Brotkrumen, trank einen Schluck Wasser, spitzte dabei aber die Ohren. Luigi dagegen war ganz in das Betrachten der wunderbaren Ziselierarbeiten auf Besteck, Kronleuchtern und Lampenfüßen versunken.

Alexandra liebte ihren Sohn abgöttisch, bemerkten die Dienstboten, und hatte lauter Mystiker und Wunderheiler in den Palast eingeladen, deren Gebeten und Zaubereien sie das Leben des Jungen anvertraute.

Der mächtigste von allen hieß Rasputin. Ihm ging der Ruf voraus, Heiliger und Verbrecher zugleich zu sein, sowohl ein Asket als auch ein Lüstling, der es auf junge Mädchen abgesehen habe. Er war Pferdezüchter und Kutscher gewesen, bis er seine Frau und die sieben Kinder verlassen hatte und zum Wanderprediger geworden war. Seine Botschaft verhieß Rettung durch das Verderben, denn nur wer die Sünde kenne und sich ihr überlasse, könne die göttliche Vergebung erhalten und verstehen. Mittlerweile genoss er das volle Vertrauen der Zarin und wohnte im Palast, damit er sofort zur Stelle war, wenn es dem kleinen Zarewitsch schlecht ging. Anscheinend hatte er sogar Einfluss auf Regierungsentscheidungen des Zaren.

Die Rückkehr der Diplomaten und der Mannschaftskollegen in den Speisesaal hatte dem Klatsch der Dienerschaft ein Ende gesetzt, die sich daraufhin stumm und gefügig in die Küchenräume zurückgezogen hatte.

Vielleicht lag es an ihren Geschichten, die noch nachwirkten, vielleicht auch an dem flackernden Licht der Hunderten von Öllampen, jedenfalls glaubte Alfonsina, eine weißliche Aureole mit lauter Augen darin um die Romanows zu erkennen. Ein ganzer Auflauf von Seelen. Wahrscheinlich die der vor dem Kreml niedergetrampelten Menschen, die zornig wiederkehrten, um Rechenschaft über ihr grausames Ende zu verlangen.

Deshalb also fühlte sie sich an Fossamarcia erinnert. Das Gefühl verstärkte sich noch, als die Zarin sich von ihrem Sessel erhob und sich dem Rand des Podests mit der Trittstufe davor näherte, auf der Francesco Verri soeben den Pokal aus den Händen des Zaren empfangen hatte.

Der Dolmetscher beugte sich zu Alfonsina vor. »Signora, Sie sind an der Reihe.«

Ein russischer Würdenträger rief sie auf, dabei ihren Namen entstellend, und deutete auf die Stufe.

Luigi richtete den Kragen ihres Kleides. »Los, Fonsina, das ist dein großer Moment.« Mit seliger Miene sah er zu, wie sie auf das Podest zuging, stolz auf seine Frau bis über die roten Ohren.

Alfonsina bestieg das Treppchen, verbeugte sich knapp vor der Zarin und anschließend vor dem Publikum.

Auf der anderen Seite der Estrade regte sich etwas. Nach dem ersten flüchtigen Blick dachte sie an eine weitere Seele, noch unheimlicher und düsterer als die anderen. Sie hatte männliche Züge und einen besessenen Blick. Groß, hager, mit geraden Schultern und langen Armen, die bis zu den Knien herabhingen. Die Gestalt trug eine weiße, in der Taille mit einer Kordel geschnürte Tunika und hatte lange, dunkle, geölte Haare, die in der Mitte gescheitelt und hinter die Ohren gestrichen waren. Kleine, wasserblaue, eng stehende Augen und eine lange, violette Nase.

Alfonsina erschauerte. Nein, das war kein Geist, das musste Rasputin sein, der unheimliche Wanderprediger und Vertraute des Zarenpaars.

Der Mann musterte sie so eindringlich, dass sie sich plötzlich nackt vorkam.

Derweil machte die Zarin Anstalten, ihr die Auszeichnung an die Brust zu heften, hielt aber plötzlich inne. Sie sah sie mit verlorenem Blick an, drehte dann den Kopf wie auf der Suche nach etwas.

Rasputin machte einen Schritt nach vorn und trat in den goldenen Lichtkreis auf dem Podest. Er fixierte die Zarin und nickte, schien sie zum Weitermachen aufzufordern.

Alexandra holte merklich Atem und wandte sich mit der Andeutung eines Lächelns wieder Alfonsina zu.

Arme Zarin, mit einem so großen Namen und noch größerer Ohnmacht. Sie war die Kaiserin von Russland, Prinzessin von Hessen und bei Rhein, Enkelin der Königin Viktoria von England und brauchte dennoch die Erlaubnis dieses Mannes mit dem Gesicht eines Ziegenbocks, um Alfonsina eine Silbermünze anzustecken. Die Meinung eines offenbar geistesgestörten und ziemlich abstoßenden Mannes zählte mehr als der Wille einer Frau mit einer Krone.

Die Hände der Zarin zitterten. Sie hatte Mühe, die Medaille anzubringen, und stach die Nadel so ungeschickt ein, dass sie durch Kleid und Mieder drang und Alfonsinas Haut ritzte.

Sie unterdrückte einen Schmerzenslaut, vergaß das Protokoll und blickte der Zarin geradewegs in die Augen.

Die beiden Frauen sahen sich lange an und begannen ein stummes, nur für sie verständliches Gespräch.

Was ist das für ein Gefühl, Fahrrad zu fahren, schnell dahinzurollen, mit dem Wind in den Haaren und nackten Beinen, Herrin über den eigenen Körper und das eigene Schicksal?, wollte Alexandra wissen.

Denk an das, was du am liebsten machst, antwortete Alfonsina, und denk es dir noch tausendmal wunderbarer, dann kannst du dir ungefähr vorstellen, was ich empfinde.

Die Zarin blinzelte. Wie schön, seufzte sie.

Und du? Wie ist das Leben in einem Palast so groß wie eine Stadt, in dem die Leute auf die Knie fallen, wenn du vorbeigehst?

Die Zarin überlegte. Ich weiß es nicht, sagte sie schließlich, ich kenne kein anderes Leben. Man hat mich nicht gelehrt, über solche Dinge nachzudenken, fügte sie hinzu.

Alfonsina hätte sie am liebsten auf der Stange ihres Fahrrads mitgenommen, sie und den Jungen, zerbrechlich wie eine Nippesfigur aus Kristall, um sie einmal lachen und jauchzen zu hören. Auch die Mädchen hätte sie gern entführt, damit sie barfuß über eine Wiese laufen konnten und vergaßen, dass sie alle gleich sein mussten wie lauter Tonfiguren frisch aus der Werkstatt eines Keramikers.

Ja, es war tatsächlich wie in Fossamarcia, wo Carlo und Virginia die überflüssigen Kinder noch ärmerer Leute zu sich holten. Mädchen, vorwiegend, die nichts zählten und auf die man verzichten konnte. Das Gleiche galt im Grunde für die vier jungen Zarentöchter, Olga, Tatjana, Maria und Anastasia, Prinzessinnen ohne Macht, die auf einen Ehemann warteten, um ihm als schmückendes Beiwerk zu dienen.

Jemand berührte sie am Arm. »Signora, Sie müssen auf Ihren Platz zurückkehren.«

Alfonsina sah sich um. Alle Augen waren auf das Podium gerichtet. Der Zar wirkte verwundert, die italienischen Diplomaten runzelten die Stirn.

Auch Rasputin zog befremdet die Augenbrauen hoch und rollte mit den tief liegenden Augen. Für einen Moment hatte er die Kontrolle über die Gedanken der Zarin verloren, was ihn offenbar verunsicherte.

Alfonsina eilte auf ihren Platz, eine Hand an die Medaille gelegt.

Alexandra hatte sich wieder auf ihrem Thronsessel niedergelassen und das Aussehen einer Wachspuppe angenommen.

Wie viel glücklicher sie doch war, sagte sich Alfonsina. Sie hatte ihrer Not auf dem Fahrrad entkommen können, während diese Frau im Winterpalast eingesperrt war. Wie ein Schlag traf sie die Erkenntnis, dass auch Reichtum ein Gefängnis sein konnte. Trost suchend lehnte sie sich an Luigi, der sie an sich zog und auf die Stirn küsste.

Die Zarin saß aufrecht da, mit einem verhaltenen Lächeln, den Blick auf einen unbestimmten Punkt im Saal gerichtet. Rasputin hatte sich derweil wieder ins Halbdunkel zurückgezogen.

Es mochte die Müdigkeit sein oder die Aufregung, vielleicht auch das zunehmende Flackern der heruntergebrannten Kerzen, aber Alfonsina schien es, als würden die Romanows an Substanz verlieren. Sie waren durchscheinend geworden wie von einem Windstoß verteilter Qualm aus dem Kamin. Auch der Wunderheiler hatte sich in ein Gespenst verwandelt, sie konnte beinahe durch ihn hindurchblicken.

Heilige Madonna, was geschah mit diesen Leuten?

Trotz ihrer Vertrautheit mit dem nächtlichen Reigen der Seelen erschrak sie. Sie schloss die Augen und versuchte, den letzten Teil der Zeremonie aus ihrem Gedächtnis zu streichen. Sie wollte die Traurigkeit der Zarin Alexandra vergessen, den stummen Dialog, die Töchter aus Wachs und den Sohn aus Glas. Ganz zu schweigen von dem bösen, besessenen Blick Rasputins. Seufzend betastete sie die gerade erhaltene Medaille. Besser war es, sich nur an den Prunk des Winterpalasts zu erinnern, an den herrlichen Schmuck, die prachtvollen Kleider. Auf keinen Fall würde sie den kleinen

Toten von dem bedrückenden Anblick der Romanows als Gefangene ihrer eigenen Rollen erzählen. Die Kinder hatten genug gelitten im Leben, in der Ewigkeit sollten sie nur von schönen Dingen träumen.

DIE ROSAFARBENE

Mailand, 1917

Inzwischen war es zu einer fixen Idee geworden.

Sie wollte die Probe aufs Exempel machen, ob Frauen weniger wert waren als Männer.

Der Einfall kam ihr an einem Morgen Ende Oktober 1917, als sie die *Gazzetta dello Sport* las. Ein paar Tage zuvor, am 24., hatte das Gemetzel von Caporetto begonnen.

Alfonsina verband eigentlich etwas Freudiges mit dem Datum, denn genau an dem Tag vor zwei Jahren hatten Luigi und sie geheiratet. Nach zehn Jahren des Zusammenlebens waren sie endlich zum Standesamt gegangen. Nicht so sehr, um den Vorstellungen von Anstand und Moral zu entsprechen, sondern weil die Welt dabei war auseinanderzubrechen und sie etwas brauchten, an dem sie sich festhalten konnten. Italien befand sich seit fünf Monaten im Krieg, und ringsherum breitete sich der Gestank des Todes aus. Einen gemeinsamen Haushalt mit offiziellem Segen zu führen war ihnen als der beste Weg erschienen, um sich einander noch näher und weniger allein zu fühlen.

Im August 1914, ein paar Wochen nach der Kriegserklärung Österreich-Ungarns an Serbien, hatte Wilhelm II. den deutschen Truppen beim Abmarsch an die belgische Front zugerufen: »Ihr werdet wieder zu Hause sein, ehe noch das Laub von den Bäumen fällt.«

Von wegen.

Alfonsina begriff immer noch nicht, wie es so weit hatte kommen können. Noch bis vor Kurzem waren die Völker miteinander befreundet gewesen, hatten einander nähergestanden als je zuvor. Ende 1909 hatte Guglielmo Marconi zusammen mit Ferdinand Braun den Nobelpreis für Physik für die Erfindung des Telegrafen gewonnen, und jetzt konnte man im Nu Nachrichten von einem Teil der Welt zum anderen schicken. Schiffe in Seenot waren dadurch schon gerettet worden, und es bestand der Eindruck von einer weit verbreiteten Bereitschaft zur Zusammenarbeit und Freundschaft. Der Sport hatte dieses Gemeinschaftsgefühl noch gefördert, die Athleten reisten hierhin und dorthin und wurden unabhängig von ihrer Nationalität mit herzlichem Beifall empfangen. Zuschauer aller Breitengrade erfreuten sich an den Wettbewerben, liebten die Zurschaustellung von Geschwindigkeit und Kraft. Italienische Spitzensportler wie der Marathonläufer Pietri oder der Weltmeister im Ringen Giovanni Raicevich waren überall Idole. 1909 war auch der Giro d'Italia ins Leben gerufen worden, an dem Radrennfahrer aus aller Herren Länder teilnahmen, und ein Jahr später war die italienische Fußballnationalmannschaft gegründet worden, die bei internationalen Turnieren mitspielte. Was war passiert, heilige Madonna, dass die Freunde von gestern sich in erbitterte Feinde verwandelt hatten?

Es erschütterte sie, jeden Tag in den Zeitungen vom Tod an der Front dieses oder jenes Athleten lesen zu müssen. Womöglich von einem Sportkameraden erschossen, mit dem er noch vor wenigen Wochen auf derselben Rennbahn gekämpft hatte, den er gar auf dem Siegerpodest umarmt und dem er die Hand geschüttelt hatte.

Die Welt, wie Alfonsina sie gekannt hatte, gab es nicht

mehr. Im Mai war im portugiesischen Fatima die Madonna drei Hirtenkindern erschienen und hatte ihnen sogenannte »Geheimnisse« offenbart: der Krieg werde bald zu Ende sein, doch es werde ein zweiter, noch schlimmerer folgen, wenn die Menschen sich nicht bekehrten. Außerdem bestehe die Gefahr, dass der Kommunismus sich von Russland weiter ausbreite, falls die Nationen nicht dafür sorgten, dass das Land sich dem unbefleckten Herzen Marias weihte.

Diese Nachricht hatte sie sehr beschäftigt. Sie fragte sich, in welcher Form die Madonna sich gezeigt hatte, ob in Gestalt einer Frau oder als strahlendes Licht. Und ob sie sich laut oder in Form von Gedanken geäußert hatte, so wie sie selbst es mit ihrer Zuhörerschaft der Seelen machte.

Abends erzählte sie den kleinen Toten davon, damit sie erfuhren, wie es um die Welt bestellt war.

Sie hörten ihr zwar bestürzt zu, doch sie konnte nicht herausbekommen, ob sie Visionen von zukünftigen Ereignissen hatten. Vergeblich versuchte sie, sie zu befragen. Die kleinen Seelen von Fossamarcia schwiegen beharrlich, sie wussten überhaupt nichts, und wenn Alfonsinas Berichte nicht gewesen wären, hätten sie auf ewig in der Unkenntnis verharrt, in der sie gelebt hatten.

Luigi erzählte sie nie etwas von der imaginären Versammlung um das Bett herum, das hätte ihn zu sehr durcheinandergebracht. Ihr Mann war nervlich schon genug angeschlagen, sein irrer Blick noch unsteter geworden, und immer häufiger überraschte sie ihn dabei, wie er mit Unsichtbaren sprach. Er stellte Fragen und wartete auf Antworten, als verfügten seine Zuhörer im Gegensatz zu Alfonsinas stummem Geisterchor über eine Stimme und eigene Meinungen.

Der Krieg hatte neues Elend mit sich gebracht. In den

Zeitungen las man, dass die Löhne um 15 Prozent gesunken waren und die Lebenshaltungskosten um 34 Prozent gestiegen. Alfonsina schien es noch wesentlich mehr zu sein. Von Luigis Arbeit allein über die Runden zu kommen war kaum möglich, doch was sollte sie tun, nur die wenigsten konnten sich noch ein neu geschneidertes Kleid leisten.

Sie faltete die *Gazzetta* zusammen und strich sie glatt. Irgendwie musste sie eine Möglichkeit finden, Geld zu verdienen.

Nach der Rückkehr aus Sankt Petersburg hatte sie eine gute Zeit gehabt, besonders während der in Turin verbrachten Monate. 1911 hatte sie in Moncalieri den Geschwindigkeitsrekord der Frauen gebrochen, mit 37,192 Kilometern in der Stunde. Prinzessin Maria Clotilde hatte sie dafür mit einem Orden und einer Prämie von fünfzehn Lire ausgezeichnet, was ihr Tor und Tür zu echter Berühmtheit geöffnet hatte. Fabio Orlandini, Berichterstatter der *Gazzetta dello Sport* in Frankreich, war auf sie aufmerksam geworden und hatte mit einigen seiner Veranstalterfreunde gesprochen, die Radrennen in Paris organisierten.

1912 war sie daraufhin in der »Ville Lumière« eingetroffen und bis 1914 geblieben. Sie war in Velodromen aufgetreten, wo sie bald zum Star geworden war, einer »vedette«, wie man dort sagte. Zudem lernte sie Showauftritte auf Rollen, der Todesschleife und auf dem Trampolin – kein ernsthaftes Radfahren, aber wer weiß, wie ihr das später vielleicht noch einmal zugutekam.

In Frankreich wurde nicht auf die Radrennfahrerinnen herabgesehen wie in Italien, wo man sie immer noch als liederliche Weibsstücke bezeichnete, die nur Unheil brachten. Luigi war sogar dazu übergegangen, die Zeitungen vor ihr zu verstecken, damit sie sich nicht aufregte.

»Was hast du da?«, rief sie, wenn sie ihn ertappte, und zeigte auf seine hinter dem Rücken verborgene Hand.

Er zuckte die Achseln. »Nichts, nichts«, murmelte er. »Die brauche ich, um die Ziselierungen zu polieren.«

Sie entriss ihm das Blatt. »Gib her!«

Am meisten hatte es *La Stampa Sportiva* auf die Sportlerinnen abgesehen. »Wir haben keinerlei Sympathien für solche Mannweiber«, schrieb man dort, »Frauen, die 200 Kilometer am Stück mit dem Fahrrad fahren oder pullen wie Berufsruderer. Das hat nichts mehr mit gesunder Ertüchtigung zu tun, die dem weiblichen Körperbau angemessen ist. Das ist Akrobatik, es sind Auswüchse, die wir mit aller Macht bekämpfen müssen.« Der Verfasser beendete seinen Artikel mit einer Frage: »Ist es gut oder schlecht, wenn unsere jungen Frauen, zukünftige Gattinnen und Mütter, Sport treiben?«

Heilige Madonna, was hatte das eine denn mit dem anderen zu tun? Und warum fiel es keinem ein zu fragen, ob das stundenlange Bücken beim Wäschewaschen, mit den Händen und Füßen im eiskalten Wasser von Flüssen oder Waschhäusern, keine übermäßige Belastung für die weibliche Konstitution darstellte, für all die jungen Töchter, Ehefrauen, Mütter? Oder den ganzen Tag in der Sommerhitze Korn zu schneiden? War das etwa keine Anstrengung? Und noch dazu ohne persönliche Befriedigung.

In Frankreich achtete niemand groß auf den Körperbau. Vielleicht waren die Frauen dort aus härterem Holz geschnitzt, den Männern ähnlicher.

Dann hatte der Himmel über Europa sich schwarz gefärbt und die Erde blutrot. Schluss mit den Rennen, ausgesetzt die Turniere. Alfonsina hatte nach Italien zurückkehren müssen. Der Sport gehörte zu den ersten Dingen, die dem Konflikt zum Opfer fielen, und mit ihm die Zeitungen, die darüber berichteten. Keine Olympiaden, keine internationalen Wettkämpfe. Übrig geblieben waren nur die *Gazzetta dello Sport*, dank der Finanzierung durch das Kriegsministerium, und die wichtigsten nationalen Radrennen. Der Grund lag auf der Hand. Solche Ereignisse waren die beste Methode, um das Volk von Hunger und Angst abzulenken, sowohl die Soldaten an der Front als auch die Daheimgebliebenen. Heiterkeit und Zuversicht waren zur patriotischen Pflicht geworden, seit die Regierung Maßnahmen getroffen hatte, um Defätisten und Pazifisten zu bestrafen. Die Geschäftsleitung der *Gazzetta* hatte beschlossen, 30 000 Exemplare mehr zu drucken und gratis an die Soldaten zu verschicken. In der Ausgabe von diesem Morgen war ein Leserbrief abgedruckt. »Heiß geliebte Rosafarbene«, begann er, mit Bezug auf das traditionelle rosa Papier der Zeitung, »gestern habe ich die erste Nummer des Gratisabonnements erhalten. Mir ist, als könnte ich die wunderbaren Radrennen wieder selbst miterleben. Ich verspreche dir, bei nächster Gelegenheit ein Exemplar von dir auf einem österreichischen Wachtposten zurückzulassen, damit sie dort begreifen, dass wir Italiener alles andere als demoralisiert sind. Wir haben den Mut und die Kraft, sie aus unserem Land zu verjagen.«

Alfonsina war gerührt. Sie stellte sich den jungen, verängstigten Soldaten an der Front vor. Viele waren noch halbe Kinder, wenn sie ins Feld zogen, und mussten sich schon mit dem Tod vertraut machen. Niemand würde eine Lira auf ihre Heimkehr, ihre Chancen, alt zu werden, verwetten, und doch hatte dieser Junge kostbare Zeit, vielleicht sogar die letzten Minuten seines Lebens damit zugebracht, an die Zeitung zu schreiben und von Radrennen zu schwärmen. Warum? Aus demselben Grund, weshalb Tausende sich an die Straße stellten und den Fahrern zujubelten, dachte Alfonsina. Sie träumten davon, aufs Rad zu steigen und davonzusausen, weit weg vom Elend, von der Angst. Über die eigenen Grenzen hinaus.

Sie ging ins Schlafzimmer und öffnete die Kommodenschublade, in der sie ihre Schätze aufbewahrte, die wichtigsten Medaillen, ein Bündel Scheine und einige Zeitungsausschnitte. Sie nahm einen Beitrag von vor ein paar Jahren zur Hand, über den Giro d'Italia 1914, als das Land noch nicht in den Krieg eingetreten war. Es handelte sich um ein Interview mit dem Sieger, Alfonso Calzolari. »Fonso, habe ich mir gesagt, was glaubst du denn, wie weit du kommst bei dieser Konkurrenz, Spitzenfahrer wie Canepari, Girardengo, Gremo, Lucotti … Und so, indem ich jeden Tag versucht habe herauszufinden, wie weit ich kommen konnte, habe ich schließlich den Giro gewonnen!«

Entschieden legte Alfonsina den Ausschnitt an seinen Platz zurück und machte sich fertig, um aus dem Haus zu gehen. Sie zog ihr bestes Kleid an und darüber einen leichten Mantel, der erst ein einziges Mal gewendet worden war. Der Stoff war noch glatt und fest, und sie hatte einen hübschen Samtkragen daran genäht. Dann lud sie sich das Maino auf die Schultern, trug es hinunter auf die Straße und fuhr wie eine Wilde los zur Werkstatt ihres Mannes.

Mailand wirkte verlassen. Das Oktoberlicht war zinnfarben, und eine schon winterliche Dunstglocke drückte auf die Stadt. Die wenigen Passanten gingen schnell, sie hatten Ringe unter den Augen und eingefallene Gesichter.

Alfonsina war nicht sicher, ob an der Front wirklich am meisten gelitten wurde. Gewiss, die Soldaten sahen jeden Tag dem Tod ins Gesicht, aber wenigstens hatten sie das Gefühl, lebendig zu sein, etwas zu tun, eine Veränderung herbeiführen zu können. Die zu Hause dagegen waren zu einem langsamen Ende verurteilt, bewirkt durch Hunger und Eintönigkeit. Niemand glaubte mehr daran, dass der Krieg bald zu Ende sein würde. Im vergangenen Jahr war die Volkswut explodiert, weil die Leute ihre Lieben, ihre Söhne, Brüder, Ehemänner, wieder bei sich haben wollten; auch forderten sie mehr staatliche Hilfeleistungen für Lebensmittel. An die fünfhundert Demonstrationen hatte es gegeben. Das Jahr 1917 hatte nicht besser angefangen, und vor zwei Monaten, Ende August, war es in Turin wegen eines verspäteten Nachschubs von Mehl zu Revolten gekommen, die eine Woche angedauert hatten. Straßenbahnschienen waren herausgerissen und Läden geplündert worden, sodass das Militär hatte einschreiten müssen. Italiener, die auf Italiener schossen. Es hatte Tote und Verletzte gegeben, weil die Leute nach einem Stück Brot hungerten.

An der Hauswand neben Luigis Werkstatt hing noch das Plakat von letzter Woche, die Bekanntmachung der von Minister Ettore Sacchi am 24. Oktober erlassenen Verordnung. Darin hieß es im Wesentlichen, dass Kundgebungen, die sich gegen den Krieg richteten oder den damit verbundenen Interessen des Landes schadeten, mit härtesten Strafmaßnahmen geahndet würden. Es werde eine Dienststelle für Bürgerbetreuung und nationale Propaganda eingerichtet, die pazifistische Stimmungsmache und Defätismus überwachen und der Behörde für öffentliche Sicherheit mutmaßliche »innere Feinde« melden solle.

Die Bürger wurden also praktisch dazu angehalten, sich gegenseitig zu denunzieren. Man hatte zwar die Freiheit zu sterben, aber nicht, sich zu beklagen.

Alfonsina hatte nicht übel Lust, das Plakat abzureißen, aber sie beherrschte sich. Gerade kam eine magere Frau mit hartem Gesicht vorbei – am Ende würde sie die Gelegenheit ergreifen und zur nächsten Polizeiwache laufen, um sie anzuzeigen, in der Hoffnung auf eine Belohnung, eine zusätzliche Essensration.

Rasch betrat sie die Werkstatt.

Luigi beugte sich gerade über einen Apparat, den sie noch nie gesehen hatte. Ein bitterer, Übelkeit erregender Geruch hing in der Luft.

Sie riss das Fenster auf. »Hier stinkt es ja, dass man keine Luft bekommt!«

Er hob den Kopf von dem Gerät, einem quaderförmigen Ding, an dem sich mehrere Stahlröhrchen und kleine Gasbrennstellen befanden. »Oh, Fonsina, ich hatte dich gar nicht bemerkt.«

Wann bemerkte er je, was um ihn herum vorging? Doch er freute sich, sie zu sehen, umarmte sie fest und holte ihr einen Stuhl aus dem Hinterzimmer. »Leiste mir ein wenig Gesellschaft«, sagte er. »Später gehen wir in der Osteria um die Ecke Mittag essen, dann brauchst du nicht zu kochen und kannst dich ein bisschen ausruhen.« Die Osteria war ein kleines Loch, das es trotz allgemeiner Mittellosigkeit und der Versorgungsschwierigkeiten irgendwie schaffte, geöffnet zu bleiben. Es gab dort vorwiegend Brot, Suppe, mal ein Stückchen Omelett und einen faden, mit reichlich Wasser verdünnten Wein. Die Inhaber aber waren gute Leute, die immer ein Lächeln und ein freundliches Wort für alle hatten, und Alfonsina und Luigi flüchteten sich gern ab und zu dorthin, um ein Weilchen so zu tun, als wäre die Welt noch in Ordnung. Doch in der Nachttischschublade zu Hause lagen nur noch fünf Lire, es kam nicht infrage, Geld für Essengehen zu verschwenden.

Luigi schien von alledem nichts mitzubekommen, nicht

einmal von der Not. Wäre es nach ihm gegangen, hätte er auch noch die letzten Münzen ausgegeben in seiner Überzeugung, dass ihm bald das Glück winkte. Er beugte sich wieder über sein komisches Ding.

Alfonsina rutschte unruhig auf ihrem Stuhl herum. Es war schon zehn Uhr morgens, und die Zeit drängte, denn sie war aus einem bestimmten Grund hergekommen. Sie hatte einen wichtigen Entschluss gefasst und wollte ihren Mann davon in Kenntnis setzen. Wieder stieg ihr dieser beißende Geruch in die Nase, nach angebranntem Kaffee. Wahrscheinlich hatte Luigi vergessen, den kleinen Gaskocher im Hinterzimmer auszuschalten, auf dem er sich von zu Hause Mitgebrachtes in einem Blechnapf wärmte. Seine Zerstreutheit nahm im gleichen Maß zu wie das Manische in seinen Augen.

Sie klopfte auf den Tisch. »Luigi, hör mal.«

Er zuckte zusammen, als hätte er vergessen, dass sie da war. »Oh, Fonsina!«, rief er. »Rede nur, ich bin ganz Ohr.«

»Ich will am Giro di Lombardia teilnehmen.«

Ihr Mann kratzte sich am Kopf. »Aber sind die Radrennen für Frauen nicht ausgesetzt worden?«

»Eben. Ich will bei dem der Männer mitmachen.«

Luigi musste sich setzen. »Madonna mia«, murmelte er.

Sie habe mehr als genug darüber nachgedacht, sagte sie, jetzt sei es an der Zeit, sich einen Ruck zu geben. Warum sollten die besseren Rennen den Männern vorbehalten sein? Was hatten sie denn mehr als die Frauen? Waren sie vielleicht mit einer Blume im Hintern geboren worden wie die Kürbisse? Nein, die Mühen waren die gleichen, Männer wie Frauen quälten sich bis aufs Blut auf den Pedalen.

»Mich brauchst du nicht zu überzeugen«, sagte ihr Mann. »Ich bin damit einverstanden.«

Ihr ging das Herz auf. Es war ein Geschenk des Himmels, dass er immer zu ihr hielt. »Ich weiß, ich wollte nur meine Rede üben. Ich werde jetzt mit denen von der *Gazzetta* sprechen.«

Luigi drehte sich zu dem Gerät mit den Röhrchen um und strich mit der flachen Hand darüber. Er nickte mehrmals, seufzte, lachte leise in sich hinein. Als er die Hand wegzog, war sie braun gestreift. Alfonsina merkte, dass der Kaffeesatzgestank von dort kam, nicht von hinten.

Luigi sah zu ihr auf. »Du tust gut daran, zu ihnen zu gehen.«

Sie warf ihm die Arme um den Hals und rieb ihre Nase an seiner Wange. »Heute Abend berichte ich dir alles.« Damit lief sie zur Tür und stieg aufs Rad. »Ich sollte besser losfahren, solange ich den Mut habe.«

Er folgte ihr hinaus auf die Straße. »Ach was«, rief er lachend, »daran hat es dir noch nie gemangelt.«

Sie zuckte die Achseln. »Du hast recht, was wir brauchen, ist ein bisschen Glück. Und Geld.«

Luigi deutete hinter sich in die Werkstatt. »Hast du die Maschine gesehen, an der ich gerade arbeite?«

»Das Ding mit den Röhren, das nach Kaffee stinkt?«

Er warf sich in die Brust. »Genau. Das wird uns einen Haufen Geld einbringen.« Seine Augen leuchteten, er sprach in vollem Ernst. Hin und wieder gelang ihm tatsächlich eine kleine Erfindung, zum Beispiel hatte er ein Gerät mit Pedalen und Stahlfedern konstruiert, damit sie zu Hause trainieren konnte, wenn es schneite oder zu stark regnete. Und ein anderes mit einem Griff und einer Kurbel, verbunden mit vielen kleinen Zugrollen und einem Quirl, um Eischnee zu schlagen. Alfonsina hatte Dutzende und Aberdutzende von Eiern aufgeschlagen, um ihm bei der Ausformung der

Erfindung zu helfen, doch er hatte sie sich nie patentieren lassen. Dann hatte sie eines Tages etwas Ähnliches in einem Geschäft gesehen.

»Sobald die Maschine fertig ist, melde ich das Patent an«, rief er. »Dann werden wir reicher als der König.«

Alfonsina streichelte ihm über das verrückte Gesicht. »Sehr gut, Luigi, das wird bestimmt etwas.« Und sie glaubte tatsächlich daran. Man musste Vertrauen in seine Träume haben.

Sie fuhr los und erreichte das Haus mit der Nummer 13 am Corso di Porta Nuova. Das Haustor stand offen, sie ging hinein und stieg die Treppe hinauf. Die Messingtafel mit der Aufschrift *Gazzetta dello Sport* glänzte dermaßen, dass sie den ganzen Flur erhellte. Sie klopfte an. Ein Mann mit runden Augen, langer Nase und einer Pfeife zwischen den Zähnen machte ihr auf. Er war noch keine vierzig Jahre alt, trug aber den Ausdruck eines Menschen im Gesicht, der schon alles gesehen hat.

»Guten Tag, Armando«, sagte sie.

»Die Königin der Tretkurbel!«, rief er. »Komm rein, komm rein.«

Alfonsina lächelte erleichtert bei seiner Begrüßung.

Armando Cougnet war wesentlich mehr als der Geschäftsführer der *Gazzetta*, er war eine Art Gott des Radsports, denn nichts geschah ohne seine Zustimmung. Er ging ihr zu einem großen Raum voraus, in dessen Mitte ein Schreibtisch mit stapelweise rosafarbenen Zeitungen darauf stand. An den Wänden hingen die gerahmten Titelseiten einiger alter Ausgaben. Darunter stach besonders die mit dem Bericht über den ersten Giro d'Italia von 1909 ins Auge, versehen mit einem Foto des jüngeren Armando, der in die Kamera strahlte.

An einer Seite des Schreibtischs saß ein junger Mann von Anfang zwanzig. Er sprang auf, als sie eintraten.

»Das ist unser Chefredakteur, Vittorio Varale.«

Sie kannte Varale dem Namen nach, hatte schon viele Artikel von ihm gelesen, aber nicht gedacht, dass er noch so jung war. Natürlich waren auch viele Journalisten einberufen und an die Front geschickt worden, sagte sie sich. Der Junge hatte Glück, dass es ihn noch nicht getroffen hatte.

»Und das ist Alfonsina Strada«, stellte Cougnet sie vor. »Ich schätze, der Name sagt dir was.«

»Und ob«, erwiderte der junge Mann und gab ihr die Hand. »Ich bin ein großer Bewunderer von Ihnen.«

Das wurde ja immer besser. Die beiden waren ihr offenbar wohlgesonnen.

Varale bot ihr seinen Platz an. »Bitte, Signora.«

Er und Cougnet hockten sich auf die Schreibtischkante.

Alfonsina hatte plötzlich das Gefühl, eine Prüfung bestehen zu müssen. In gewisser Weise war es auch so.

»Nun, was führt dich zu uns?«, fragte Armando.

Sie atmete tief durch. Am besten rückte sie gleich mit der Sprache heraus. »Ich will am Giro di Lombardia teilnehmen«, stieß sie hervor.

Varale breitete die Arme aus. »Es gibt keine Frauenrennen dieser Kategorie mehr, Signora. Wir haben Krieg.«

»Das weiß ich«, entgegnete Alfonsina. Heilige Madonna, warum kam man ihr immer mit derselben Antwort? Dachten die, sie lebte auf dem Mond? »Ich spreche von dem der Männer, der nächste Woche startet.«

Der Chefredakteur schreckte auf. »Aber Sie sind eine Frau!«

Was du nicht sagst, hätte sie am liebsten erwidert. Doch sie schwieg und wartete auf Cougnets Reaktion.

Der musterte sie mit einem schwer zu deutenden Lächeln auf den Lippen. »Ist das dein Ernst?«, fragte er.

»Mir ist noch nie etwas so ernst gewesen.«

In dem Büro war nur das von einem Luftzug verursachte Rascheln der Zeitungsseiten zu hören.

Alfonsina versuchte festzustellen, woher er kam. Das Fenster stand einen Spalt breit offen, sah sie, und die frische, feuchte Herbstluft wehte in Stößen herein.

Cougnet und Varale gingen ans andere Ende des Raums und sprachen gedämpft miteinander. Das sei doch etwas Unerhörtes, flüsterte der junge Chefredakteur.

Armando stimmte ihm zu. Aber das habe nichts zu sagen, fuhr er fort, von vielen Dingen habe man noch nie gehört, bis sie sich ereignet hätten.

Alfonsinas Herz begann derart heftig zu klopfen, dass sie fürchtete, die beiden Männer könnten es merken. Sie konzentrierte sich auf den Blick aus dem Fenster. Gegenüber stand ein Wohnhaus aus rötlichen Ziegelsteinen. Sie zählte fünf Etagen, Fenster gab es ab der zweiten. Das Gebäude kam ihr wie ein Bienenstock vor. Ein zierendes Geflecht aus vorspringendem Mauerwerk bildete Dutzende von Wabenzellen, bogenförmig im Erdgeschoss und darüber rechteckig. Sie dachte an die Bienen, die die Waben bauten und den Honig produzierten. Die Weibchen, die Arbeiterinnen, leisteten die Hauptarbeit, und die Königin legte die Eier ab, um den Stock fortzusetzen. Die Männchen dagegen waren nur für den Wettflug am Himmel da, der den Zweck hatte, die Königin zu befruchten. Nur einem gelang es, ans Ziel zu kommen, ein Moment des Triumphs, und das war's, schon lag es tot am Boden. Für Mutter Natur waren die weiblichen Wesen also kein Ausschuss, im Gegenteil.

Varale führte Fragen von Angemessenheit und Moral ins

Feld. Und dann die körperlichen Anforderungen, wer sagte ihnen, dass eine Frau bei dem von den Männern vorgegebenen Tempo mithalten konnte?

»Die Bienen«, murmelte Alfonsina in Richtung des Backstein-Bienenstocks.

»Was hast du gesagt?«, fragte Cougnet.

Sie ließ es lieber bleiben, von der Königin und den Drohnen zu reden. »Also, habt ihr euch entschieden?«

»Es gibt sehr viel abzuwägen, Signora«, begann Varale. »Ich spreche nicht für mich, sondern für die Leser, die Radsportanhänger.«

Alfonsina nickte. Sie wusste nur zu gut, was für einen Anstoß sie bei den Zuschauern erregte. Beinamen wie »die Irre« oder »der Teufel im Rock« waren nichts im Vergleich zu gewissen halblaut geäußerten Schimpfwörtern. Manche brüllten sie auch aus vollem Hals. Sie verstand einfach nicht, was die Leute so aufbrachte. Vielleicht verziehen sie ihr nicht, dass sie sich dort weitergewagt hatte, wo sie selbst aus Trägheit oder Furcht, sich von der Herde zu unterscheiden, Halt gemacht hatten. »Die Leute regen sich auf, weil ich die Erste bin«, sagte sie. »Aber ich könnte eine Vorreiterin sein, und in Zukunft wird niemand mehr groß darauf achten.«

Cougnet sog geräuschvoll an seiner Pfeife und paffte kleine Rauchwolken. Sie sahen ihnen alle drei nach, wie sie zur Decke stiegen und sich dort auflösten.

»Mir scheint, Vorreiterin bist du in den letzten Jahren oft genug gewesen.« Armando klemmte sich die Pfeife wieder zwischen die Lippen. »Soll ich mal aufzählen?« Alfonsinas Beispiel hatte eine regelrechte kleine Welle professionell Rad fahrender Frauen nach sich gezogen: Lucia Borsetti, Bruna Bonetti, Vittorina Sambri, Bambina Alfieri und nicht zuletzt die beiden Fräulein Sacco und Milano, die mit sechzehn von zu Hause durchgebrannt waren, um sich dem Radrennsport zu widmen. »Hast du kein schlechtes Gewissen, weil du die Mädchen dazu verführt hast, ihre Familien zu verlassen?«

Alfonsina dachte darüber nach. Die Frage unterstellte, dass diese jungen Frauen keine Eigeninitiative hatten, sondern sich nur aus Gewohnheit oder Nachahmungstrieb in die eine oder andere Richtung bewegten. Sie selbst hatte Fossamarcia nicht verlassen, um irgendwem nachzueifern, sie hatte es aus einem starken, inneren Drang heraus getan. Wäre sie dem nicht gefolgt, wäre sie gestorben oder hätte gelebt wie tot. »Damit habe ich nichts zu tun. Wenn sie geflohen sind, heißt das, dass es ihnen dort, wo sie waren, nicht gut ging«, antwortete sie. »Hätte man sie anständig behandelt und ihnen die Freiheit gelassen, Rad zu fahren, hätten sie nicht zu türmen brauchen.«

Armando grinste, paffte wieder und setzte sich in den Sessel unter der Seite mit dem Bericht über den ersten Giro d'Italia.

Varale begann, im Zimmer auf und ab zu gehen. »Sehen Sie, Alfonsina, wir müssen auch das Reglement berücksichtigen.«

»Das kenne ich bestens.« Sie öffnete ihre Handtasche und holte eine Karte heraus, die sie auf den Schreibtisch legte.

Der Redakteur warf einen zerstreuten Blick darauf. »Was ist das?«

»Mein UVI-Ausweis. Ich bin schon seit vielen Jahren Mitglied der ›Unione Velocipedistica Italiana‹. Amateurin zweiter Kategorie«, erklärte sie.

»Und?«

»Wir bekommen die Wettkampfregeln aller wichtigen Rennen ausgehändigt. Und ich lese sie.« Wieder einmal dankte sie Virginia im Stillen dafür, dass sie all ihre Kinder hatte lesen, schreiben und rechnen lernen lassen.

Varale nahm den Ausweis und sah ihn sich genau an, ehe er ihn ihr zurückgab. »Dann müssten Sie ja wissen, was darin steht, nämlich dass bestimmte Wettkämpfe nur für Renn*fahrer* gedacht sind. Also für Männer.« Er betonte die männliche Form.

Alfonsina stand auf und trat ans Fenster. Sie verlor langsam die Geduld, musste sich aber zusammenreißen. Auf der Straße unten gingen Männer und Frauen vorbei. Wenn sie von ihnen als Gesamtheit sprechen wollte, müsste sie das Maskulinum benutzen – die Fußgänger, die Passanten. Die Kunden, die Arbeiter, die Bürger. Es genügte, dass sich ein einziger Mann in einer Gruppe von Frauen befand, damit das grammatische Geschlecht der Bezeichnung männlich wurde. Sie hob den Blick, betrachtete erneut die skurrile Fassade gegenüber. In einem Bienenstock gab es auch Drohnen, doch die Gesamtheit nannte sich Bienen, Femininum. Ebenso eine Herde Schafe oder Kühe, auch wenn Hammel oder Stiere darunter waren. Bei den Tieren war es oft umgekehrt. Sie drehte sich zu Varale um. »Das liegt an unserer Sprache«, sagte sie.

Die beiden Männer beugten sich gleichzeitig zu ihr vor. »Wie bitte?«

Natürlich, erklärte Alfonsina. Die Begriffe *Rennfahrer* oder *Radfahrer* bezeichneten eine bestimmte Gruppe von Personen, ohne dass man unterscheiden konnte, ob sie sich nur aus Männern oder auch Frauen zusammensetzte. »Das weiß sogar ich, die ich nur zwei Jahre lang zur Schule gegangen bin, weshalb dann nicht so hochgebildete Leute wie ihr? Ihr könntet für die Zukunft mal genauere Wörter erfinden«, schloss sie.

Cougnet musste so laut lachen, dass ihm die Pfeife aus dem Mund rutschte. Varale dagegen glotzte sie an wie ein Stockfisch.

Alfonsina setzte sich wieder und zwang sich zur Ruhe. Der Ausgang war nach wie vor ungewiss.

Armando schüttete sich immer noch aus vor Lachen und schlug sich dabei auf die Knie, teils aus Lachlust, teils, um die auf seine Hose gefallene Asche zu entfernen. Er brauchte lange, um wieder zu Atem zu kommen. Dann stand er auf und stellte sich ans Fenster. Er blickte auf das rötliche Gebäude gegenüber, dachte vielleicht auch an einen Bienenstock, dann auf die Straße hinunter. »Die armen Leute da«, murmelte er. »Mag sein, dass die Vorstellung einer Frau, die mit den Männern um die Wette fährt, ihnen zuerst nicht passt, aber wenigstens gibt es ihnen was zu reden.« Bedächtig kehrte er zu dem großen Schreibtisch zurück. »Du hattest mich schon gleich zu Anfang überzeugt«, sagte er, »aber wenn ich sofort zugestimmt hätte, hätte ich eine schöne Lektion über die Mängel unserer Sprache verpasst.«

Varale starrte ihn mit offenem Mund an. »Hast du etwa die Absicht, ihre Anmeldung zuzulassen?«

»Absolut.« Cougnet zeigte auf einen anderen gerahmten Artikel an der Wand. »Seht euch das an«, sagte er. »Im August 1908 habe ich angekündigt, dass wir im folgenden Jahr den Giro d'Italia veranstalten würden.« Er tippte mit dem Finger auf das Glas. »Auch der *Corriere della Sera* hatte diesen Plan, aber wir sind ihnen zuvorgekommen.« Er zog an seiner Pfeife. Sein Vater, Alberto Cougnet, damals Chefredakteur der *Gazzetta*, hatte vor allen anderen begriffen, in welchem Maß der Radsport die Herzen der Italiener erobern würde, und gute Geschäfte gewittert. Viele Unternehmer würden in Anzeigen investieren und in Werbung entlang der Strecke. Armando strich über sein Konterfei in der Mitte der Titelseite. »Mein Vater hatte die Voraussicht, aber ich habe die ganze Arbeit geleistet, und das mit erst neunundzwanzig. Ich habe von ihm nicht nur die Leidenschaft für den Sport geerbt, sondern auch die Lust an Neuem, am Fortschritt, am Risiko«, schloss er und schlug mit der flachen Hand auf den Tisch.

»Was werden die Investoren sagen?«, wandte Varale kleinlaut ein.

»Wir müssen Zeitungen verkaufen und den Giro di Lombardia groß rausbringen. Sie werden die Ersten sein, die die Idee gut finden, und gern für Werbung zahlen.« Cougnet deutete mit dem Kopf auf das Fenster. »Und diese armen Menschen da unten bekommen ein bisschen Abwechslung.« Er öffnete eine Schublade, holte eine zusammengerollte lange Liste hervor und ging sie mit dem Zeigefinger durch. »Alfonsina Strada, ist dir die Startnummer 74 recht?«

Varese, 13. September 1959

Sie atmete die Luft in vollen Zügen ein, wollte so viel wie möglich davon aufsaugen, den Geruch der Piste nach dem Start festhalten.

Die Fahrer waren schon hinterm Horizont verschwunden. Nach ein paar Minuten begannen die Zuschauer, sich zu zerstreuen, die meisten würden nach einigen Stunden zur Ankunft der Spitzengruppe wiederkommen. Sie würden nach Hause fahren oder zu ihren üblichen Sonntagsverabredungen, während einige wenige mit Autos oder Motorrädern die Etappen mit den Teilstreckenzielen ansteuern oder sich an den Straßenrand stellen würden, um ihre Favoriten anzufeuern. Alfonsina gehörte zu diesen wenigen, obwohl es ihr im Grunde egal war, wer gewann, sie wollte vor allem die Atmosphäre des Rennens genießen.

Auf dem Boden lagen Flugblätter mit dem Programm der Rundfahrt, die schon zum neununddreißigsten Mal stattfand. Sie hob ein völlig verknittertes auf und strich es an der Brust glatt. Das Siegel der »Società Ciclista Alfredo Binda« war oben links in Rot abgedruckt, in der Mitte der Streckenverlauf aufgezeichnet. Sie betrachtete den Plan, um zu entscheiden, wo sie zum Feld der Fahrer hinzustoßen sollte. Ponte Tresa war verlockend, mit den schönen Serpentinen über dem Luganer See, oder sie könnte noch weiter bis zum Brinzio fahren, dem Berg kurz nach den Cinque Vette. Die

Strecke war 253 Kilometer lang, sie würden gut sechs Stunden brauchen, es war also genug Zeit, um bei beiden Etappen haltzumachen.

Auf einmal bemerkte sie eine Ansammlung von Leuten neben dem schon für die Preisverleihung hergerichteten Podium. Da sie es nicht eilig hatte, konnte sie hingehen und nachsehen. Sie kämpfte sich durch die Menschenmauer.

Coppi und Binda waren dabei, ein Interview zu geben.

Man wollte vom »Campionissimo« wissen, auf wen er als Sieger tippte. Der zuckte die Achseln, die Teilnehmer seien alle sehr gut, bemerkte er, aber er wünsche sich eine vordere Platzierung von Guido Boni vom Team Tricofilina, das schließlich mit Rädern der Marke Coppi fahre.

Der arme Fausto, es war ihm selbst aus der Entfernung anzumerken, wie viel lieber er auf der Straße mitgefahren wäre, statt hier dekorativ herumzustehen. Reden war nicht seine Sache.

Binda dagegen fühlte sich pudelwohl im Rampenlicht.

Alfonsina bewunderte ihn ungeheuer, er war einer der größten Radfahrer aller Zeiten. 1930 hatten die Veranstalter ihn tatsächlich gebeten, nicht am Giro d'Italia teilzunehmen, weil dem Rennen sonst jede Spannung fehlen würde. Binda gewann immer, und das Publikum hatte die Lust am Mitfiebern verloren. Manche pfiffen ihn bei den Siegerehrungen sogar schon aus.

Es war seltsam mit den Fans. Zuerst verherrlichten sie einen, trugen einen auf Händen, und dann, wenn man auf dem Gipfel angekommen war, konnten sie es nicht erwarten, einen herunterzustoßen. Neid war es wohl nicht, dachte sie, da steckte etwas Komplizierteres dahinter. Vielleicht glaubten sie, dass sie einen gewissen Anteil an dem Erfolg hatten, und erwarteten eine Art Anerkennung. Was denn, ich habe an dich geglaubt, als du noch ein Niemand warst, habe mich heiser gebrüllt, um dich anzufeuern, habe bei Hitze und Regen an der Straße gestanden und deinen Namen geschrien, und jetzt, wo ist mein Stück vom Ruhm, mein Scheibchen vom Verdienst?

Binda erklärte sich bereit, nicht beim Giro von 1930 mitzufahren, wollte aber 25 000 Lire dafür, entsprechend dem Preisgeld, das er höchstwahrscheinlich gewonnen hätte. Er war ein Profi und lebte von seinem Beruf. Die Organisatoren kamen seiner Forderung nach, um den Zuschauern und den Geldgebern einen Wettkampf mit ungewissem Ausgang bieten zu können.

Alfonsina reckte sich auf die Zehenspitzen, um sich bemerkbar zu machen. Sie hatte nicht die Absicht, das Interview zu unterbrechen, die beiden sollten nur wissen, dass sie da war, getreulich an jeder Feier dieser merkwürdigen, ausgedehnten Familie teilnahm.

»Das ist ein großartiges Tre Valli Varesine«, erklärte Binda gerade. »Noch besser als im letzten Jahr.«

Schade bloß, dass nur Männer teilnehmen dürfen, dachte Alfonsina.

Eine Schlange von Journalisten mit Notizbüchern in der Hand wartete darauf, ebenfalls zum Zug zu kommen, das würde bestimmt noch eine gute Stunde lang dauern.

Alfonsina machte sich auf den Weg zu ihrem Motorrad. Sie würde die Kollegen später nach der Siegerehrung treffen, dann konnten sie immer noch fachsimpeln und von den guten alten Zeiten schwärmen.

Sie wollte jetzt direkt zum Brinzio fahren, der einzigen Überschneidung des Tre Valli mit den Etappen der Lombardei-Rundfahrt, an der sie zweimal teilgenommen hatte, 1917 und im folgenden Jahr. Heilige Madonna, zweiundvierzig Jahre waren seitdem vergangen, und es kam ihr vor wie gestern.

Sie erinnerte sich noch gut an den Morgen des zweiten November. Früh um sechs hatten sie sich am Start versammelt, in einem Nebel so dicht, dass man kaum die Hand vor Augen sah.

»He, Fonsina!«, rief jemand aus der Suppe heraus.

»Wer bist du?«

»Na komm, du erkennst mich doch, auch ohne mich zu sehen.« Das offene, lachende Gesicht Girardengos tauchte aus dem Grau auf. »Ich wollte es zuerst nicht glauben, als ich deinen Namen gelesen habe. Aber ich freue mich, auch wenn du mir ordentlich zu schaffen machen wirst.«

Die *Gazzetta* hatte zwar nicht über ihre Teilnahme berichtet, aber die Fahrer hatten vorweg eine Liste aller Angemeldeten erhalten.

»Meinst du das ernst, Costante?«

Er nahm seine Wollkappe ab und schlug sie gegen den Lenker. »Ja, verdammt, und es wurde auch Zeit!«, schnaubte er. »Für mich ist es eine Ehre, mit der Königin der Tretkurbel zu fahren.«

Sie gingen zusammen zum Stand von »Birra Italia«, wo die Plombierung der Fahrräder vorgenommen wurde. Normalerweise hätten sich dort jetzt die Tifosi gedrängelt, doch es standen nur ein paar wenige fröstelnde Gestalten herum, grau wie der Nebel.

Die Veranstalter klatschten in die Hände und gaben sich Mühe, den Fahrern Mut zu machen. »Auf, auf, heute wird jemand einen schönen Batzen Geld mit nach Hause nehmen: dreihundert Lire für den Sieger, zweihundert für den Zweiten und hundertfünfzig für den Dritten. Klingt das gut oder was?«

Die Fahrer nickten, aber niemandem war auch nur nach einem Lächeln zumute.

Neun Tage zuvor hatte die zwölfte Isonzoschlacht stattgefunden, bei der es Tausende von Toten gegeben hatte. Ganz Mailand war immer noch starr vor Erschütterung, ungeachtet der Drohungen der Polizei und des Ministers Sacchi gegen sogenanntes defätistisches Verhalten.

Der Einzige unter den Zuschauern, der etwas Begeisterung zeigte, war Luigi, immer wieder rief er laut den Namen seiner Frau.

Um zehn nach acht hatte die Sonne den Nebel einigermaßen gelichtet, und die vierundfünfzig Fahrer, darunter eine Fahrerin, starteten.

Für Alfonsina ging ein Traum in Erfüllung. Sie nahm an einem wichtigen Radrennen teil, und ihre männlichen Konkurrenten behandelten sie als ebenbürtig. Girardengo hatte gesagt, dass es ihm eine Ehre sei, mit ihr zu fahren, und Belloni hatte ihr zugelächelt. Sie sahen sie als ihresgleichen an, auch wenn sie zu keinem Team gehörte und anstelle eines Mannschaftstrikots ihre schwarze Kluft aus engem Oberteil und kurzer Radlerhose trug.

»Seht mal, da ist ja eine Frau dabei!«

Ach, endlich haben sie mich bemerkt, dachte sie und hob den Kopf, um den Tifoso zu grüßen.

»Was redest du da, du Trottel! Das hier ist ein ernsthaftes Rennen.«

»Doch, das ist eine Frau, sag ich euch.«

»Wer denn, etwa diese Irre von Alfonsina Strada?«

Weiter vorn bewegte sich eine Gruppe dunkler Schemen im Nebel bedrohlich auf sie zu. »Scher dich zum Teufel!«, forderte einer sie auf.

»Nutte!«

Das traf sie wie eine schallende Ohrfeige. Wer sie da im Mailänder Dialekt so übel beschimpft hatte, war eine Frau.

Die Kraft verließ ihre Beine, sie wurde langsamer und geriet ins Schlingern. Sie sprang ab, um nicht zu stürzen, und suchte den Straßenrand nach der Ruferin ab. Wo bist du, hätte sie am liebsten gebrüllt. Sag's mir ins Gesicht, wenn du dich traust.

Die Zuschauer verstummten feindselig, vielleicht verunsichert von dem plötzlichen Rollenwechsel. Sie waren zum Zusehen gekommen, nicht um gemustert zu werden.

Alfonsina stieg wieder auf, doch die Lust am Rennen war ihr vergangen. Alles kam ihr plötzlich sinnlos, vergeblich vor. Vielleicht hatten diese Leute ja recht, und sie war nur eine einfältige Gans mit dem Haarschnitt einer Irren. Sie sollte lieber nach Hause zurückkehren, wo ihr Platz war.

Eine Schar schmächtiger, schlecht gekleideter Kinder näherte sich ihr im Dunst. Die kleinen Toten von Fossamarcia waren gekommen, um mit eigenen Augen zu sehen, was sie ihnen in der Nacht zuvor angekündigt hatte: dass sie mit den Männern um die Wette fuhr. Sie blieben am Straßensaum stehen. Denk daran, was du hinter dir gelassen hast, murmelten sie, und warum. Denk an das Elend, den engen Horizont. Die Mühen, um dorthin zu gelangen, wo du jetzt bist.

Aber ist es das alles wert?, fragte Alfonsina.

Die zarten Seelen verdrehten die tief in den Höhlen liegenden Augen zum Himmel. Du kommst aus dem Nichts, sagten sie, und wenn du aufgibst, bleibt dir nichts als das Nichts.

Aber wenn mir hier unten nur noch mehr Mühe und Leid bevorsteht?

Das ist immerhin etwas, flüsterten sie. Etwas ist besser als nichts.

Da war niemand am Rand der Strecke, das wusste sie. Dennoch machte der Chor der Erscheinungen ihr Mut. Sie packte den Lenker fester und fuhr mit gesenktem Kopf weiter, das war sie sowohl sich als auch den armen Wesen schuldig, denen sie jeden Abend von einer besseren, gerechteren Welt erzählte. Wie konnte sie da bei der ersten großen Chance aufgeben? Sie hatte sich einer konkreten Frage wegen für die Lombardei-Rundfahrt angemeldet, und sie würde nicht von hier weggehen, ehe sie eine Antwort erhalten hatte.

Sie machte Tempo, um die anderen einzuholen. Eine Weile hielten sie alle die gleiche Geschwindigkeit, dann begann das Feld, sich auseinanderzudividieren. Sie blieb in der Mitte und tat wie alle ihre Pflicht, zog, wenn es zu ziehen galt, und heimste ihren Anteil am Applaus ein. Es gab auch weitere Pfiffe und Beleidigungen, doch die überhörte sie. Auf die größte Herausforderung traf sie am Brinzio, Kilometer um Kilometer Steigung, dass einem Maultier die Beine weggeknickt wären. Am Ende des Anstiegs gab es ein prämiertes Teilstreckenziel. Pavesi, tief über den Lenker gebeugt, schloss zu ihr auf.

»Eberardo!«, rief sie. »Lass uns die vordere Gruppe einholen.«

Er sah kaum auf. »Das schaff ich nicht, Fonsina.«

»Häng dich an mich dran.«

Sie überholten einen Fahrer, dann noch einen und einen dritten in einer Haarnadelkurve. Doch die ersten lagen kilometerweit vorn, unerreichbar.

Das Teilstreckenziel dagegen war nicht mehr weit. Alfonsina hätte es gern an der Spitze des Nachzüglergrüppchens durchfahren, aber die Aufholjagd hatte sie außer Puste gebracht. Sie musste langsamer treten.

Pavesi fuhr zu ihr heran. Er war rot im Gesicht vor Anstrengung und hatte die Zunge zwischen die Zähne geklemmt. »Hab ich doch gesagt, dass wir die nicht einholen«, keuchte er. Und überholte sie.

Schade, sie wäre zu gern vor ihm durchs Ziel gefahren. »Zieh mich zum Endspurt!«, rief sie ihm nach.

Pavesi drehte sich um. »Was?«

»Ich hab mich auf der ganzen Steigung abgestrampelt, jetzt bist du dran!«

»Was soll ich denn machen?«

»Zieh mich mit. Und wenn wir kurz vor der Ziellinie sind, lass mich vor.« Das war kindisch, das wusste sie selbst, aber sie hatte plötzlich eine wahnsinnige Lust, die Siegerin zu spielen.

»Aber das ist doch sinnlos.«

Sie dachte wieder an die Schmähung beim Start. *Nutte.* Nein, es war nicht sinnlos. »Mach's trotzdem!«

Pavesi schüttelte den Kopf, aber als er sich erneut umdrehte, grinste er. »Ist gut, auf geht's.«

Sie streckten sich lang über die Stange, er voraus, sie hinterher. Er legte ein irrsinniges Tempo vor, wenn er das von Anfang an durchgehalten hätte, würde er jetzt in der vorderen Gruppe mitfahren. Alfonsina verlor nicht den Kontakt. Sie fuhren einen guten Kilometer in diesem halsbrecherischen Tempo, das Ziel kam schnell näher.

Alfonsina holte tief Luft. »Jetzt!«, schrie sie.

Noch fünfzig Meter.

Pavesi machte ihr Platz, wartete, bis sie auf gleicher Höhe war, und beugte sich zum Sattel ihres Maino vor. Mit letzter Kraft schob er sie an. »Los, Alfonsina!«

Sie richtete sich auf und fuhr mit gestreckten Armen über die Ziellinie. Die Umstehenden lachten und klatschten.

Sie riefen »Alle Achtung!« und »Hurra!« und taten ihr den Gefallen, sie nicht zu beschimpfen.

Sie kam als Letzte an, bei dieser Lombardei-Rundfahrt von 1917, anderthalb Stunden nach dem Sieger, dem Belgier Thys. Doch Armando Cougnet wartete persönlich am Ziel auf sie, um ihr die Hand zu schütteln und ihr eine ordentliche Geldprämie zu überreichen.

Nun hatte sie ihre Antwort. Nein, sie war kein Ausschuss, nicht aus minderwertigem Material, denn von den dreiundfünfzig Männern am Start hatten zwanzig die Rundfahrt nicht einmal beendet, sondern unterwegs aufgegeben. Sie dagegen hatte es geschafft.

Alfonsina setzte ihre Kappe auf und bestieg die Moto Guzzi. Sie hatte es nun eilig, zum Brinzio zu kommen, und trat den Kickstarter. Nichts. Noch ein Versuch und noch einer. Endlich sprang der Motor an. Heilige Madonna, einen Augenblick lang hatte sie befürchtet, nicht an die Schauplätze ihres ersten großen Rennens zurückkehren zu können. Dabei brannte sie mehr denn je darauf.

ZURÜCK ZUM START

Fossamarcia, 1923

Bei dem ständigen Geschrei bekam sie kein Auge zu.

Alfonsina schob das Bettlaken beiseite und warf einen schiefen Blick auf die um den Tisch herumrennenden Kinder. »Ruhe da, sonst versohl ich euch den Arsch!«

Die Kleinen erstarrten auf der Stelle. Die *Irre* hatte mit ihnen geschimpft, und das beeindruckte sie. Sie verhielten sich still, bis sie hinter die Abtrennung zurückgekehrt war, doch dann ging der Radau wieder los, schlimmer als zuvor.

Die Hütte, randvoll mit Menschen, schien geschrumpft zu sein.

Zwar waren einige ihrer Brüder und Schwestern inzwischen ausgezogen, aber die verbliebenen hatten jetzt selbst Familie, und da sie nicht wussten, wohin, hatten sie sich in Fossamarcia eingerichtet. Überall wimmelte es von Erwachsenen und Kindern, Alfonsina erkannte die meisten kaum wieder und fand es schwierig, sich ihre Namen zu merken.

Nie hätte sie gedacht, hierher zurückkehren zu müssen. So viele Träume und Hoffnungen, um dann wieder in diesem Mückenloch zu landen.

Von ihren letzten paar Lire hatte sie sich ein schmales Bett gekauft und es in den Winkel zwischen Kamin und Tür geschoben. Rauch und Zugluft strömten dorthin, aber wenigstens konnte sie so allein schlafen. Zwei Bettlaken dienten dazu, sie vor den Blicken der anderen zu schützen.

»So eine Verschwendung«, hatte Virginia bemerkt, als sie die Tücher an der Decke festnagelte. »Wenn du die übrig hattest, hättest du sie ruhig mir schenken können. Was ist denn so anders an dir, dass wir das nicht sehen dürfen?«

»Die muss doch immer was Besonderes sein, weißt du nicht mehr?«, hatte sich der Vater eingemischt und wütend an dem Laken gezerrt. »Aber jetzt bist du von deinem hohen Ross runtergekommen, was?« Sein zahnloser Mund unter dem spärlichen, gelblichen Schnurrbart verzog sich zu einem boshaften Grinsen. Er wirkte wie ein Greis, viel älter als zweiundsechzig. Carlo Morini hatte kein Glück gehabt, hatte auch mit dem Fahrrad keine gute Anstellung gefunden, mit der er seine Familie anständig hätte ernähren können. In seinem Alter fand er noch nicht einmal mehr Arbeit als Tagelöhner und musste nun um Almosen betteln. Er stand im Morgengrauen auf und ging zu Fuß nach Castenaso oder Bologna, wo er sich mit dem Hut in der Hand auf die Kirchentreppen setzte. Als Einziger hatte er die zurückgekehrte Tochter mit einem Lächeln empfangen – nicht, weil er sich freute, sie wiederzusehen, sondern weil ihr Unglück sein eigenes erträglicher machte.

Alfonsina steckte den Kopf unters Kissen. Es nützte nichts, das Gebrüll der Kinder drang bis dorthin und hielt sie vom Schlafen ab. Im Kessel kochte Kohl und verbreitete einen Geruch, dass es ihr den Magen umdrehte. An dem Speiseplan im Hause Morini hatte sich nichts geändert, außer dass auch noch die rachitischen Hühner aus dem Hof verschwunden waren. Der Krieg hatte alles hinweggefegt, bis auf die Wut und die Lust zuzuschlagen. Heilige Madonna, wie hatte sie das alles satt. Warum sich quälen und plagen, um dann so sein Leben zu fristen? Die Fahrt von Mailand hierher hatte zehn Stunden gedauert, und sie hatte nur noch den Wunsch, sich in Ruhe auf ihrem Bett auszustrecken.

Unter das Geschrei der Kinder mischte sich das der Erwachsenen.

»In diesem Haus gibt es keinen Respekt für die arbeitende Bevölkerung!«, brüllte Armando.

»Darf man erfahren, was du jetzt wieder hast?« Die Mutter klang erschöpft, dem Weinen nahe.

»Kohl, Kohl, hier kriegt man nichts anderes zu essen als Kohl!«, wetterte er. »Können Sie mir sagen, wie ein Mann so bei Kräften bleiben soll?«

»So ist es eben. Wenn es dir nicht passt, da ist die Tür.« Es folgte das Krachen von Holz und ein Aufschrei Virginias. »Lass das, du machst noch alles kaputt!«

»Könnt ihr mal nicht so rumbrüllen? Man hört euch bis auf die Straße.« Ernesto war hereingekommen.

Alfonsina seufzte. Das würde jetzt stundenlang so weitergehen.

»Ich mache, was ich will!«, erwiderte Armando.

Das war der Mutter zu viel. »Wenn es dir zu Hause nicht schmeckt, lass dich doch von diesem Popanz da durchfüttern.«

»Wie können Sie es wagen! Spülen Sie sich den Mund aus, bevor Sie seinen Namen nennen.«

»Das will ich gar nicht, ich sage nur, was er ist! Ein Verräter des Sozialismus!«

»Sehr gut, Mama, gut gesagt«, lobte Ernesto.

Mit dem Popanz war Mussolini gemeint. Im vergangenen Jahr hatte Armando als überzeugter Faschist am Marsch auf Rom teilgenommen, und Virginia, mit Leib und Seele Sozialistin, Tochter und Enkelin von Sozialisten, konnte ihm das nicht verzeihen.

Für Ernesto, den Kommunisten, war der Bruder ohnehin die Schande der Familie. Sogar Alfonsinas Radsportmanie fand er demgegenüber entschuldbar.

»Jetzt, wo er an der Regierung ist, solltest du besser aufpassen, was du sagst! Oder willst du enden wie deine Rädelsführer von der Kommunistischen Partei? Die haben wir ins Gefängnis geworfen, jawohl, und da werden sie bleiben. Das Gleiche gilt auch für Sie, liebe Mutter, wenn Sie ihn beleidigen.«

»Nimm das zurück und rede nicht so respektlos mit unserer Mutter!«, donnerte Ernesto.

»Du glaubst doch nicht, dass ich mir wegen einem Weibsstück Gedanken mache.« Armando lachte abfällig. »Ich stimme da völlig mit Mussolini überein: Die Frauen sind dazu da zu gehorchen, sich ums Haus zu kümmern, Kinder zu gebären und sich Hörner aufsetzen zu lassen!«

Es gab ein Gepolter von umgeworfenen Stühlen und dumpfes Gerangel. »Ich polier dir die Fresse, dir und diesem Verbrecher in Rom! Du solltest den Boden küssen, über den deine Mutter geht!«

»Hört auf, um Himmels willen«, ging Virginia dazwischen.

»Red doch nicht so einen Blödsinn, ihr Kommunisten denkt doch genauso. Frauen zählen nicht.«

Vor ein paar Jahren war im Parlament darüber debattiert worden, ob Frauen das Stimmrecht erhalten sollten. Die meisten Konservativen hatten sogleich Front dagegen gemacht, weshalb die einzigen Hoffnungen der Streiterinnen für ein allgemeines Wahlrecht sich auf die Reihen der Sozialisten gerichtet hatten. Der Abgeordnete Filippo Turati jedoch hatte ihnen eine Abfuhr erteilt. Den Frauen das Stimmrecht zu gewähren, hatte er erklärt, komme einem

Sprung ins Ungewisse gleich. Es sei vorderhand nötig, eine Untersuchung ihrer Befähigung vorzunehmen und die Konsequenzen eines etwaigen solchen Beschlusses zu bedenken. Denn die Frauen, hatte Turati im Kern argumentiert, seien ihrem Wesen nach leicht zu beeinflussen, da sie von jeher daran gewöhnt seien, ihrem Vater oder Arbeitsherrn zu gehorchen, jedem, der im Befehlston zu ihnen sprach.

In der Küche kehrte Stille ein. Die Einstellung, dass Frauen nichts wert waren, einte sie alle: Faschisten, Sozialisten, Kommunisten und Geistliche.

Die Brüder gingen hinaus, während Virginia zurückblieb und im Kochkessel rührte.

Wenn sie nur ein wenig schlafen könnte oder wenigstens weinen, dachte Alfonsina. Der Kummer, der an ihr nagte, wollte nicht vergehen. Sie war steif vor Kälte und vollkommen niedergeschlagen aus Mailand zurückgekehrt.

Die Stadt hatte einem Friedhof geglichen. Die Überlebenden wirkten wie unnütze Vogelscheuchen nach der Ernte auf von verbrannter Spreu geschwärzten Feldern.

Der Hunger war noch grausamer als vor dem Krieg, die Menschen waren verzweifelt und konnten sich noch nicht einmal mit Protesten Luft machen wie im *Biennio rosso*, den zwei »roten Jahren« 1919/20, als die Arbeiter in den Städten und auf dem Land sich zu Demonstrationen und Streiks versammelt hatten.

Ihren Protestmärschen hatten sich auch die Kriegsveteranen angeschlossen, von denen der größte Teil blind, verkrüppelt und an der Seele schwer verwundet heimgekehrt war. Was sie überhaupt noch auf den Beinen hielt, waren die Versprechungen, die man ihnen während der Kampfhandlungen gemacht hatte: eine soziale und berufliche Wiedereingliederung für die Städter und eine gerechte Aufteilung der den Großgrundbesitzern entzogenen Ländereien für die Bauern. Weder das eine noch das andere war eingelöst worden. Nicht wenige sahen sich gezwungen, zu stehlen und zu plündern, um etwas zwischen die Zähne zu bekommen.

Nach Monaten der Unruhen waren die faschistischen Kampfbünde gegründet worden, Trupps mit schwarzen Hemden und der Aufgabe, die öffentliche Ordnung wiederherzustellen.

Die braven Bürger hatten sie mit einem Seufzer der Erleichterung begrüßt, selbst wenn es eine mit dem Krachen von Schlagstöcken erlangte Ruhe war, aber man konnte nicht alles haben, sagten sie sich. Man musste bloß auf dem geraden Weg bleiben, um nichts abzubekommen, anständige Leute hatten nichts zu befürchten. Außerdem vertraten die Faschisten ein Programm, das vielen zusagte, »echt italienisch« nannten sie es und forderten darin den Acht-Stunden-Tag, einen Mindestlohn für alle und die Senkung des Rentenalters. Auf ein paar Freiheiten wie das Demonstrationsrecht zu verzichten schien ein geringer Preis für so viele Wohltaten zu sein.

Seitdem waren vier Jahre vergangen und man hatte noch nicht viel von der Umsetzung dieses Programms gesehen, aber man musste ihnen Zeit zum Arbeiten lassen, stimmten die meisten überein, schließlich konnte man ein ganzes Land nicht von heute auf morgen wieder auf die Beine stellen. Sogar der allmächtige Herrgott hatte sieben Tage zur Erschaffung der Welt gebraucht.

Alfonsina dachte an ihre Erlebnisse vom Vortag. Sie war die ganze Nacht durchgefahren, es war der 16. März, ihr zweiunddreißigster Geburtstag, und sie hatte ihn mit jemandem verbringen wollen, der sie liebte.

Bei ihrer Ankunft lag Mailand unter einem dichten, kalten Nebel, die wenigen Fußgänger gingen hastig und drückten sich verstohlen an den Hauswänden entlang. Auch sie beschleunigte ihre Schritte, obwohl sie es nicht eilig hatte, doch sie fand die Trübsal in den Straßen, in denen sie beinahe glücklich gewesen war, unerträglich.

An der Haltestelle der Straßenbahn nach Melegnano warteten nur wenige. Niemand sprach oder deutete einen Gruß an, alle waren damit beschäftigt, ihre alte, abgetragene Kleidung enger um sich zu ziehen. Sie stiegen hintereinander ein, durchgefroren und schwankend, Schafe bei der Rückkehr in den Stall.

Der Nebel dachte nicht daran, sich aufzulösen, er strömte träge dahin wie ein Fluss aus Milch. An der Endstation brauchte sie zum Glück nur die Straße zu überqueren, um zum Bahnhof zu gelangen, wäre es weiter gewesen, hätte sie sich verirrt. Sie kaufte ihre Fahrkarte und ging zum Gleis, wo der Zug nach Sant'Angelo Lodigiano schon bereitstand.

Seufzend ließ sie sich auf einen Platz fallen, so erschöpft, als wäre sie den ganzen Weg von Bologna zu Fuß gegangen. Die Lokomotive pfiff, und der Waggon setzte sich mit dem Geschepper eines Haufens Alteisen in Bewegung. Durchs Fenster sah man statt der Landschaft nur einen grauen Vorhang.

Alfonsina wusste bald nicht mehr, wo sie waren, schämte sich aber, danach zu fragen.

Der Kontrolleur bemerkte die Orientierungslosigkeit der Passagiere und half ihnen, indem er die Stationen ausrief. »Cerro al Lambro!«

Einige stiegen aus. Der Zug nahm seine Fahrt ins Nichts wieder auf. Dann wurde Lodi Vecchio angekündigt, und Alfonsina stellte sich schon mal neben die Tür, bald kam ihr Halt.

»San Colombano al Lambro!«, brüllte der Schaffner. »Wer muss bei der Irrenanstalt aussteigen?«

Sie wollte am liebsten im Boden versinken, zog den Kopf ein und hoffte, dass niemand sie erkannte. Wenn sie eins nicht mehr ertragen konnte, dann kritisiert und verurteilt zu werden, als sei das alles ihre Schuld.

Die Tür öffnete sich qualvoll langsam. Alfonsina sprang hinaus, ehe sie ganz auf war. Sie wollte schnellstmöglich verschwinden, sich vom Grau verschlucken lassen, den taxierenden Blicken der Mitreisenden entkommen. Ein paar Minuten lief sie ziellos auf dem Bahnsteig hin und her, dann erinnerte sie sich. Das Tor befand sich ein Stück weiter vorn, inmitten einer Reihe von Ulmen. Sie ging hindurch und betrat die Auffahrt.

Die dunkle Masse der Nervenheilanstalt, ein trutziger, weitläufiger Bau mit Bollwerken und Türmchen, ragte abweisend vor ihr auf. Am Portal blieb sie stehen. Weitergehen, umkehren, flüchten, ihn wiedersehen, versuchen zu vergessen. Sie wusste nicht, was sie tun sollte, warum sie überhaupt gekommen war. Sie trat ein.

In dem Gang, der zum Besuchersaal führte, herrschte ein gedämpftes Kommen und Gehen von Schwestern und Angehörigen. Die Nonnen trugen schwarze Trachten mit weißen, ausladenden Hauben und bewegten sich rasch wie Wolken vor dem Regen. Der grauweiße Nebel drückte gegen die großen Fenster entlang des Flurs. Von hinten und aus dem oberen Stockwerk kamen erschreckende Geräusche, lautes Weinen und Poltern. Das seltene Gelächter war beängstigender als das Wehklagen.

Alfonsina betrat den Besucherraum. Es stank wie üblich nach Moder und Pisse, eine Mischung, die ihr noch wochenlang im Rachen hing, bis zum nächsten Besuch. Auf den Holzbänken saßen die Kranken mit ihren Verwandten.

Sie sprach eine Schwester neben der Tür an, durch die Internierte und Pflegerinnen ein und aus gingen. »Guten Tag, ich möchte zu Luigi Strada.«

Die Schwester hob den Kopf. Unter der Haube kam das Gesicht eines jungen Mädchens zum Vorschein, zwei dunkle, schöne Augen voller Wehmut. »Wer sind Sie?«, wollte sie wissen.

»Seine Ehefrau.«

Sie wirkte nicht überzeugt. »Haben Sie die Urkunde dabei?«

Alfonsina kramte sie aus ihrer Tasche und reichte sie der jungen Schwester, tippte mit dem Finger auf die Unterschrift des Pfarrers und den Stempel der Pfarrei. Sie hatten im vergangenen Jahr auch noch kirchlich geheiratet, weil die Zivilehe nach den Gesetzen der neuen Regierung nicht mehr viel wert war.

Die kindliche Nonne gab ihr die Urkunde zurück und verschwand hinter der Tür.

Alfonsina ließ sich auf einer freien Bank nieder. Die Paare und kleinen Gruppen ringsherum schienen einander nichts zu sagen zu haben. Sie sahen sich betroffen um, als wüssten sie nicht, was sie hier sollten. Die Gesunden unterschieden sich nur durch ihre Kleidung von den Kranken, die Schlafanzüge oder unförmige Kittel trugen, während ihre Angehörigen steif in ihrem Sonntagsstaat dasaßen und um Fassung rangen.

Die Tür ging auf.

Heilige Madonna, hoffentlich erkennt er mich, dachte Alfonsina.

Die junge Schwester und Luigi hielten sich an der Hand,

es war nicht klar, wer da wen führte. Er schien kleiner geworden zu sein seit ihrem letzten Besuch.

Sie stand auf. »Luigi!«, rief sie.

Er sah ruckartig zu ihr hin, ließ die Schwester los und lief auf sie zu, um sie zu umarmen. »Fonsina!«, schrie er.

Sie seufzte erleichtert auf. Im Kopf ihres Mannes war etwas kaputtgegangen, und bei dem ständigen Kommen und Gehen von Vernunft und Wahnsinn verlor er jeden Tag Teile seiner Erinnerung und hatte immer mehr Mühe, Wirklichkeit und Fantasie auseinanderzuhalten.

»Fonsina!«, brüllte er erneut.

Die Leute auf den Bänken zuckten zusammen.

Luigis Geschrei löste einen Tumult aus. Einige Geistesgestörte sprangen auf und begannen zu lachen, herumzuspringen, zu heulen. Manche hoben die Arme zum Himmel und improvisierten Gesänge und Tänze.

Die Angehörigen hielten sich die Ohren zu und duckten sich auf die Sitzbänke.

Schwestern eilten mit ihren bebenden Wolkenhauben herbei, bereit, ein Donnerwetter niedergehen zu lassen. Sie zogen und zerrten, wisperten und zischten, drohten mit Strafen, verteilten Ohrfeigen.

Innerhalb kurzer Zeit legte sich der Sturm. Die meisten Kranken verstummten und ließen sich wieder zu den Bänken führen, während die wenigen, die ungebärdig blieben, zur Tür hinausgezerrt wurden.

Eine ältere Nonne sagte im Vorbeigehen zu Alfonsina: »Versuchen Sie, ihn im Zaum zu halten.« Sie deutete auf Luigi. »Haben Sie gesehen, was er angerichtet hat?«

Alfonsina nahm ihren Mann bei der Hand und zog ihn neben sich. »Benimm dich, ich bitte dich.«

Er nickte. Sein halb offen stehender Mund war zu einem

schiefen Lächeln verzogen. Bekleidet war er mit einem schmutzigen Kittel aus dünner, kratziger Wolle, am Kragen und an den Ärmeln ausgeleiert. Seine Beine waren nackt, an den Füßen trug er Holzschuhe und die Strümpfe, die sie ihm gestrickt hatte. »Frierst du denn nicht? Warum lässt du dir nicht einen von den Pullovern anziehen, die ich dir gebracht habe?«

Luigi lehnte seinen Kopf an ihre Schulter. Aus der Nähe betrachtet, drückte seine Grimasse keine Freude, sondern Schrecken aus. »Fonsina, Fonsina«, murmelte er.

Ihr zog sich das Herz zusammen. »Ich bin da, ich höre dir zu.«

»Fonsina«, wiederholte er. Mehr sagte er nicht.

Fonsina war auch sein letztes Wort gewesen an dem Tag, als sie ihn weggebracht hatten.

Sie hätte ihn lieber zu Hause behalten, musste aber schließlich einsehen, dass sie nicht mehr in der Lage war, sich um ihn zu kümmern. Luigi war zu einer Gefahr für sich selbst und andere geworden. Sie hatte auf ihn aufpassen müssen wie auf ein Kleinkind, eher noch schlimmer, denn Kinder lernten nach und nach, wenn man ihnen etwas erklärte. Ihr Mann dagegen vergaß alles wieder, er hatte sogar verlernt, wie man Besteck benutzte.

Anfangs dachte sie, es liege am Krieg und an der Not. Luigi war eine freundliche, zarte Seele, die leicht aus der Bahn geworfen wurde, und die Nachrichten von der Front hatten eine verheerende Wirkung auf ihn, als würde ein Orkan durch seinen armen Kopf fahren und die Gedanken durcheinanderwirbeln. Er brach plötzlich in Tränen aus und verkroch sich in eine Ecke oder unters Bett, oder er lief hinaus auf die Straße und schrie sinnloses Zeug. Einmal war er weggegangen, während Alfonsina an einem Rennen teilnahm, und nachts nicht nach Hause gekommen. Sie hatte ganz Mailand nach ihm abgesucht.

Am Abend darauf kam er zurück und konnte nicht sagen, wo er gewesen war oder was er gemacht hatte. Danach hatte es eine längere ruhige Phase gegeben, in der man beinahe vernünftig mit ihm reden konnte.

Mit den Einbrüchen jedoch hatte sich sein Zustand weiter verschlechtert.

Luigi begleitete seine Frau von jeher gern zu Radsportereignissen, und seit sie wusste, zu was für Verrücktheiten er fähig war, hatte sie ihn lieber bei sich, um ihn im Auge zu behalten.

Es geschah zweimal, dass sie bei ihrer Heimkehr die Tür aufgebrochen und die Wohnung ausgeräumt vorfanden. Man hatte ihnen alles gestohlen, die wenigen Lire, eine Goldkette, die Alfonsina ihrem Mann zur kirchlichen Hochzeit geschenkt hatte, die Wäsche, das Geschirr, die Matratze. Beim zweiten Mal waren sogar die Pasta und das Tomatenmark mitgenommen worden.

Wie vor den Kopf geschlagen waren sie durch die Zimmer gegangen, eher bestürzt als wütend, als hätte man ihnen den Boden unter den Füßen weggezogen.

Luigi konnte danach nicht mehr schlafen, das geringste Geräusch warf ihn aus dem Bett. Er wanderte durch die Wohnung, stellte sich ans Fenster oder lauschte an der Tür, weil er ein Murmeln im Treppenhaus vernommen hatte.

Den Todesstoß versetzte ihm die Sache mit der Kaffeemaschine.

Luigi hatte jahrelang an dem Apparat aus Röhren und Stahl gearbeitet, der durch Dampfdruck Kaffee aus frisch gemahlenen Bohnen erzeugte. In den Kriegsjahren aber hatte er anderes im Kopf gehabt, und später hatten seine zerrütteten Nerven ihn davon abgehalten, seine Erfindung beim Patentamt anzumelden.

Eines Tages kam er an einem Café in der Nähe des Doms vorbei, und ihm fiel der volle, intensive Geruch auf, der daraus hervorströmte, genau wie der, den seine Maschine produzierte. Er ging hinein.

Der Mann hinter der Theke hantierte mit einer Art Heißwasserbereiter, aus dem eine braune, duftende Flüssigkeit lief.

»Was ist das?«, fragte er, darauf zeigend.

»Eine Espressomaschine. Eine Augenweide, was?«, antwortete der Barista.

Luigi traute seinen Augen nicht. »Wo haben Sie die her?«

»Das ist eine Erfindung des Chefs«, sagte der Mann so stolz, als hätte er sie selbst gebaut.

»Das ist nicht möglich«, stammelte Luigi.

Der Kellner warf sich in die Brust. »Oh doch.«

Luigi stieß ein Schluchzen aus und fiel in Ohnmacht.

Zum Glück hielt sich gerade ein Nachbar in dem Café auf, der ihn sich auf die Schulter lud und zu Alfonsina brachte.

»Was ist passiert?«, fragte sie.

»Keine Ahnung. Er ist reingekommen und hat ein paar Fragen gestellt, und einen Augenblick später ist er umgekippt wie ein Sack Birnen.«

Kurz darauf öffnete Luigi die Augen und sah seine Frau an, die neben dem Bett saß. »Fonsina«, murmelte er, »sie haben uns alles genommen.«

Sie streichelte ihm die Stirn. »Ich weiß. Aber nach und nach kaufen wir alles neu.«

Eine Träne rollte ihm über die Wange und tropfte aufs Kissen. »Ich meine nicht das, was wir hatten, sondern das, was noch kommen sollte.« Seine Erfindung, erklärte er. Er habe eine ganz ähnliche Maschine in der Bar hinter dem Dom gesehen, wunderschön und glänzend, Dampf zischend und mit einem Hahn, aus dem der Kaffee lief. Wie hatte das nur passieren können?

Das gestohlene Patent wurde zu einer fixen Idee, und alles Bitten Alfonsinas, sich zu beruhigen, all ihr gutes Zureden halfen nichts: Der Besitzer des Cafés habe nun mal die gleiche Idee gehabt und sie schneller patentieren lassen, was soll's, Luigi werde eine neue, noch bessere Sache erfinden.

Doch es war, als hätte ihm jemand in den Kopf gepustet und sein Gehirn ausgelöscht wie eine Kerze. Er wurde zu einer leeren Hülle, bis auf den wilden Blick. Seine Tage verbrachte er zwischen Bett und Wand oder in eine Ecke der Küche gekauert. Er ging nicht mehr in die Werkstatt, und wenn seine Frau ihn dazu ermunterte, das Haus zu verlassen, sagte er, das habe keinen Sinn, im Geschäft seien böse Leute, die ihm das Patent, seine Zukunft, sein Leben gestohlen hätten. Manchmal tauchte er für kurze Momente aus seiner Dumpfheit auf und wurde von einer plötzlichen Raserei erfasst, dann hatte er ungeahnte Kräfte und schien an Statur und Größe zu gewinnen. Er wurde gewalttätig während dieser Krisen, spuckte um sich, warf Gegenstände an die Wand, sah überall Diebe und Lumpen, die ihn verfolgten, ihn hassten, es auf ihn abgesehen hatten. Besser war es, gleich Schluss zu machen, schrie er, und schlug mit dem Kopf gegen die Wand, bis er mit Schaum vorm Mund und blutiger Stirn zu Boden sackte.

Man konnte ihn nicht mehr allein lassen, weil die Anfälle unvermutet kamen und jedes Mal heftiger wurden. Alfonsina tat alles, um ihn davon abzuhalten, sich wehzutun oder gar aus dem Fenster zu stürzen, wie er drohte, aber er schüttelte sie mit dem mächtigen Aufbäumen eines Wildpferds ab und fuhr mit seinen Kopfstößen fort.

Alfonsina fragte einen Arzt um Rat. Die einzige Lösung sei, ihn *einzuweisen*, lautete die Antwort. Er nannte ihr eine Anstalt in San Colombano al Lambro, schön, von Bäumen umgeben. Vor wenigen Jahren habe man weitere Abteilungen mit Hunderten von Betten anbauen müssen, weil viele der Soldaten, die den Krieg überlebt hatten, geisteskrank heimgekehrt seien und ihre Familien sich gezwungen sähen, sie dort unterzubringen.

»Gibt es keine andere Möglichkeit?« Luigi war so gut zu ihr gewesen, er hatte ihr Mut gemacht, sie angespornt, ihr ein wunderschönes neues Fahrrad geschenkt, und jetzt, da er sie am meisten brauchte, steckte sie ihn ins Irrenhaus.

»Schon«, antwortete der Arzt, »wenn Sie reich sind? Mit Geld geht alles. Bringen Sie Polster an den Wänden an, Gitter an den Fenstern, stellen Sie zwei Krankenschwestern ein, die ihn Tag und Nacht bewachen, ihn waschen, anziehen, mit ihm in den Park gehen. Kräftigende Speisen und häufige Erholungsaufenthalte, vor allem in den Bergen. An Orten, die der Seele Frieden geben.«

Sie konnten es sich nicht einmal leisten, ausreichend zu heizen. Luigi war nicht in der Lage zu arbeiten, Radrennen für Frauen gab es fast keine mehr, und das wenige, das Alfonsina als Schneiderin und Strickerin verdiente, reichte gerade mal fürs Essen und die Miete.

Mit blutendem Herzen kehrte sie nach Hause zurück. »Luigi, ich muss dir etwas sagen.«

Er hörte sich den Ratschlag des Arztes an. »Fonsina, es ist besser so«, sagte er am Ende.

Sie half ihm, seinen Koffer zu packen, dann warteten sie, dass man ihn abholte.

Zwei Krankenpfleger und eine Nonne kamen in einem nagelneuen Fiat 501 mit granatroter Karosserie und roten Felgen. Als sie die Treppen hinunterstiegen, Luigi zwischen den beiden Männern, die Schwester und Alfonsina hinterher, gingen die anderen Wohnungstüren einen Spalt auf, und Stimmengemurmel folgte ihnen. Der Ärmste, er ist ihretwegen durchgedreht. Dabei ist sie die Verrückte, der arme Kerl hat den Verstand verloren, weil er seiner Frau zuliebe alles mitgemacht hat, ihre Überspanntheiten und diese Marotte mit dem Radfahren. Sie hätte mal lieber zu Hause bleiben und sich um den Haushalt und ihren Mann kümmern sollen, der sich für sie abgerackert hat.

Luigi blieb stehen und drehte sich zu ihr um. »Hör nicht auf sie, Fonsina. Sie wissen nichts. Du bist mein Trost gewesen und mein einziges Glück.«

Sie half ihm, den Koffer im Auto zu verstauen, dann umarmten sie sich fest.

»Kommst du mich mal besuchen, Fonsina?«, fragte er. Für einen Augenblick war er wieder zu dem jungen Mann geworden, den sie an der Montagnola kennengelernt hatte, mit dem Hut in der Hand und tausend Träumen im Kopf. Sie hatte den Geschmack der gemeinsam gegessenen Eisbecher auf der Zunge und musste plötzlich bitter aufstoßen. Vielleicht beging sie einen großen Fehler, und die bösen Zungen im Haus hatten recht. Sie blickte auf das Gepäck und das kindliche Gesicht ihres Mannes. Noch war Zeit, sie brauchte ihn nur bei der Hand zu nehmen, sich seinen Koffer zu schnappen und ihn nach Hause zu bringen.

Die Pfleger gaben ihr keine Gelegenheit mehr dazu. Sie schlossen die Wagentür mit einem Knall und stiegen vorne ein. Die Schwester setzte sich hinten neben Luigi und drückte ihm einen Rosenkranz in die Hand.

Alfonsina beugte sich zum Seitenfenster. »Ich komme, sooft ich kann, ich verspreche es dir. Und in ein paar Monaten hole ich dich wieder nach Hause. Du bleibst nur so lange, bis du dich ein bisschen erholt hast.«

Luigi lächelte sie schief und verängstigt an. Dann fuhr das Auto los, und sein flammend roter Lack, die roten Räder kamen ihr unangemessen vor, als würde man ihn zu einem Fest fahren statt in die Irrenanstalt.

Sie hatte wirklich geglaubt, dass es nur für kurze Zeit wäre, doch Luigis Zustand hatte sich nicht gebessert, im Gegenteil. Den Ärzten zufolge waren seine Gehirnfunktionen derart gestört, dass er sich immer mehr zum Kindesstadium zurückentwickelte. Bald werde er nicht einmal mehr selbstständig essen können und müsse gefüttert werden wie ein Säugling.

Die junge Schwester kam herbei. »Möchten Sie, dass ich Sie in den Garten begleite?«

Alfonsina zuckte zusammen und sah auf, verwundert, weder den Fiat 501 noch die Straßen Mailands vor sich zu haben. »Was haben Sie gesagt?«

Die kleine Nonne zeigte auf die Fensterfront. »Die Sonne ist ein wenig herausgekommen. Ihrem Mann würde ein Spaziergang guttun.«

Alfonsina strich Luigi über die Stirn, betrachtete seine graue Haut, die tiefen Augenringe. Bemerkte ein leichtes Zittern seiner Hände, das ihr vorher nicht aufgefallen war. »Ist dir kalt?«

Er antwortete nicht, drückte sich aber noch enger an sie.

»Warum ziehen Sie sie nicht wärmer an?«, fragte sie die Schwester. »Sie verstehen vielleicht nicht, was man ihnen sagt, aber die Kälte spüren sie trotzdem.«

Die Kindnonne zuckte die Achseln. »Der Direktor will

es so.« Sie deutete um sich herum. »Und keiner von ihnen beschwert sich. Möchten Sie nun nach draußen gehen oder nicht?«

Die tief stehende, blasse Sonne hinter den Fenstern hatte nicht mal die Kraft, ein Rotkehlchen zu wärmen. »Nein, wir bleiben lieber hier.«

Die Nonne ging leichtfüßig davon, ihre wolkengleiche Haube schwankte bei jedem Schritt.

Sie war selbst ein armes Ding, dachte Alfonsina. Noch ein junges Mädchen, und schon hatte sich ihr Leben zwischen nach Pisse stinkenden und von markerschütternden Schreien widerhallenden Mauern festgefahren. Wer weiß, ob sie einmal Zeit zum Spielen gehabt oder ob sie auch ihre Kindheit schon mit Novenen und anderen Gebeten zugebracht hatte. Und ob sie den Schleier aus freien Stücken genommen hatte oder dazu gezwungen worden war, denn Töchter waren eine Last, und wenn sie nicht beizeiten verheiratet werden konnten, trieben manche Familien sie in die Klöster, um eine unnütze Esserin loszuwerden.

»Fonsina«, flüsterte ihr Mann.

»Ja, ich bin hier.«

Luigi hatte die Augen geschlossen, doch sie bewegten sich unter den Lidern. Er lächelte. Was er wohl gerade in seinem armen Kopf sah?

»Wie schön du bist auf dem Fahrrad, Fonsina«, sagte er, »steig niemals ab.«

Ihr schnürte sich die Kehle zusammen. Sie nahm seine Hand und legte sie an ihre Wange. »Nein, nein, ich steige nicht ab.«

»Versprichst du mir das?«

»Ja. Jetzt sieh zu, dass du gesund wirst.« Das war das längste Gespräch zwischen ihnen, seit er in die Anstalt eingeliefert worden war. Alfonsina fasste es als ein gutes Zeichen auf, vielleicht schlug die Behandlung ja doch an und sie konnte ihn hier herausholen. Sie drückte seine Hand fester an ihr Gesicht. Sie war eiskalt. »Frierst du wirklich nicht?«

Luigi seufzte und rieb seine Stirn an ihrer Schulter.

»Weißt du, was heute für ein Tag ist?«, fragte sie. Sie wartete, ließ ihm Zeit zu antworten, doch er blieb reglos und stumm, den Mund an ihren Arm gedrückt. »Gut, ich sage es dir. Der sechzehnte März, mein Geburtstag. Ich werde zweiunddreißig.« Das war nicht mehr jung. Die meisten Frauen in ihrem Alter hatten bereits von den vielen Schwangerschaften ausgeleierte Bäuche und faltige Gesichter. Aber wenigstens einen Platz in der Welt. Und sie, was hatte sie? Lauter Flausen im Kopf, hochtrabende Pläne ohne einen Pfennig Geld in der Tasche. Kein Zuhause, eine Arbeit als Strickerin, die nicht zum Überleben reichte, einen Mann im Irrenhaus. Obendrein saß sie wieder im Mückensumpf von Fossamarcia fest. »Hast du verstanden, was ich gesagt habe? Komm schon, gratulier mir.«

Er hob seinen Kopf von ihrem Arm. »Fonsina«, wiederholte er.

»Ach, Fonsina, Fonsina, was anderes sagst du nicht.«

Auf einmal war ein Wasserplatschen zu hören.

Sie sah sich um, ob jemand hinter ihnen einen Eimer ausgeleert hatte. Dann stieg ihr ein ekelerregender Uringeruch in die Nase. Von wegen Wasser, jemand hatte einen Nachttopf ausgekippt. Sie flüsterte Luigi zu: »Riechst du auch diesen Pissegestank?« Er lachte lautlos. Sein Kittel war bis zu den Oberschenkeln hochgerutscht, sodass seine weißen, spitzen Knie zum Vorschein kamen.

Alfonsina beugte sich vor, um ihm das Hemd herunterzuziehen. Der Gestank wurde noch stärker. Sie blickte unter die Bank. Eine gelbliche Pfütze breitete sich dort aus, von der in dem eiskalten Besucherraum kleine Dampfschwaden aufstiegen. Sie hob den Arm, um eine Schwester herbeizurufen, stockte aber mitten in der Bewegung. Was würde die Nonne tun? Luigi zurechtweisen oder ihr Vorwürfe machen, weil sie zugelassen hatte, dass er hier pinkelte. Auf jeden Fall würden sie ihn wegbringen, den armen Mann, vielleicht gar bestrafen.

Sie wollte ihn gern noch ein bisschen bei sich behalten, also tat sie, als wäre nichts. Dieser schmale, vertrocknete Körper, der sich da an sie lehnte, war alles, was sie hatte, das Geburtstagsgeschenk, für das sie die ganze Nacht gereist war.

Luigi schmiegte sich an ihre Schulter. »Steig niemals ab, Fonsina. Hast du gehört?«

Sie legte den Arm um ihn und zog ihn fest an sich. »Nein, das tue ich nicht. Ich verspreche es dir.«

Steig niemals ab, Fonsina.

»Was bitte willst du?« Armando Cougnet legte seine Pfeife auf den Schreibtisch. »Sag's noch mal, ich glaube, ich habe mich verhört.«

Alfonsina rückte sich bequemer in dem Sessel zurecht. »Ich will am Giro d'Italia teilnehmen.«

»Aha, hatte ich doch richtig verstanden.« Er wandte sich an Emilio Colombo, den neben ihm sitzenden Chefredakteur. »Was sagst du dazu?«

Colombo starrte sie fassungslos an. »Sie scherzen, Signora, nicht wahr?«, sagte er nach langem Schweigen.

»Nein, keineswegs.«

Steig niemals ab. In der Straßenbahn von Melegnano nach Mailand war ihr der Satz ständig im Kopf herumgegangen, wie der Refrain eines Lieds. Ihr Mann hatte ihr zwar nicht gratuliert, ihr aber womöglich mit Worten ein großes Geschenk gemacht. Da noch zwei Stunden Zeit waren bis zum Zug nach Bologna, hatte sie beschlossen, einen Versuch zu wagen, und war zum Corso di Porta Nuova gefahren.

Cougnet hatte sie herzlich empfangen und ihr den neuen Chefredakteur vorgestellt. Jetzt sahen die beiden sie kopfschüttelnd an. »Alfonsina, das geht nicht, das ist eine Nummer zu groß.«

Sie hob den Blick zu der alten Titelseite der *Gazzetta* hinter Armando, auf der er als junger Mann und Organisator des ersten Giro d'Italia stolzgeschwellt in die Kamera lächelte. »Und was ist aus der Leidenschaft für den Sport geworden, aus der Lust am Neuen und am Risiko, die du von deinem Vater geerbt hast?«

Cougnet griff nach seiner Pfeife und nahm einen langen Zug. »Das sind jetzt andere Zeiten. Hast du das noch nicht gemerkt?« Er sprach langsam, mit gesenktem Blick. »Und komm mir nicht wieder mit dem Reglement und den Fallstricken der italienischen Sprache. Unter ›Radfahrern‹ werden jetzt nur noch Männer verstanden. Die Männer messen sich mit Männern und die Frauen mit Frauen.«

»Nur dass es keine Rennen für Frauen mehr gibt«, rief sie ihm in Erinnerung.

»Eben«, erwiderte er, »das sollte dir etwas sagen. Alles muss jetzt wieder an seinen Platz.«

Und der Platz der Frauen war im Haus. Im Krieg, als die Ehemänner und Brüder an der Front waren, hatte man sie in den Fabriken und Geschäften dringend als Arbeitskräfte gebraucht und es nicht so genau genommen. Jetzt aber war für sie der Zeitpunkt gekommen, an den Herd zurückzukehren. Manche Frauen hatten trotzdem ihre Anstellung behalten, weil zu viele Männer umgekommen oder in erschreckendem Zustand heimgekehrt waren, aber sie wurden miserabel bezahlt und wie der letzte Dreck behandelt. Diejenigen, die sich den Luxus des Stolzes leisten konnten, zogen am Ende die häusliche Sklaverei der unter einem Arbeitgeber vor.

»Rad fahrende Frauen interessieren keinen mehr, Alfonsina. Bis vor einiger Zeit waren sie ein Novum, eine Sensation, haben viele Neugierige angezogen.« Er stand auf und begann, im Büro auf und ab zu gehen. »Jetzt dagegen werden sie als Störung betrachtet, als Ärgernis. Die Leute sehnen sich nach Frieden, nach Regeln, während Rennradfahrerinnen ein Ruch von Rebellion und Unordnung anhaftet. Von dreistem Ungehorsam, mit dem man nichts zu tun haben will.«

Sie fasste seine Worte als Beleidigung auf. »Denkst du auch so, Armando?«

Er breitete hilflos die Arme aus. »Was ich denke, spielt keine Rolle. Meine Aufgabe ist es, Zeitungen zu verkaufen, und dazu muss ich den Meinungen der Leser entgegenkommen.«

Emilio Colombo stöberte in einem Stapel Tageszeitungen auf einem Regalbord. Er zog eine heraus und gab sie Alfonsina, tippte auf einen Artikel. »Sehen Sie sich das mal an.«

Mitten auf der Seite prangte ein Foto von elf Frauen in kurzen Hosen. Der Text war in einer Fremdsprache. Sie gab dem Redakteur das Blatt zurück. »Ich verstehe nicht, was da steht.«

»Das ist eine englische Zeitung mit einem Bericht über die Kerr-Frauen.« Das seien Arbeiterinnen einer Munitionsfabrik namens Dick, Kerr und Co. Einige von ihnen hätten sich nicht damit zufriedengegeben, die Männer während des Kriegs in der Fabrik zu ersetzen, sie wollten deren Platz auch bei anderen Aktivitäten einnehmen. Also hatten sie in der Mittagspause im Fabrikhof Fußballspiele zwischen Frauenteams organisiert. Die Kunde hatte sich rasch in ganz England verbreitet, und es waren Benefizspiele veranstaltet worden, bei denen die Kerr-Ladys gegen Männermannschaften spielten.

Alfonsina hörte sich das alles an, ohne zu verstehen, worauf Colombo hinauswollte. »Warum erzählen Sie mir das?«

»Auch in Italien werden jetzt Frauenmannschaften gegründet.«

Sie verlor allmählich die Geduld. In Kürze ging ihr Zug nach Bologna, und sie vertat hier Zeit mit sinnlosem Gerede. »Ich spiele aber nicht Fußball. Ich fahre Radrennen.«

»Tja, nur sind Radfahrerinnen eben nicht mehr gefragt, Fußballerinnen dagegen schon.« Außerdem bestehe dabei noch die Möglichkeit, etwas Geld zu verdienen, fuhr Colombo fort. Fußball spielende Frauen seien eine Kuriosität, und viele kämen, um diese wild gewordenen Weiber zu sehen. Zwanzig Frauen in Unterhosen, die einem Ball hinterherrannten. Zwanzig, denn im Tor standen Männer. »Wegen der Schüsse, die man hierhin bekommen kann«, erklärte er und klopfte sich auf die Brust. »Es werden hübsche Sümmchen auf die Ergebnisse gewettet, und das Geld wird zwischen den Wettgewinnern und den Spielerinnen aufgeteilt.«

Alfonsina stand auf. Man schlug ihr also vor, sich als Jahrmarktsattraktion zu verdingen. Da hätte sie es noch würdevoller gefunden, mit Äffchen und Leierkasten um Almosen zu betteln. »Gut, ich habe euch schon genug Zeit gestohlen«, sagte sie. »Ich fahre jetzt nach Hause.«

Cougnet brachte sie zur Tür. »Du bist doch hoffentlich nicht beleidigt?«

Sie hätte Zeit gebraucht, um ihm alles zu erklären, und die hatte sie nicht. »Nein, ich bitte dich. Danke für den Ratschlag.«

Gerade noch rechtzeitig kam sie zum Bahnhof. Im Zugabteil hatte jemand eine Zeitschrift liegen lassen, *L'Almanacco della donna italiana*, Almanach der italienischen Frau. Sie blätterte darin, um sich nach dem schwierigen Tag ein wenig abzulenken. Es gab Artikel über richtige Haushaltsführung und Tipps, wie man Kleidung vor Motten schützte, indem man eine mit Nelken gespickte Orange in den Schrank legte. Sie stellte fest, dass ihre Topffrisur, wegen der sie alle von klein auf verspottet hatten, plötzlich große Mode war. Eine Französin mit dem lustigen Namen Coco Chanel hatte den sogenannten Bubikopf erfunden, und alle eleganten Fräulein trugen die Haare jetzt so. Dann fiel ihr eine Abbildung von einer Frau auf einem Fahrrad ins Auge, und sie las den dazugehörigen Artikel. »Fahrrad fahren kommt für Frauen nur als gelegentliche Freizeitbeschäftigung infrage, und auch dabei sollte unbedingt Maß gehalten werden. Vor allem sollten Frauen sich niemals in Unternehmungen stürzen, welche eine Belastungsprobe darstellen.« Er war von der Chefredakteurin, einer Silvia Bemporad, gezeichnet. Welche Belastungen sie wohl meinte, diese Dame, ob sie wohl etwas von der Schufterei im Haushalt wusste, den Schmerzen bei einer Geburt? Alfonsina versank in immer tiefere Niedergeschlagenheit. Wenn nicht einmal die Frauen zueinanderstanden, gab es keine Hoffnung. Der Einzige, der sie immer unterstützt hatte, war der kleine Mann mit den Augen eines närrischen Kindes in der Heilanstalt von Lambro.

Steig niemals ab, Fonsina.

Der Zug stieß einen langen Pfiff aus und setzte sich in Bewegung. Am Nachmittag nun hatte der Nebel sich wieder der Ebene bemächtigt. Auf dem Bahnsteig winkten die Leute, die Reisende zum Bahnhof begleitet hatten, mit traurigen Gesichtern in Richtung der Abteilfenster. Grau wie der Dunst, der sie umhüllte. Eine Gruppe, noch etwas schemenhafter als die anderen, kam ihr vertraut vor. Der Mann hatte sanftmütige Züge und einen Spitzbart, die Frau war ernst und würdevoll, weiß gekleidet wie ihre um sie herum versammelten Töchter, die auch die gleiche Haartracht trugen. Der einzige Sohn wurde von seiner Mutter an den Schultern gehalten, als wollte sie ihn davon abhalten, wegzulaufen und sich wehzutun.

Alfonsina fuhr vom Fenster zurück. Die Romanows waren vor wenigen Jahren brutal ermordet worden, und seitdem erschienen sie ihr hin und wieder. Nie am Bett allerdings, vielleicht weil sich das Adelsgeschlecht nicht unter die ausgehungerten kleinen Toten mischen wollte. Die Zarenfamilie bevorzugte breite Straßen und Parks, unter deren Bäumen auch die Geister der Kriegsgefallenen umherschweiften.

Die Welt hatte sich in einen Friedhof verwandelt. Vielleicht war es auch die Schwärze in ihrem Herzen, die tragische Schatten ringsherum warf, das Fehlen von Träumen, Hoffnungen, einer besseren Zukunft. Zum Glück nahm der Zug rasch Geschwindigkeit auf, und die Romanows verloren sich im Nebel des Bahnsteigs. Als Letzter verschwand der kleine Prinz mit der papiernen Haut.

Sie lehnte sich auf dem harten Sitz zurück. Viele Stunden Fahrt lagen vor ihr und dann noch ein Fußmarsch über Land nach Fossamarcia, wo sie die hohlwangigen, blassen Gesichter der Morinis erwarteten. Heilige Madonna, wie lange noch? Wo und wie sollte sie eine Möglichkeit finden, wieder von dort wegzukommen? Frauen sollten sich nicht auf Belastungsproben einlassen, hieß es in dieser Zeitschrift. Aber was war es denn anderes, im Elend auszuharren, durchzuhalten, die Abfolge von immergleichen Tagen in der nach Kohl miefenden Küche zu ertragen?

Alfonsina schloss die Augen und ging im Geist noch einmal durch, was sie an ihrem Geburtstag erlebt hatte. Sobald sie im Bett lag, würden die kleinen Seelen zu ihr in den abgeteilten Winkel kommen. Sie war traurig ihretwegen, weil sie nichts Schönes zu berichten hatte und auch nicht die Kraft, etwas zu erfinden.

In diesem Moment fasste sie einen Entschluss: Sie musste etwas Großes, Überraschendes tun, etwas noch nie Dagewesenes. Für sich selbst, für ihren Mann, der sie dazu ermutigte weiterzumachen, und für all die Geschöpfe, denen die Zukunft genommen worden war und die die Welt nur aus ihren Erzählungen kannten.

Tre Valli Varesine, 13. September 1959

Am Brinzio waren schon einige Leute eingetroffen.

Männer, zumeist, und ein paar Familien mit Kindern, fast alles Jungen, denn Radrennen waren kein Frauensport.

Sie parkte das Motorrad auf einem Platz unterhalb der härtesten Serpentinen und ging ein, zwei Kilometer zu Fuß. Bei einer abwärtsführenden Spitzkehre machte sie halt. Hier waren die Fahrer gezwungen zu bremsen, um nicht von der Fahrbahn abzukommen und verheerende Stürze zu riskieren. Sie wollte sie gut sehen können, ihre zusammengebissenen Zähne, die schweißnassen Trikots, die vor Anstrengung hervortretenden Muskeln. Heilige Madonna, wie sehr ihr das alles fehlte. Sie war außer Puste, und ihr schwindelte ein wenig, also setzte sie sich auf eine Wiese zwischen die anderen Zuschauer. Ihr fiel ein, dass sie vor lauter Vorfreude auf das Rennen gar nicht gefrühstückt hatte, und sie nahm ein belegtes Brötchen aus ihrem Rucksack. Gut, dass ich die gemacht habe, dachte sie kauend, wer weiß, wann wir alle zusammen Mittag essen. Nach der Siegerehrung mussten Autogramme und Interviews gegeben, Fotos von den Gewinnern gemacht werden. Es war nicht auszuschließen, dass die Reporter auch ihr ein paar Fragen stellten, sobald sie sie erkannt hatten.

Nicht weit von ihr spielten vier Männer auf einer Decke Karten. Ab und zu sahen sie nach zwei kleinen Jungen, die einen Fußball herumkickten.

»Passt auf, dass ihr die Leute nicht stört«, rief einer der Männer.

»Ist gut, Papa«, antwortete ihm sein Sohn.

Alfonsina begegnete dem Blick des Mannes. Er taxierte sie einen Moment lang, vielleicht hatte er sie erkannt. Sie lächelte ihm kurz zu, woraufhin er sich schnell wieder über seine Karten beugte. Berühmtheiten schüchterten ihn wohl ein, den Ärmsten. Kurz darauf sah sie aus dem Augenwinkel, dass er seinen Freunden Zeichen in ihre Richtung machte. Die vier sagten halblaut etwas zueinander und lachten.

Da begriff sie. Es hatte nichts damit zu tun, wer sie war. Allein die Tatsache, dass da eine Frau in Radfahrerkluft, obendrein eine nicht mehr ganz junge, allein auf einer Wiese ihren Imbiss verzehrte, unter lauter Männern, die auf die Ankunft der Tre-Valli-Fahrer warteten, löste Befremden und Belustigung aus.

Alfonsina wusste nicht, ob sie verzweifelt oder wütend sein sollte. Wie konnte der Frauensport jemals an Bedeutung gewinnen, wenn die sich immer noch so benahmen? Die Welt schien zweigeteilt zu sein: auf der einen Seite die Dinge mit blauer Schleife, auf der anderen die mit rosafarbener. Und wer sich da nicht einordnen wollte, wurde als Zirkusattraktion betrachtet.

Auch damit hatte sie reichlich Erfahrung. Sie war in Arenen in Frankreich, Spanien und Russland aufgetreten, wo Radfahrerinnen nur eine Sensation unter vielen darstellten, unter Feuerschluckern oder Menschen, die mit einem Fell zur Welt gekommen waren.

Ende der Zwanzigerjahre hatte sie in so vielen Zirkussen gearbeitet, dass sie irgendwann aufgehört hatte, sie zu zählen. Von solchen mit wenigen Dutzend Plätzen bis hin zu denen mit Riesenzelten von der Größe einer Stadt. Sie war viel gereist, hatte Züge mit der gleichen Selbstverständlichkeit bestiegen wie die Straßenbahn und besonders die Schiffsreisen geliebt. Selbst bei schlechtem Wetter hatte sie kaum das Deck verlassen und ehrfürchtig die weite Wasserfläche bestaunt, über die der Blick ohne Hindernisse hinwegglitt.

Heilige Madonna, hatte sie gedacht, wie schön wäre es, wenn es eine Radbahn mitten durchs Meer gäbe, dann könnte ich mühelos um die Welt reisen, Pedaltritt für Pedaltritt, bis zurück zum Ausgangspunkt und dann wieder von vorn, endlos.

An der Reling stehend, hatte sie sich an die ersten Nächte auf dem Fahrrad in Fossamarcia erinnert, als die äußerste Grenze der Idice war und sie es schon erstaunlich fand, sein Ufer zu erreichen. Sie hatte viel erlebt seitdem, aber war sie bereits an ihre eigene, persönliche Grenze gestoßen? Wie weit konnte sie noch gehen?

Nach ihrer Unternehmung von 1924 war sie weltberühmt geworden und hatte sich einen neuen Titel erworben, denn »die Königin der Tretkurbel« passte nicht mehr, war zu klein für sie geworden: Nun nannte man sie »die Unerreichbare«. Doch die Regierung Mussolini betrachtete weiblichen sportlichen Ehrgeiz nach wie vor mit Argwohn, und Frauenrennen gab es überhaupt keine mehr.

Alfonsina konnte sich kein anderes Leben als auf dem Fahrrad vorstellen und verlor nicht den Mut. Ihr Name zählte nun etwas, und sie war entschlossen, einen Preis dafür zu verlangen. Sie fing damit an, Artikel und Fotos zu sammeln und in ein Album zu kleben. Berichte über ihre Glanzleistungen, Abbildungen, auf denen sie mit Radsporthelden zu sehen war, die sie schätzten und als ebenbürtig betrachteten, Girardengo, Binda, Bottecchia. Fragte man sie für ein Engagement an, zeigte sie diese Sammlung vor, sobald es um das Honorar ging. »Für zehn Lire steig ich nicht mal auf den Sattel!«, sagte sie. »Ich bin ›Alfonsina, die Unerreichbare‹. Entweder bezahlt ihr mich anständig, oder wir lassen es.«

Sie konnte sich stets durchsetzen, denn Alfonsina Strada war ein Publikumsmagnet, wie es in der Sprache der Impresarios hieß, und die Leute standen an, um sie zu sehen. Anfangs musste sie sich sehr zu diesen Auftritten überwinden. Da gab es eine Darbietung, bei der sie auf Rollen fuhr, während auf einer Tafel die erzielte Geschwindigkeit angezeigt wurde. Je höher das Tempo, desto lauter die Rufe des Publikums und der Applaus. Eine weitere ihrer Nummern war die Todesschleife. Dabei handelte es sich um eine kreisförmige, senkrecht zum Boden angebrachte Radbahn, auf die sie mit hoher Geschwindigkeit fuhr, um einen Looping zu drehen.

Der größte Zirkus, in dem sie auftrat, war Barnum in Frankreich. Ein riesiges Gelände, so lang und breit wie Castenaso, mit Gassen zwischen den verschiedenen Zelten.

In einem davon wurden Seltsamkeiten zur Schau gestellt, welche die Impresarios in der halben Welt zusammengetragen hatten: winzige Männer und Frauen oder Riesen von über zwei Metern Länge, Mädchen mit Bart oder Leute, die so dick waren, dass man glaubte, sie müssten beim ersten Niesen platzen. Es gab eine Frau ohne Arme, und Alfonsina zog sich jedes Mal das Herz zusammen, wenn sie die Manege betrat. Ihre Nummer bestand darin, Bilder mit den Füßen zu malen. Man steckte ihr einen Pinsel zwischen die Zehen und ließ sie vor sich hinklecksen, während die Zuschauer sich kaputtlachten. Alfonsina hätte die Lacher gern nacheinander geohrfeigt und dann die junge Frau genommen, Staub und Sägespäne von ihr abgeklopft und sie hinausgeführt. Sie hätte ihr beigebracht, freihändig Rad zu fahren und mit kleinen Verlagerungen des Körpers zu lenken, hätte sie dazu angespornt, das Weite zu suchen, das alles hinter sich zu lassen. Doch sie fand nie den Mut dazu.

Auch die Manege mit den Tieren, in der Strauße, Elefanten und andere, noch nie gesehene Arten verwirrt herumtrotteten, bekümmerte sie. Nachts, eingesperrt in ihren Käfigen, schickten sie durchdringende Schreie zum Himmel, die ihr den Schlaf raubten und ihr eine Gänsehaut verursachten. Wenn sie das Zirkusgelände überquerte, um in ihr Hotel zu gehen, musste sie sich die Ohren zuhalten.

Eines Morgens fand sie in ihrer Garderobe ein Äffchen vor, das auf dem Stuhl hockte. Es kräuselte die Lippen und zeigte die Zähne, als wollte es sie beißen.

Sie schrie erschrocken auf.

Der Direktor kam herbei. »Ah, wie ich sehe, habt ihr euch schon bekannt gemacht.«

Alfonsina drückte sich in eine Ecke. »Bringen Sie das weg!«

Der Mann ging auf das Äffchen zu, das flink auf seine Schulter kletterte. »Darf ich vorstellen: Das ist Mimi«, sagte er. »Ihr werdet zusammen auftreten.«

»Kommt nicht infrage!«, rief sie. »Ich bin Radfahrerin und kein Clown.«

Der Direktor machte eine ausholende Geste. »Sieh dich mal um, du bist in einem Zirkus und nicht auf der Radrennbahn.« Er streckte den Arm in ihre Richtung aus. Der Affe bewegte sich behutsam vorwärts und hielt auf der Höhe des Ellbogens inne. »Du fährst auf einer Walze, kommst keinen Meter voran, hast keine Gegner. Du bist nichts als ein großer Hamster im Rad.« Er kam noch näher. »Für das Publikum gibt es keinen Unterschied zwischen dir und dem Äffchen.« Er schüttelte sein Handgelenk, worauf das Tier einen Satz auf Alfonsinas Schulter machte. »Behandele es gut, verstanden?« Damit verließ er die Garderobe.

Alfonsina stand wie erstarrt da. All die Jahre hatte sie sich und anderen zu beweisen versucht, dass sie nicht minderwertig war, und jetzt wurde sie auf die gleiche Stufe mit einem Tier gestellt. Sie betrachtete das kleine Wesen, sein rotblondes Fell, das unbehaarte, runzelige Maul und die schwarzen, verängstigten Augen. Es war etwa so groß wie eine Katze und von unbestimmbarem Alter. Der Direktor hatte es Mimi genannt, vielleicht war es ein Weibchen, vielleicht auch nicht.

»Wir sind also gleich, du und ich«, sagte sie zu ihm. »Dann zeig mir mal, was du kannst.«

Das Äffchen schien sie zu verstehen. Es sprang auf den Toilettentisch, reckte die dünnen Arme in die Luft und warf den Kopf zurück, mit aufgerissenem Mund, als würde es sich schieflachen. Dann drehte es ein paar Pirouetten und endete mit einer Verbeugung.

Alfonsina traute ihren Augen nicht. »Madonna«, murmelte sie, »du bist wirklich gut.« Plötzlich verspürte sie den Wunsch, sich mit dem Tier anzufreunden. »Fährst du gern Fahrrad?«, fragte sie.

Das Äffchen kniff die Augen zusammen und bleckte die Zähne zu einem schelmischen Lächeln.

Das hieß wohl ja. Sie fragte sich, ob sie sich nun die ganze Zeit, die sie im Zirkus war, um Mimi kümmern musste, ob sie sie füttern, sie baden sollte. Sie schnupperte an ihr. Sie stank nicht, jedenfalls nicht mehr als alles andere, was sich in den Zelten aufhielt. »Hast du Hunger?«

Mimi machte einen Hüpfer und klatschte in die Hände.

Alfonsina kratzte sich am Kopf. »Und was soll ich dir zu essen geben?« Sie kramte in der großen Tasche, in die sie ein bisschen Brot und Obst für ihre Pause gepackt hatte, und zeigte Mimi einen Apfel. »Magst du das?«

Die Kleine riss die Augen auf und öffnete den Mund zu einem staunenden O.

»Verstehe, ich gebe dir was ab«, seufzte sie. »Ich kann dich ja nicht hungern lassen.« Sie schnitt den Apfel in Scheiben und gab die Hälfte davon dem Äffchen, die andere aß sie selbst.

Mimi nahm ein Stück zwischen die Finger und knabberte es zufrieden.

Auf die gleiche Weise teilten sie sich einen Pfirsich und das Brot. »Puh, du wirst mich ganz schön was kosten«, schnaubte Alfonsina. Dann zog sie ihr Kleid aus und das Fahrradtrikot an. »Auf geht's, Zeit fürs Training.«

Auf der Walze lief alles gut.

Der Affe balancierte vergnügt auf der Querstange oder schaukelte daran und zog sich mit einem Aufschwung wieder hoch. Das brachte das Fahrrad zwar ins Schwanken, doch in einem erträglichen Maß. Mimis Kunststücke waren lustig und possierlich, sie würden dem Publikum gefallen.

Schwierigkeiten gab es allerdings auf der Todesschleife. Als sie die nötige Geschwindigkeit erreicht hatten, um auf den senkrechten Ring zu fahren, saß das Äffchen noch reglos auf der Stange und hielt sich fest. Doch sobald sie mit einem Satz auf der Bahn gelandet waren, drehte es durch. Es sprang hierhin und dorthin, auf den Lenker, zurück auf die Stange, auf Alfonsinas Schulter. Schließlich hängte es sich an ihre Haare und schrie wie ein neugeborenes Kaninchen.

»Sei brav, ich bitte dich«, flehte sie, »sonst stürzen wir ab.«

Mimi hörte nicht auf zu kreischen und in ihre Locken gekrallt hin und her zu pendeln. Das Fahrrad schlingerte, geriet außer Kontrolle.

Sie musste schleunigst abfahren, um sich nicht den Hals zu brechen. Mimi klammerte sich an ihre Brust, ihr kleines Herz hämmerte bedenklich.

Alfonsina ging zum Direktor. »Das ist nicht machbar«, erklärte sie. »Auf diese Weise bringen wir uns beide um.«

Er zog an seiner Zigarre. »Ich hab das schon aufs Plakat setzen lassen«, sagte er, »ich kann das Publikum nicht enttäuschen.«

»Dann nehmen Sie es wieder herunter«, erwiderte sie. »Ich habe keine Lust zu sterben, nur weil Sie sich diesen Blödsinn in den Kopf gesetzt haben.«

Der Direktor blies einen Rauchring. »Entweder machst du die Nummer mit dem Affen, oder du gehst. Du kostest mich zu viel, ich muss irgendwie die Einnahmen steigern.« Er ließ sie stehen, während sie noch über seine letzte Bemerkung nachdachte.

Was sollte das heißen? Inwiefern würde Mimis Beteiligung ihm mehr Geld einbringen? Das sollte sie noch am selben Abend herausfinden.

Um die Darbietungen herum gab es ein reges Wettgeschehen, das war ihr schon bei den ersten Malen aufgefallen. Ein Marktschreier lockte Zuschauer an, die in der Nähe des Zelts herumschlenderten. »Kommen Sie herbei, meine Damen und Herren! Direkt aus Italien zum Zirkus Barnum, die berühmte Rennradfahrerin Alfonsina Strada, genannt ›die Unerreichbare‹!«

Sogleich näherte sich ein Grüppchen Neugieriger der Manege. »Wie schnell kann sie denn fahren?«, erkundigte sich einer, der in Wahrheit zum Zirkus gehörte.

Der Anreißer und er begannen, eine Posse aufzuführen. »35 Kilometer pro Stunde, Monsieur!«

Der andere lachte höhnisch. »Reden Sie keinen Unsinn, keine Frau hat so viel Kraft.«

»Wie können Sie es wagen, meine Worte in Zweifel zu ziehen?«

Von dem Moment an war das Interesse der Umstehenden geködert. »35 Stundenkilometer zu erreichen ist tatsächlich kein Pappenstiel«, bemerkte jemand.

Der Anreißer zeigte auf Alfonsina, die schon auf den Rollen bereit saß. »In ein paar Minuten können Sie sich selbst davon überzeugen. Gestern hat Madame Strada sogar die 36 Kilometer pro Stunde geknackt.«

Der Mann, der als Erster stehen geblieben war, wusste, was zu tun war. »Ich bin bereit zu wetten, dass sie noch nicht mal 32 schafft!«

Sein Komplize tat wieder eingeschnappt. »Gehen Sie, junger Mann. Dieser Zirkus beherbergt Artisten und keine Spielhölle.«

Der andere ließ sein Repertoire vom Stapel. Er sei Stammgast bei Radrennen, erklärte er den Anwesenden, und wisse genau, welche Geschwindigkeiten Frauen erzielen könnten. Wenn der Ausrufer sich nicht auf die Wette einlasse, dann nur deshalb, weil er Angst habe, sie zu verlieren. »Artisten, von wegen«, schloss er seine Rede, »ihr seid Betrüger. Um es zu beweisen, bestehe ich darauf, dass Sie die Wette annehmen. Die Radfahrerin wird nicht einmal 32 Kilometer in der Stunde erreichen!« Er schwenkte ein paar Geldscheine, schön hoch, damit alle es sahen.

Scheinbar gezwungenermaßen gab der Erste nach. »Aber nur, weil es eine Frage der Ehre ist«, versicherte er.

Viele ließen sich von der Inszenierung einwickeln und

wollten ebenfalls darauf setzen, dass Alfonsina Strada unter 32 Stundenkilometern bleiben würde.

Ihr blieb nichts anderes übrig, als auf ihrer Walze in die Pedale zu treten, und die Schautafel zeigte bald 32, dann 34, manchmal sogar 36 Stundenkilometer an.

Der Anreißer ging herum und kassierte ab, während die aufgebrachten Zuschauer auf den Klugscheißer schimpften, der sie dazu verleitet hatte, Geld aus dem Fenster zu werfen. Der Mann verdrückte sich flink, kehrte aber kurz darauf zurück, um den Wettgewinn abzuholen und zum Direktor zu bringen.

Doch was spielte Mimi für eine Rolle bei dieser Schmierenkomödie?

Das Äffchen diente dazu, die Wetteinsätze bei der Fahrt auf der Todesschleife zu erhöhen. Es wurde auf Alfonsinas Leben gewettet.

Das Tier regte sich so auf und schrie, dass sie ständig Gefahr lief, abzurutschen und sich den Kopf zu zerschmettern. Je mehr ihr Rad ausbrach und schwankte, desto mehr Leute mit Geld in der Hand liefen herbei.

Wenn ich schon meine Haut riskieren muss, will ich wenigstens auch daran verdienen, entschied Alfonsina. Erneut ging sie zum Direktor, und diesmal war sie es, die ihn unter Druck setzte. »Entweder beteiligen Sie mich an den Wetteinnahmen, oder Mimi und ich gehen und treten woanders auf.«

Sie waren in kurzer Zeit unzertrennlich geworden. Alfonsina hob dem Tierchen die besten Bissen auf und überhäufte es mit Liebkosungen und Küssen. Mimi wich ihr nicht mehr von der Seite und sah sie mit lieben, traurigen Augen an, die sie an ihren Mann erinnerten, wenn sie sich von ihm in der Nervenheilanstalt verabschieden musste.

»Die Radlerin hat Nachwuchs bekommen«, sagten ihre Zirkuskollegen lachend. »Verblüffend, wie ähnlich ihr das Töchterchen sieht!«

Sie ließ sie reden, sollten sie sich ruhig über sie lustig machen. Was wussten sie schon von der Zuneigung, zu der dieses kleine Fellbündel mit dem runzeligen Gesicht fähig war? Zärtlichkeiten hatte sie bislang einzig und allein von Luigi erfahren und hatte lange gedacht, dass das nur Verlobte und Verheiratete so machten, bevor sie miteinander schliefen, um sich nicht einfach zu bespringen wie die Tiere. Nachdem sie Fossamarcia verlassen hatte, um sich zunehmend in Städten aufzuhalten, hatte sie sich anfangs sehr darüber verwundert, wie liebevoll die Eltern dort mit ihren Kindern umgingen. Küsschen, Umarmungen, fürsorgliche Gesten, mit denen Haare aus einer verschwitzten Stirn gestrichen wurden, tröstende Worte nach einem Sturz beim Spielen, einem aufgeschürften Knie. Und erwachsene Leute spazierten Händchen haltend durch Alleen und Parks. Diese Liebkosungen, die sie mit ansah, weckten in ihr wieder das alte Gefühl der Leere.

Der andere Umgang miteinander hing jedoch nicht damit zusammen, dass es gebildetere Menschen waren und keine Bauern, hatte sie irgendwann erkannt. Das Geld war es, das den Unterschied ausmachte. Man musste einen vollen Bauch haben, um Zuneigung ausdrücken zu können, denn wer keine Lira besaß, um seinen Hunger zu stillen, hatte weder Sinn noch Energie für so etwas.

Vielleicht wäre auch Carlo, der Vater, mit vollen Taschen weniger kleinlich und gemein gewesen. Er hatte seinen Kindern nichts zu vererben als seinen Namen, und selbst den hatte Alfonsina ihm seiner Ansicht nach beschmutzt.

Und Virginia – woher hätte sie die Zeit zum Schmusen

mit den Kindern nehmen sollen, wenn sie zehn eigene geboren und noch einmal genauso viele in Pflege genommen hatte? Ganz zu schweigen von der Plackerei, die das ewige Wäschewaschen bedeutete, der Gemüseanbau, das Kurieren der Kranken ohne Medizin und das Stopfen von hungrigen Mäulern, für die sie kaum etwas auf den Tisch bringen konnte.

So war Alfonsina zu der Überzeugung gelangt, dass Liebe ein Luxus für feine Leute war.

Sie selbst hatte ihren Mann in den dunkelsten Stunden als eine Last empfunden und fühlte sich schuldig, weil sie ihr Ehegelöbnis nicht gehalten hatte: In guten wie in schlechten Tagen ...

Luigi mit seinem armen verdrehten Kopf sah die Dinge auf seine Weise und nahm die Probleme und Mittellosigkeit kaum wahr. Doch an Zärtlichkeit hatte er es ihr nie mangeln lassen.

Liebe war also doch nicht nur etwas für Reiche, sondern auch für Verrückte.

Dann war das Äffchen gekommen und mit ihm die Überraschung einer Zuneigung ohne Gegenleistung. Nach einer Weile waren für Mimi die Früchte und die anderen Leckereien, die Alfonsina ihr anbot, nicht mehr das Wichtigste. Sie sprang ihr auch einfach so an den Hals, weil die liebevolle Verbundenheit zwischen ihnen sich selbst diente und keinem anderen Zweck.

Es tat ihr bloß leid, dass sie dem Tierchen diese Angst auf der Todesschleife zumuten musste. Doch es verzieh ihr jedes Mal, als wüsste es, dass ihr Engagement von dieser Nummer abhing. Vielleicht hatten die Damen, die diese Herzensrubriken in den Illustrierten schrieben, doch recht: Die Liebe versteht alles und kann alles.

Mimi starb wenige Monate später. Alfonsina fand sie eines Morgens zusammengekauert auf dem Garderobenstuhl, kalt und reglos.

Sie wickelte sie in eine Bluse ein und suchte nach einem Spaten, um sie in der Nähe der Manege zu begraben.

Dann kamen Weihnachten und Silvester, und Alfonsina, die keine Auftritte mehr hatte, schloss sich in ihr Hotelzimmer ein und weinte. Nicht nur, weil Mimi ihr fehlte, sondern auch wegen dieser anderen, undefinierbaren Sehnsucht nach etwas, das ihr von klein auf versagt geblieben war.

Nach den Feiertagen schloss der Zirkus für einen Monat, und sie nutzte die Zeit zu einem Besuch in der Heimat.

In Mailand angekommen, brachte sie ihre Koffer zur Gepäckaufbewahrung und fuhr nach San Colombano al Lambro.

In der Anstalt war es still und leer, die weniger schwer Kranken waren nach Hause gefahren, um die Festtage mit der Familie zu verbringen, und die Übrigen verhielten sich ungewöhnlich ruhig.

Luigi wurde wieder von der jungen Schwester in den Besucherraum gebracht. Sie war inzwischen herangewachsen, körperlich jedoch klein geblieben, und ihre Augen wirkten erloschen, sie sah aus wie ein altes Kind, eine vor der Reife am Ast verschrumpelte Frucht.

Hand in Hand traten sie durch die Tür, bleiche ausgezehrte Marionetten, von einem grausamen Puppenspieler als Paar zusammengezwungen.

Die Nonne führte Luigi zu der Bank, auf der Alfonsina wartete. »Sein Zustand hat sich etwas verschlechtert seit dem letzten Mal«, warnte sie. »Er spricht inzwischen gar nicht mehr.«

Sie hatte es schon bemerkt, als sie ihn hereinkommen

sah. Ein matter Schleier hatte sich über seine Augen gelegt, und sein Blick war der eines Menschen, der die Dinge nicht mehr voneinander unterscheiden kann.

»Luigi, sieh mich an«, sagte sie leise. »Ich bin es, Fonsina.«

Er rührte sich nicht, starrte auf eine unbestimmte Stelle im Raum.

Die Schwester zuckte die Achseln. »So ist er schon seit Wochen. Wenn Sie möchten, bringe ich ihn zurück in den Schlafsaal.«

»Nein, nein. Ich möchte trotzdem mit ihm reden.« Sie wartete, bis die Schwester weg war, und legte ihm dann den Arm um die Schultern. »Du liebe Güte, was bist du mager. Geben sie dir nichts zu essen?« Sie spürte jeden einzelnen seiner Knochen unter dem groben Stoff. Zwar war er schon immer klein und dünn gewesen, doch jetzt hatte er sich in eine Miniaturausgabe seiner selbst verwandelt. Der graue Kittel hing an ihm wie eine Glocke um den Schwengel. Es kam ihr vor, als hätte sie einen der kleinen Toten von Fossamarcia bei sich.

Luigi legte den Kopf schräg.

»Was ist, möchtest du mir etwas sagen?« Sie wartete auf eine Geste, einen Klagelaut, ein Blinzeln, irgendein Lebenszeichen, aber nichts. Nun hatte sie auch ihren Mann verloren.

Sie zog ihn an sich und begann, mit ihm zu sprechen, wiegte ihn dabei sachte hin und her. Sie erzählte ihm vom Zirkus und wie gut sie auf der Todesschleife geworden war. »Ich hatte ein Äffchen, es hieß Mimi.« Anfangs habe sie es nicht gewollt, es dann aber lieb gewonnen, er hätte es sicher auch gemocht. Es sei ganz verrückt nach Obst gewesen, besonders nach Weintrauben, und habe ein Fell weicher als das eines Kaninchens gehabt. Sie berichtete ihm von den Wetten des Publikums und der Demütigung, als Attraktion in der Manege herhalten zu müssen. Von den Tieren, die markerschütternd schrien, der Trübsal mancher Abende. Von der jungen Frau ohne Arme, die inmitten der Arena auf den Sägespänen malen musste, und ihrer Wut über das Lachen der Leute. Sie erzählte ihm alles, während sie ihn in ihren Armen schaukelte, bis sie keine Worte mehr hatte.

Als die kleine Nonne kam, um ihn abzuholen, saßen sie beide stumm nebeneinander und starrten zu Boden.

Mit einem hohlen Gefühl in der Brust fuhr sie schließlich zurück. Sie löste ihr Gepäck aus und verließ den Bahnhof. Bei der Abreise in Paris hatte sie vorgehabt, in Mailand zu bleiben, bis der Zirkus seine Pforten wieder öffnete, aber auf einmal war ihr nicht mehr danach. Sie ging zurück zum Schalter und kaufte eine Fahrkarte nach Bologna, wohin ihre Familie vor Kurzem gezogen war.

In eine Wohnung mit zwei Zimmern plus Küche, hatte die Mutter ihr geschrieben, in dem einen schliefen sie und Carlo, in dem anderen die jüngeren Kinder, Guglielmo, Nella und Elio. Sie hatte sie eingeladen, sie zu besuchen, sobald sie sich freimachen konnte, und die Adresse hinzugefügt.

Auf dem Bahnhofsvorplatz standen zwei Taxis, schwarze Fiats 1T, auf Hochglanz poliert und mit schimmernden Felgen. Alfonsina überkam die Lust nach einer Heimkehr im großen Stil. Sie ging auf eines der beiden zu, nannte dem Fahrer die Adresse und nahm auf der Rückbank Platz. Unterwegs holte sie einen Hut mit einer Samtschleife und die Straußenfederboa für besondere Gelegenheiten aus ihrem Koffer. Zufrieden seufzend schlang sie sich die Boa um den Hals. Sie war jetzt ein internationaler Star und wollte von ihrer Familie bewundert werden.

Das Taxi hielt in der Via delle Lame, vor einem Wohnhaus nicht weit vom Ufer des Reno.

Alfonsina sprang aus dem Wagen. Mückenschwärme bevölkerten die Straße, und man roch das schlammige Gewässer, das in der Nähe vorbeifloss. »Klingeln Sie, bitte«, sagte sie zu dem Chauffeur.

Der Mann kam ihrem Wunsch nach und drückte zweimal kräftig auf die Türklingel. Gleich darauf zeigten sich an allen Fenstern Trauben von Köpfen.

Sie nahm ihren Hut ab, suchte nach den Gesichtern der Morinis.

»Es ist die Fonsina!«, schrillte Virginias Stimme aus dem ersten Stock.

Mit dem Gepäck unterm Arm rannte sie hinauf.

Die Mutter erwartete sie mit offenen Armen auf dem Treppenabsatz.

Alfonsina ließ ihre Koffer fallen und zog sie ungestüm an ihre Brust.

»Oje, langsam, du erdrückst mich ja!«, sagte Virginia lachend. Sie befreite sich verlegen aus der Umarmung und nahm das größere der Gepäckstücke. »Na los, ich helfe dir, komm rein.«

Nella und der Vater waren in der Küche. Ihre Schwester legte staunend die Hände ans Gesicht. »Oh, Fonsina, wie schön du aussiehst!« Sie warf ihr die Arme um den Hals und drückte ihr Küsse auf die Wangen, dann nahm sie sie am Arm und zog sie zum Tisch, an dem Carlo Morini saß. »Schau nur, wie elegant sie ist, Papa.«

Der Vater lehnte sich ein Stück zurück, es war nicht klar, ob er sie besser sehen oder auf Distanz gehen wollte.

Alfonsina hob stolz den Kopf und zupfte ihre Federboa zurecht.

Er musterte ihren Hut, ihr Kleid, die Straußenfedern. »Signora Strada lässt sich also endlich dazu herab, uns zu besuchen und mit ihrem Prunk zu beschämen.«

Nella war losgegangen, um den Geschwistern Bescheid zu sagen, und alle waren mit Kind und Kegel herbeigeeilt.

Es war wieder wie in der Hütte von Fossamarcia, dreißig Personen in einer von Fliegen heimgesuchten Küche zusammengedrängt. Auch hier gab es reichlich davon, obwohl es erst Mitte Januar war. Alfonsina wollte gar nicht daran denken, wie viele Mücken im Sommer schlüpfen würden, mit dem Kanal gleich hinterm Haus. Offenbar kamen die Morinis einfach nicht vom Sumpf weg.

Sie hatte ihren Nichten und Neffen fünfzehn Lire gegeben, damit sie etwas zu essen besorgten. Die Kinder hatten die Augen aufgerissen und waren losgelaufen, um einzukaufen. Wenig später waren sie beladen mit Wurstwaren, Käse und Wein zurückgekehrt.

Ihr kam das ein bisschen wenig vor für den Betrag, aber sie sagte nichts. Wenn die Kleinen Geld für sich abgezweigt hatten, hieß das, dass sie es nötig hatten.

Dann aßen sie alle zusammen, manche an den Tisch gezwängt, die anderen stehend in den Zimmern. Die Geschwister erzählten ihr, was sie beruflich machten. Lodovico und Ernesto arbeiteten in einer Ziegelei. Elio war Maurer, Guglielmo Hausmeister in einem Wohngebäude in der Nähe, Riccardo in einem Gaswerk angestellt. Nella hatte eine doppelte Tätigkeit: Sie hatte ein Haushaltswarengeschäft eröffnet und stellte in Handarbeit Hausschuhe her. Armando war Bestatter auf dem Friedhof der Kartause von Bologna. »Sehr gut«, sagte Alfonsina, »dir wird die Arbeit nie ausgehen.«

Dann begann sie, vom Zirkus zu berichten. Sie hörten ihr ein Weilchen zu, doch es wurde ihnen schnell langweilig, und sie fingen an, sich gedämpft miteinander zu unterhalten. Nicht einmal die Geschichte von Mimi erregte viel Interesse.

Alfonsina verstummte. Sie merkten es nicht einmal, waren ganz in ihre Gespräche über die Ereignisse des Tages und ihre Pläne für die nächste Zeit vertieft.

Sie hatten sie aus ihrem Leben ausgeschlossen, oder vielleicht hatte sie sich selbst in dem Moment ausgeschlossen, als sie auf das Fahrrad des Vaters gestiegen war, um zu sehen, was hinter dem Gartenzaun lag.

Alfonsina blickte verstohlen in ihre Tasche, um zu sehen, wie viel Geld sie bei sich hatte. Eine beträchtliche Summe, sie konnte Eindruck schinden. Sie legte ein Bündel Scheine auf den Tisch. »Ich habe etwas für euch.«

Schlagartig wurde es still in der Küche.

Sie teilte es in Häufchen zu fünfzig Lire auf und gab den Geschwistern je eines davon und zwei den Eltern.

Ihre Familie starrte das Geld an wie die goldene Monstranz auf dem Altar.

Alfonsina frohlockte, endlich hatte sie ihre Aufmerksamkeit gewonnen. »Wisst ihr, ich habe mir etwas überlegt.« Sie holte tief Luft, fuhr aber nicht fort.

Die anderen reckten den Hals in ihre Richtung, mit Ausnahme von Carlo, der unbewegt dasaß und seine Tochter aus halb geschlossenen Augen musterte. »Na los, lass hören«, knurrte er.

Sie überging seine Unfreundlichkeit und nahm einen neuen Anlauf. »Wir könnten uns doch ein schönes Haus bauen und dort alle zusammen wohnen, wäre das nicht etwas?«

Starr vor Verblüffung saßen die Morinis da. Armando ergriff als Erster das Wort. »Und woher sollen wir das Geld nehmen?«

»Dafür sorge ich«, sagte sie. »Ich arbeite noch ein paar Jahre, um genug zusammenzusparen, dann höre ich auf.« Auf einmal hatte sie einen Kloß im Hals und musste mehrmals schlucken. »Ich bin es müde geworden, durch die Welt zu reisen.« Sie nahm einen Stift aus ihrer Tasche und eins von den Autogrammfotos, die sie unter ihren Bewunderern zu verteilen pflegte, und begann eine Zeichnung auf der leeren Rückseite. Die Skizze eines Hauses mit drei Etagen, vielen Fenstern und einem Garten davor. Zum Schluss setzte sie einen Schornstein aufs Dach und warf die Karte mitten auf den Tisch. »Da, seht mal, wie schön.«

Ernesto nahm sie und betrachtete die Zeichnung ausgiebig. Dann reichte er sie an Lodovico weiter. Sie machte die Runde, bis sie wieder bei Alfonsina anlangte.

»Du bist nicht besonders gut getroffen auf diesem Foto«, bemerkte Lina. Sie war vor Kurzem aus Paris zurückgekommen, wohin sie vor ein paar Jahren ausgewandert war. Ärmer als bei der Abreise, was sie nicht daran hinderte, sich als große Dame aufzuspielen.

»Du sollst nicht auf mich gucken, sondern auf die Zeichnung«, schnaubte Alfonsina.

Ihre Schwester zuckte die Achseln. Auch die anderen wirkten unschlüssig.

Heilige Madonna, sie nahmen ihr noch die Lust am Pläneschmieden. »Na? Was meint ihr?«

»Und wo würdest du dieses Haus bauen?«, fragte Guglielmo.

»Hier, in Bologna.«

»Ja, aber in welchem Stadtteil?«

»Vielleicht oben am Hang, wo es trocken ist und die Luft frisch.« Sie zeigte zum Fenster. »Weit weg von den Kanälen und den Mücken.«

Carlo richtete sich auf. »Das hier ist das, was wir uns leisten können.«

Sie seufzte. »Eben deshalb will ich euch ja unter die Arme greifen.«

Die Geschwister fingen an, untereinander zu debattieren. Niemand wollte aus seinem Viertel weg. Lodovico und Ernesto wollten in nächster Nähe zur Ziegelei bleiben, um es nicht weit zur Arbeit zu haben. Armando nahe bei der Kartause. Auch Nella hatte keine Lust, woanders hinzuziehen, ihr Geschäft war gleich um die Ecke, und sie nahm lieber die Feuchtigkeit in Kauf als die Mühe einer langen Anfahrt.

»Wir sind ja keine feinen Herrschaften wie du und fahren mit dem Taxi. Wir sind Leute aus dem Volk«, wandte Riccardo ein.

Ach nein, und woher komme ich?, hätte Alfonsina am liebsten erwidert, aber daraus hätte sich eine lange politische Diskussion entsponnen, die anzustoßen sie nicht die Absicht hatte. »Ich würde in jede Wohnung ein Bad einbauen lassen, sodass wir nicht alle eine gemeinsame Toilette benutzen müssten«, sagte sie stattdessen.

»Ach, ich brauche kein Bad in der Wohnung«, mischte sich Nella ein. »Das ist Platzverschwendung, man könnte ein kleines Wohnzimmer draus machen.«

»Ein Wohnzimmer bekommst du trotzdem«, versicherte sie ihr.

»Also, ich hätte gern ein eigenes Bad«, murmelte Virginia. Es war das erste Mal, dass sie den Mund aufmachte, seit sie fertig gegessen hatten.

Ihr Mann sah sie an. »Seit wann hast du denn solche Flausen im Kopf?«

Sie sank auf ihren Stuhl zurück. »Ich meine ja nur.«

Alfonsina betrachtete ihre Mutter und dachte an das Leben, das sie geführt hatte. Baden nur alle zwei Wochen, alle im selben Bottich, Carlo zuerst, dann die Kinder in der Reihenfolge ihres Alters. Virginia zuletzt, wenn das Waser nur noch eine dreckige, kalte Brühe war. Wer weiß, was ihr durch den Kopf gegangen war, als ihre Tochter die Möglichkeit eines Badezimmers in der Wohnung erwähnt hatte.

»Warum gibst du nicht einfach uns das Geld, dann können wir uns ein Haus kaufen, wo wir wollen, und es nach unserem Geschmack einrichten«, schlug Guglielmo vor.

Alfonsina traute ihren Ohren nicht. »So reich bin ich nicht. Ich kann mein Geld nicht aus dem Fenster werfen, ich will es investieren.«

Armando wedelte mit den erhaltenen fünfzig Lire. »Deiner Familie zu helfen heißt also, Geld aus dem Fenster zu werfen?«

Sie verstanden es nicht oder wollten es nicht verstehen. »Ich dachte einfach, es wäre eine gute Idee, das ist alles«, murmelte sie. Sie drehte sich zu ihren kleinen Nichten und Neffen um, die auf dem Boden mit Kügelchen aus dem übrig gebliebenen Brot spielten. »Wenn ihr wollt, könnte ich das eine oder andere von euren Kindern für eine Zeit lang zu mir nehmen.«

Lina lachte. »Warum das denn?«

»Ich würde sie etwas lernen lassen, sie hätten schöne Kleider und würden etwas von der Welt sehen.«

Ihre Schwester stand vom Tisch auf und nahm ihren Sohn an die Hand. »Komm, wir gehen«, sagte sie. Dann zu Alfonsina: »Uns fehlt es an nichts, wir brauchen deine Almosen nicht. Außerdem, sie würden was Schönes von einer Irren wie dir lernen. Lieber bringe ich sie ins Waisenhaus.« Das hatte sie schon mit ihrer ältesten Tochter gemacht, bevor sie nach Frankreich gegangen war, hatte sie lieber ins Heim gesteckt, als sie ihrer großen Schwester zu überlassen.

Nacheinander gingen sie alle, schweigend, als hätten sie sich gestritten.

Nun waren sie nur noch zu dritt. »Ich wollte niemanden beleidigen, sondern nur helfen«, murmelte Alfonsina. Sie nahm die Autogrammkarte und stand auf. Schade, das Haus wäre bestimmt schön geworden, sie hätten leben können wie Gott in Frankreich. Sie blickte auf den skizzierten Schornstein, stellte sich den Rauch vor, der daraus aufstieg. »Ich gehe dann mal«, sagte sie.

»Wohin?«, fragte Virginia.

»Ich habe ein Zimmer in einer Pension reserviert, morgen früh fahre ich zurück nach Paris«, log sie.

Carlo stützte sich mit beiden Händen am Tisch ab und zog sich hoch, ging mühsam zur Tür. »Gute Reise«, sagte er, ohne sie anzusehen.

Alfonsina beobachtete, wie er sich aus der Küche schleppte. Unter dem ausgefransten Saum seiner Hose ragte ein violett angeschwollener Fuß hervor, mit dick hervortretenden Adern und großen dunklen Flecken. »Was ist mit seinem Bein passiert?«, fragte sie die Mutter.

Virginia seufzte. »Wundbrand hat er.« Er könne kaum noch laufen, und wenn er sich von einem Zimmer ins andere bewege, brülle er vor Schmerzen. Arbeiten war unmöglich, und da sie seit Jahren keine Krankenversicherung mehr hatten, konnten sie sich noch nicht einmal Medikamente leisten. Wenn es zu schlimm wurde, trug ihn einer der Söhne auf den Armen zu einem Krankenhaus und legte ihn vor den Eingang. Dort blieb er und schrie, bis ihn drinnen jemand hörte.

Gegenüber den Pflegern, die herausgelaufen kamen, tat Carlo so, als hätte sich sein Zustand erst in diesem Moment verschlechtert, woraufhin man ihn hineinbrachte und ein paar Tage dabehielt. Sobald es ihm etwas besser ging, schickte man ihn allerdings nach Hause, und das Spiel begann von vorn.

Alfonsina ließ sich auf einen Stuhl fallen. »Warum habt ihr mir denn nichts gesagt?«

Virginia zuckte mit der Schulter. »Du weißt doch, wie dein Vater ist.«

»Und wovon lebt ihr?«

Oh, das sei kein Problem, antwortete die Mutter. In der Nähe gab es einen Markt, und wenn er schloss, ging sie hin und sammelte das Obst und das Gemüse auf, das auf dem Boden liegen geblieben war. Manchmal brachte eins der Kinder auch ein bisschen Brot und Belag mit.

»Was ist mit dem Geld, das ich euch schicke?«

Virginia zeigte auf die schimmelfleckigen Wände. »Das geht fast alles für die Miete drauf.«

Alfonsina ärgerte sich, dass sie den größten Batzen den Geschwistern geschenkt hatte. Die es auch noch genommen hatten, als täten sie ihr einen Gefallen. »Das tut mir leid«, sagte sie. »Ich habe nichts mehr dabei, aber sobald ich wieder in Paris bin, schicke ich euch mehr.« Sie merkte, dass sie immer noch die Federboa um den Hals trug, und warf sie wütend auf den Tisch. Ihre Geschwister hielten sie offenbar für steinreich, dabei war sie gezwungen, sich zum Hanswurst zu machen, um ein bisschen angenehmer leben zu können.

»Mach dir keine Sorgen, mit den hundert Lire, die du uns heute gegeben hast, kommen wir eine Weile über die Runden.« Virginia nahm ihre Hände. »Sag, hast du ein Badezimmer zu Hause?«

Noch nie hatte sie ihre Mutter so interessiert an etwas erlebt. »Ja, aber ich wohne auch in einem Hotel. Fast alle Zimmer dort haben ein eigenes Bad.«

Die Mutter sank seufzend auf dem Stuhl zurück. »Und es gibt fließend Wasser?«

Alfonsina nickte. »Mit Hähnen für heißes und für kaltes.«

»Heilige Madonna«, murmelte Virginia.

Auf Alfonsinas Hand war ein wenig Wärme von der Haut ihrer Mutter zurückgeblieben. Ihr kam eine spontane Idee. »Warum besuchst du mich nicht mal?«

»Wo?«

»In Paris. Ich habe ein großes Zimmer mit zwei Betten. Es gibt genug Platz.« Sie würde ihr die Zugfahrkarte schicken und sie am Bahnhof abholen. »Ich kaufe dir neue Kleider und zeige dir die Stadt. Wir gehen ins Theater, ins Restaurant.«

Virginia schüttelte den Kopf. »Ach komm, was soll ich denn da, ich gehör hierher.«

Alfonsina beugte sich zu ihr vor. »Du könntest jeden Tag baden«, flüsterte sie. »Mit heißem Wasser.«

Virginia traf zu Beginn des Frühlings in Paris ein.

Sie trug das Kleid, das Alfonsina ihr zusammen mit der Fahrkarte und ein wenig Geld geschickt hatte. Mit nie gesehener Anmut stieg sie aus dem Zug; so graziös hatte sie vielleicht damals in Riolo die Mazurka getanzt und ihren späteren Mann bezaubert. Sie wirkte sogar jünger. Zwei Tage ohne Schufterei, und schon sah man eine Verbesserung. In der Hand hielt sie einen kleinen Pappkoffer.

»Jetzt fahren wir ins Hotel, und dann gehen wir einkaufen. Du kannst ja nicht einen Monat lang dasselbe Kleid tragen.«

Die Mutter zog die Augenbrauen hoch. »Nicht?«

Alfonsina lachte und hakte sich bei ihr unter. Sie musste sie fast gewaltsam weiterziehen, weil sie ständig stehen blieb und alles staunend betrachtete, das Dach des Gare de Lyon mit seiner Stahlkonstruktion, die sie mit einer Stickerei verglich, die Hüte der Passagiere, die Kleider der Damen.

Als die Tochter auf ein Taxi zuging, stemmte sie die Füße in den Boden wie ein Muli. »Nein, nein, das ist doch Geldverschwendung!«

»Ach, stell dich nicht so an, das Hotel ist weit weg von hier.« Alfonsina ließ sie hinten einsteigen und nannte dem Fahrer die Adresse, wechselte dann ein paar Worte mit ihm über das Wetter, das schon recht warm war für Ende März.

Virginia sah sie verblüfft an. »Was redest du da für eine Sprache?«

»Französisch, was soll ich denn sonst reden in Frankreich?«

»Wann hast du das denn gelernt?«

»Nach und nach, ich lebe ja hier.« Sie machte es sich ebenfalls auf dem Rücksitz bequem. »Ich spreche übrigens auch ein bisschen Spanisch und Englisch.«

Virginia stieß einen leisen Pfiff aus. »Du liebe Güte!«, sagte sie nach einer Weile und musterte ihre Tochter, als sähe sie sie zum ersten Mal. »Dann bist du also doch nicht so verrückt, wie alle sagen.«

Alfonsina brach in Lachen aus. Was die Mutter doch alles nicht über sie wusste. Sie würde ihr möglichst viel zeigen, solange sie hier war.

Im Hotel verschlug es Virginia vollends die Sprache. Ihr

Blick wanderte zwischen dem Marmorfußboden und der Stuckdecke auf und ab, sie ging auf Zehenspitzen und mied dabei die Teppiche, als hätte sie Angst, sie zu beschmutzen. Sie bedankte sich zehnmal bei dem Hoteldiener, der sie aufs Zimmer begleitet und ihren Pappkoffer getragen hatte. Dann sah sie sich um, strich vorsichtig über den Toilettentisch, den vergoldeten Spiegelrahmen, die weißen Gardinen vorm Fenster, die Tagesdecke aus Atlas.

Alfonsina öffnete die Tür neben dem Kleiderschrank. »Komm her, Mama, sieh dir das an.«

Virginia blieb wie angewurzelt auf der Schwelle stehen und legte die Hände an die Wangen.

Die Sonne schien zum Fenster herein und überflutete das Badezimmer mit topasfarbenem Licht. Die Wasserhähne funkelten, das Waschbecken erstrahlte in makellosem Weiß.

Die Mutter stützte sich am Türrahmen ab, holte tief Luft und ging hinein. In der Ecke stand eine ebenso weiße Badewanne auf grazilen Klauenfüßen aus Messing. Sie kniete sich davor, streckte unsicher die Hand nach den Hähnen aus und drehte sie nacheinander auf. Das Wasser schoss munter sprudelnd hervor, wie um sie zu begrüßen. Virginia hielt einen Finger unter den Strahl und lachte und weinte wie ein Kind. Möglicherweise dachte sie an die Kilometer, die sie jeden Tag mit dem Krug auf dem Kopf zum Brunnen zurückgelegt hatte, oder an ihre tauben Hände voller Frostbeulen vom eisigen Wasser im Waschhaus. Sie drehte die Hähne wieder zu und ließ sich auf den Boden sinken. »Heilige Madonna«, murmelte sie.

Virginia lebte sich schnell ein.

Schon nach wenigen Tagen konnte sie alleine ausgehen und ins Hotel zurückfinden, ohne sich zu verlaufen.

Sie hatte rasch gelernt, wie man sich in der Öffentlichkeit benahm, und es war eine Freude zu sehen, wie sie Besteck und Serviette im Restaurant benutzte oder den Kellner freundlich um mehr Wasser und Wein bat. Die neuen Kleider trug sie mit natürlicher Eleganz, und sie trennte sich nie von dem Hut mit Federn, den Alfonsina ihr bei einer Modistin am Boulevard de Port Royal gekauft hatte. Sogar ein bisschen Französisch hatte sie aufgeschnappt.

»Wo hast du denn auf einmal die guten Manieren her?«, fragte Alfonsina sie.

Sie sei schließlich nicht in der Küche von Fossamarcia geboren worden, antwortete die Mutter. Es habe einmal eine Zeit gegeben, vor ihrer Heirat, als sie von einem angenehmen Leben geträumt hatte, von einem richtigen Haus und schönen Kleidern. Sie war jung, hübsch und nicht dumm, die Männer zeigten Interesse an ihr. Ihr war klar, dass sie als Kind armer Leute nur etwas erreichen konnte, indem sie eine gute Partie machte. Also hatte sie die feinen Damen beobachtet, bei denen sie als Dienstmagd arbeitete, ihr Benehmen bei Tisch, ihre gemessene Art zu sprechen und sich zu bewegen. Und zu Hause hatte sie die Bewegungen vor dem Spiegel geprobt.

»Und dann?«, fragte Alfonsina.

Die Mutter zuckte die Achseln. »Dann habe ich die Dummheit begangen, deinen Vater zu nehmen.« Sie seufzte. »Aber er hatte so schöne Augen und einen tollen Schnurrbart.«

»Hast du es bereut?«

Virginia legte Messer und Gabel ab und sah ihre Tochter an. »Ich hatte nie Zeit, darüber nachzudenken. Und jetzt lohnt es sich nicht mehr, die Vergangenheit lässt sich nicht ändern, und ich will mir nicht das bisschen verleiden, was mir noch bleibt.« Sie nahm ihr Besteck wieder zur Hand und führte einen Bissen zum Mund. »Und du?«, erkundigte sie sich. »Bist du glücklich?«

Auf Anhieb hätte Alfonsina mit Nein geantwortet. Zurzeit sah sie keinen Grund dazu, ihr Mann im Irrenhaus, sie durch halb Europa tingelnd, ohne irgendwo Frieden zu finden, und dazu diese öde, abgeschmackte Arbeit, ein schwacher Abglanz der Radrennen von einst. Wie sie hatten auch andere ehemals große Fahrer in den sauren Apfel gebissen und traten in Theatern und Zirkussen auf, klammerten sich an die Überzeugung, immer noch ihrer Leidenschaft nachzugehen. Doch es waren nichts als Hampeleien vor einem Publikum, das keine Ahnung vom Sport hatte und ihre Leistungen nicht zu schätzen wusste. Und hatte man die Technik erst einmal raus, gab es nichts weiter zu lernen, der Horizont verengte sich mit jedem Tag.

Sie zwang sich trotzdem, gründlich über die Frage nachzudenken. Sie rief sich in Erinnerung, wie sie angefangen hatte, mit welchen Voraussetzungen, und was sie später erlebt und vollbracht hatte. Erst vor wenigen Jahren hatte sie ein Rennen erfolgreich beendet, von dem die ganze Welt gesprochen hatte, das sie eine unvorstellbare Kraft gekostet und bei dem sie ihr Leben riskiert hatte. Trotzdem hatte sie sich nie zuvor so lebendig, so grenzenlos gefühlt. Während dieser zwanzig Tage war sie glücklich gewesen, das begriff sie erst jetzt. Ein Gefühl so stark und intensiv, dass man es nur eine gewisse Zeit lang aushielt, weil das Herz es länger nicht verkraften konnte.

Ich bin glücklich gewesen, stellte sie erstaunt fest. Und dass das Glück für immer zu ihr gehörte, nachdem sie es einmal kennengelernt hatte. Sie bewahrte es in einem Winkel ihres Bewusstseins auf, wie eine Lampe, die bereitstand, das Dunkel zu erhellen. Wenn es nötig war, brauchte sie sich nur zu sagen: *Das bin ich gewesen*, und die Lampe warf ihren wohltuenden Schein.

Wer einmal für einen Moment wahrhaft glücklich gewesen war und sich daran erinnerte, konnte diesen Augenblick wieder durchleben, was auch immer geschah.

Virginia lehnte sich über den Tisch. »Also?«

»Ja, ich bin glücklich.«

Die Mutter hob ihr Glas. »Schön. Ich trinke auf dein Wohl.«

Wenn sie nicht spazieren oder ins Theater gingen, saßen sie oft stundenlang im Zimmer und redeten oder probierten Alfonsinas Kleider an.

»Was ist das denn?«, fragte Virginia einmal. Sie hielt einen goldenen Reif mit glitzernden Steinen in der Hand.

»Das ist ein Diadem, man trägt es auf dem Kopf.« Zur Demonstration steckte sie es der Mutter ins Haar.

Virginia betrachtete sich im Spiegel. »Sind das etwa echte Diamanten?«

»Natürlich.«

»Und was hat das gekostet?«

Alfonsina errötete vor Stolz. »Ich habe es nicht gekauft. Es ist das Geschenk eines Bewunderers, der ein wichtiges Rennen finanziert hat.«

»Und du hast gewonnen?«

Sie nickte. »Ja.«

Die Mutter wiegte den Kopf, sodass die Brillanten je nach Lichteinfall die Farbe wechselten. »Na so was«, sagte sie. »Du bist wirklich tüchtig.«

Zum ersten Mal hatte jemand aus ihrer Familie sie gelobt. Ihr Körper reagierte auf dieses Ereignis: Ein Schauder überlief sie von Kopf bis Fuß, ihr wurde ein wenig schwindelig, und ihr Magen krampfte sich zusammen. Als alles wieder normal war, befühlte sie ihren Bauch. Er war voll, sie war gesättigt. »Vielleicht leihe ich es dir mal, das Diadem.«

Die Mutter lachte. »Und was soll ich damit?«

»Nichts, es einfach tragen.«

Virginia begann, mit gezierten Schritten auf und ab zu gehen, und klatschte dabei ab und zu in die Hände.

»Was machst du da?«, fragte Alfonsina.

»Ich fange Mücken.«

»Hier gibt es doch gar keine.«

»Aber in Bologna.« Sie ließ die Augen kreisen, als verfolgte sie den Flug eines Insekts, und gab vor, es zwischen den Händen zu zerquetschen. »Hab ich dich!«, rief sie.

Alfonsina warf sich lachend aufs Bett. »Du spinnst!«

Die Mutter fuhr damit fort, gestelzt herumzulaufen und Ohrfeigen in der Luft zu verteilen. »Wenn du mir das Diadem leihst, werden mich sämtliche Insekten des Reno umschwirren, angezogen von dem Funkeln.« Sie schlug erneut in die Hände. »Ich übe schon mal, sie im Flug zu erwischen.«

Alfonsina hielt sich den Bauch vor Lachen. »Hör auf, ich kann nicht mehr.«

Virginia blieb mitten im Zimmer stehen, die Hände in die Hüften gestemmt. »Lassen Sie diese Tomate liegen!« Herrisch zeigte sie auf eine imaginäre Person vor ihr. »Ich habe sie zuerst gesehen!« Dann sagte sie wieder mit normaler Stimme: »Der Kopfputz wird mir sehr nützlich sein, wenn ich zum Markt gehe, um die Reste vom Boden aufzusammeln. Wer wird es wagen, einer Dame mit einem Brillantdiadem die Kartoffeln vor der Nase wegzuschnappen?«

Alfonsina musste so lachen, dass ihr der Hals wehtat. »Du bist verrückt«, schrie sie. »Komplett verrückt!«

Virginia ließ sich neben sie aufs Bett fallen. »Na, von irgendwem musst du es ja haben.« Sie fing ebenfalls an zu lachen. »Stell dir mal das Gesicht deines Vaters vor, wenn ich mit dem Diadem ankäme!«

»Ihn würde der Schlag treffen!«

»Als Dienerin bin ich abgefahren, als Königin zurückgekommen!« Sie wanden sich vor Krämpfen.

»Ich leihe dir auch den Stern, den ich von D'Annunzio bekommen habe, dann hast du eine Garnitur.«

»Von wem?«, fragte Virginia glucksend.

»D'Annunzio, der Schriftsteller, der Flugzeuge fliegt.«

»Ach der. Toller Kerl. Mit seinem finsteren Gesicht sieht er aus wie der wandelnde Tod.«

Sie kreischten dermaßen, dass es in ganz Paris zu hören sein musste.

»Sei froh, dass ich mir nicht noch den Orden von Mussolini habe verleihen lassen, sonst hättest du Blech für jede Titte.«

Sie brauchten gar nichts mehr zu sagen, es genügte ein Schnaufen, eine Geste, schon ging es wieder los.

Irgendwann klopfte es an der Tür. Immer noch lachend, ging Virginia aufmachen.

Der Kellner sah eine Frau mit knallrotem Gesicht und einem Krönchen auf dem Kopf, die sich in Krämpfen wand, und machte einen Satz rückwärts. Dann spähte er ins Zimmer hinein und erkundigte sich, ob die Damen vielleicht Hilfe bräuchten.

»Was sagt er?«, fragte Virginia.

»Er hat sich Sorgen gemacht wegen des Geschreis«, antwortete ihre Tochter, nach Luft schnappend, »und will wissen, ob wir etwas brauchen.«

Die Mutter legte dem Kellner eine Hand auf die Brust. »Junger Mann, mir ist es noch nie im Leben besser gegangen.« Sie versetzte ihm einen Schubs und schlug ihm die Tür vor der Nase zu.

Am Morgen ihrer Abreise packten sie schweigend.

Alfonsina war traurig. Sie hatte ihre Mutter gerade erst richtig kennengelernt, und jetzt sollte sie sie schon wieder verlieren. »Warum bleibst du nicht noch ein bisschen?«, fragte sie.

Virginia schüttelte den Kopf. »Besser nicht, sonst gewöhne ich mich noch an dieses Leben hier und halte das alte nicht mehr aus.« Sie umarmte ihre Tochter. »Aber ich bin froh, dass ich diese andere Welt kennengelernt habe.« Ihre Augen glänzten. »Sieh zu, dass du so viel wie möglich davon profitierst. Und verzeih, dass ich das alles nicht schon früher verstanden habe.«

Sie fuhren mit dem Taxi zum Bahnhof, und diesmal wehrte Virginia sich nicht.

Zusammen stiegen sie in den Waggon und verstauten das Gepäck. Neben dem Pappkoffer gab es jetzt noch zwei aus Leder, in die sie die neuen Kleider der Mutter und Geschenke für die Familie gepackt hatten.

Die Lokomotive pfiff, und Alfonsina beeilte sich auszusteigen.

Virginia stellte sich ans Fenster. Ihre Hutfedern schwankten im lauen Wind. »Danke, ich fand es sehr schön«, sagte sie.

Alfonsina nickte. »Ich auch.«

Der Zug setzte sich ächzend in Bewegung. Alfonsina lief auf dem Bahnsteig nebenher. »Grüß alle von mir«, rief sie. »Auch den Vater.«

»Ist gut.«

»Ich komme euch im nächsten Winter besuchen.«

»Wir erwarten dich.«

Der Zug beschleunigte, sie musste rennen. Kurz bevor der Bahnsteig endete, nahm Virginia ihren Hut ab und warf ihn ihr zu. »Hier, fang auf!«

Alfonsina schnappte ihn gerade noch, ehe er auf dem Boden landete. »Was machst du? Er gefällt dir doch so gut!«

Die Mutter winkte. »Was soll ich'n mit'm Hut in Fossamarza?«, rief sie im Dialekt des Dorfs. Sie lachte noch einmal laut und schloss das Fenster.

Brinzio-Pass, 13. September 1959

»Sie kommen! Sie kommen!«

Die vier Spieler hatten ihre Karten auf die Decke geworfen und waren an den Straßenrand gelaufen.

»Komm her und schau!«, rief der Vater seinem Sohn zu, der jetzt allein mit dem Fußball spielte.

»Gleich«, antwortete der Kleine. Er machte seit gut fünf Minuten Ballübungen, kickte den Ball mit dem Rist hoch, balancierte ihn dann auf dem Kopf und fing ihn wieder mit dem Fuß auf, ohne ihn je zu verlieren.

Der Vater sah ihm mit vor Stolz leuchtenden Augen zu. »Toll machst du das«, murmelte er.

Der Junge hörte ihn und drehte sich um. Die kurze Ablenkung genügte, dass er aus dem Takt geriet und den Ball nicht mehr auf den Fuß bekam, sodass er davonrollte. »Verdammter Mist!«, schimpfte er.

Der Vater lief hin, um ihn zu trösten. »Du versuchst es später wieder, komm, jetzt sehen wir uns erst mal die Radfahrer an.« Er wuschelte ihm durch die Haare. »Aber du bist wirklich gut, weißt du? Du hast eben ausgesehen wie José Altafini!«

Da lächelte der Junge und drückte sich an das Bein seines Vaters.

Alfonsina steckte den Rest ihres Brötchens zurück in den Rucksack. Die Szene hatte sie melancholisch gemacht, weiß der Himmel, warum. Sie ging mit den anderen nach vorn zu der weiten Kurve.

Vom Pass oben drang das Johlen der Zuschauer herab, die vor den bergab führenden Serpentinen standen. Die Fahrer würden in wenigen Minuten da sein.

Sie erkämpfte sich einen Platz in der Reihe der Fans und betrachtete die Gesichter der Umstehenden. Ihre Augen waren fest auf die Straße gerichtet, die Lungen schon gebläht, um die Namen ihrer Lieblinge zu brüllen. Ein Stechen zwischen Brust und Magen ließ sie plötzlich nach Luft schnappen. Vielleicht hatte sie zu schnell gegessen, oder die Erinnerungen hatten ihr aufs Gemüt geschlagen, denn sie fühlte sich in diesem Moment so einsam wie noch nie. Nicht, weil sie zweifache Witwe war und keine Kinder hatte, auch nicht, weil der Junge am Parkplatz sie nicht erkannt hatte. Es hing mit einer alten Sache zusammen, die auf eine Zeit zurückging, bevor sie selbstständig denken konnte, mit dem Kind, das Ballübungen machte, und dem stolzen Blick seines Vaters.

Etwas Ähnliches hatte sie selbst nie erlebt. Virginia hatte ihre Leistungen erst in Paris anerkannt, als sie schon keine Rennen mehr fuhr und vor einem gelangweilten Publikum in der Manege auftrat. Auf das Lob der Mutter hin hatte sie mit dem Ganzen abgeschlossen, so dachte sie zumindest.

Doch sie hätte ihre Unterstützung früher gebraucht, als sie noch klein war und alle gegen sich hatte, als sie glaubte, eine Missgeburt zu sein. Der Schmerz in ihrer Brust hatte seine Ursache in der Verachtung ihrer Familie, darin, dass Eltern und Geschwister sich geschämt hatten, mit der *Irren* verwandt zu sein, dass sie als die Schande der Morinis galt. Die Beschimpfungen von Fremden hatten ihr nie viel ausgemacht, waren an ihr abgeglitten wie Wasser von einem

Gänsearsch, aber die zu Hause hatten ihr einen inneren Riss verursacht, und sie verstand erst jetzt, wie tief er war.

Jahrelang war sie in der Hoffnung gefahren, ihre Eltern einmal am Straßenrand zu sehen, stolz auf die Bravourstücke ihrer Tochter. Doch diese Bestätigung hatte sie nie bekommen. Um sich zu trösten und nicht so allein zu fühlen, hatte sie sich den Beifall der kleinen Toten ausmalen müssen, dann den der Romanows und schließlich des armen Luigi Strada in seinem grauen ausgeleierten Kittel.

Sie musste unbedingt mit Antonia darüber sprechen. Wenn sie und ihr Verlobter Kinder wollten, durften sie nicht denselben Fehler begehen wie Carlo und Virginia. Sie mussten den Träumen ihrer Kleinen Gehör schenken und sie ernst nehmen, sonst würden sie verkrüppelt und unvollständig durchs Leben gehen, so wie sie, die all die Jahre unter dem Beifall Tausender Fremder in die Pedale getreten war, ohne sich je erfüllt und zufrieden zu fühlen, dabei hätte es genügt, einmal am Rand zwei lächelnde Gestalten zu erblicken, die *Bravo!* riefen.

Die *Luna 2* würde bald ihr Ziel erreichen. Vielleicht würden bald auch Menschen auf dem Mond landen, und Antonias Kinder konnten dabei sein, wenn ihre Mutter ihnen beibrachte, den Blick dort hinaufzurichten.

»Da sind sie! Sie kommen!«, rief jemand.

Alfonsina legte eine Hand auf ihre Brust, um das Unwohlsein zu lindern. Dann hob sie schnuppernd die Nase und lächelte, denn der Wind trug den Geruch nach Schweiß und Strapazen herbei.

DER GIRO D'ITALIA 1924

Sie musste weg aus Fossamarcia, sonst würde sie tatsächlich noch verrückt. Jeder Tag war eine Qual, Streitereien zu jeder Stunde, bei denen alle ihre Wut und Verzweiflung an den anderen ausließen.

Sie versuchte, ein paar Lire mit ihrer Arbeit als Schneiderin zu verdienen, aber es war schwierig. Die Not war größer als vor dem Krieg, und die Leute liefen lieber mit Flicken am Hintern herum, als Geld für neue oder umgearbeitete Kleider auszugeben. Um sich abzureagieren, trainierte sie viel und lieferte sich in Ermangelung von Gegnern Wettrennen mit dem Zug entlang der Via Emilia. Sie wartete, bis sie von fern das Pfeifen der Dampflok hörte, und startete mit gesenktem Kopf, fuhr bis Castenaso oder Villanova. Manchmal gewann sie sogar, und sie trug immer ihr Trikot: schwarze Radfahrhose und das schwarze Oberteil, auf dem »A. Strada« eingestickt war.

Ein Weg, um wenigstens in Gedanken aus Fossamarcia zu fliehen, war die Lektüre der *Gazzetta dello Sport*. Bei den Berichten über Radrennen konnte sie sich einbilden, dabei zu sein, sich selbst in die Kurven zu legen und auf den Steigungen die Seele aus dem Leib zu strampeln.

Am 16. März, ihrem Geburtstag, war sie wieder nach San Colombano al Lambro zu Luigi gefahren, den sie noch magerer, abwesender, elender vorgefunden hatte.

Dreiunddreißig Jahre alt. Ihr halbes Leben vorüber, und alles, was sie hatte, war eine Handvoll Fliegendreck.

Am Mailänder Bahnhof hatte sie sich die *Gazzetta* gekauft und sich in sie versenkt, um die Welt auszublenden und die Rückkehr in ihr Schlafkabuff hinter dem Bettlaken wenigstens im Kopf hinauszuzögern.

Es gab einen langen Artikel über den zwölften Giro d'Italia, der in knapp zwei Monaten starten sollte. Möglicherweise würden Girardengo und andere Radsportgrößen nicht teilnehmen, weil ihre Teams und die Veranstalter sich nicht über die Höhe der Gagen einigen konnten. Die *Gazzetta* wollte das Geforderte nicht zahlen, und die Sponsoren sahen sich angesichts der wirtschaftlichen Lage außerstande, mehr beizusteuern. Schon seit Wochen gab es ein Tauziehen: Die Teams argumentierten, dass das Rennen ohne ihre Spitzenfahrer ein Fehlschlag werden würde, weil die Leute sich dann für niemanden begeistern könnten; folglich würden sie auch keinen Grund sehen, die Zeitung zu kaufen. Die *Gazzetta* hingegen behauptete, dass man auch gut ohne die Campioni auskommen könne, weil es die Rundfahrt an sich sei, die den Enthusiasmus der Radsportanhänger hervorrufe.

Die Bahnhofsuhr zeigte Viertel nach zwei an, der Zug nach Bologna würde gleich abfahren. Alfonsina faltete die Zeitung zusammen und ging zum Gleis. Etwas bremste sie jedoch, und es war nicht nur die Niedergeschlagenheit wegen der langen Rückfahrt und der Freudlosigkeit, die sie zu Hause erwartete. Ihr war eine Idee gekommen, noch nicht ganz ausgegoren, doch sie nahm mit jedem Schritt mehr Form an. Das Publikum brauchte einen Grund, einen handfesten Anreiz, um stundenlang an der Straße zu stehen und die fünfzig Centesimi für die Zeitung auszugeben.

Sie konnte dieser Anreiz sein.

Sie fuhr zur Redaktion der *Gazzetta*.

Armando Cougnet empfing sie mit einem breiten Lächeln. »Alfonsina!«, rief er. »Was für eine schöne Überraschung.« Als hätte er mit ihr gerechnet. Er bot ihr einen Sessel an. »Ist das ein Höflichkeitsbesuch oder bist du aus einem bestimmten Anlass hier?«

Sie zog ihr Kleid über den Knien zurecht. »Ich muss mit dir sprechen.«

Cougnet hob eine Hand. »Warte kurz.« Er lief aus dem Zimmer.

Alfonsina sah ihm verdutzt nach, einen Stoffzipfel noch zwischen den Fingern. Was war denn in ihn gefahren, den guten Mann?

Kurz darauf kam Cougnet zurück, Emilio Colombo am Arm hinter sich herziehend. »Entschuldige, dass wir dich haben warten lassen. Erinnerst du dich an unseren Chefredakteur?«

Sie nickte. Natürlich erinnerte sie sich, er hatte sie dazu überreden wollen, Fußball zu spielen. »Ja, wir haben uns vor einem Jahr kennengelernt.«

Colombo gab ihr die Hand.

Alfonsina hörte auf, an ihrem Rock herumzuzupfen. »Wie geht es Ihnen?«

Colombo schüttelte ihr die Hand nicht nur, sondern verstieg sich sogar zu einem Handkuss, wobei er genauso strahlte wie Cougnet. »Können wir Ihnen eine Erfrischung anbieten?«, fragte er.

»Nein, danke, ich habe nur wenig Zeit.« So viel Aufhebens hatten sie noch nie um sie gemacht. Wahrscheinlich dachten sie sich schon, weshalb sie da war, also konnte sie auch gleich zur Sache kommen. Sie nahm die eben gekaufte *Gazzetta* aus ihrer Tasche und legte sie auf den Schreibtisch. »Ich habe den Artikel über den Giro gelesen«, sagte sie. »Ich möchte mich anmelden.«

Cougnet zog seine Pfeife aus der Hosentasche und begann, sie zu stopfen.

Colombo setzte sich neben ihn. »Sie verlieren keine Zeit mit Vorreden, was?«

Sie rutschte auf ihrem Sessel herum. »Ich muss den nächsten Zug nach Bologna nehmen, und Sie haben sicher auch viel zu tun, also halten wir uns ran.« Sie tippte auf die Zeitung. »Der Giro läuft dieses Jahr Gefahr, an Anziehungskraft zu verlieren.«

Armando zündete seine Pfeife an und zog ein paarmal genüsslich daran. Er lächelte immer noch, und im Kräuseln seiner Lippen zeigte sich nun auch eine Spur von Schalk. »Und du könntest das Lockmittel sein, meinst du?«

»Genau.«

Er wechselte einen Blick mit Colombo. Dann stützte er die Ellbogen auf den Tisch und schmauchte eine Weile vor sich hin, den Blick auf den Artikel gerichtet. »Wenn du das genau gelesen hast, weißt du, dass noch nichts entschieden ist«, sagte er schließlich.

»Was soll das heißen?«

»Wir stehen noch in Verhandlungen.«

Alfonsina schob ihm die Zeitung unter die Nase. »Warum habt ihr das dann geschrieben?«

Cougnet grinste. »Ich muss meine Auflage verkaufen. Meinst du, es ist einfach, jeden Tag interessante Sportnachrichten aufzutun?«

»Ihr führt also die Leser an der Nase herum«, stellte sie fest.

Colombo fuhr auf. »Nein, nein. Es ist einfach alles noch ungewiss.«

Sie nahm die *Gazzetta* und überflog den Artikel noch einmal. »Ich verstehe, ihr wollt das Interesse mit Gerüchten wachhalten. Aber wenn die besten Fahrer sich nicht anmelden und es ein Giro der Mittelmäßigen wird, worüber wollt ihr dann schreiben?«

»Hättest du einen Vorschlag?« Cougnet lachte nun offen.

Sie grinste ebenfalls. »Eine Frau wäre eine Nachricht wert, meinst du nicht?«

»Mag sein«, wandte Colombo ein, »aber dabei gäbe es viel zu bedenken.«

»Zum Beispiel?«

»Wie die Anzeigenkunden reagieren würden, die Leser, die öffentliche Meinung.«

Alfonsina strich ihr Kleid glatt. Es war fadenscheinig geworden, der Wollstoff hatte sich zusammengezogen und warf hässliche Falten an den Nähten. Sobald es ging, würde sie sich ein neues kaufen, es war eine Schande, so herumzulaufen, besonders für eine Schneiderin und Strickerin. Aber wie man weiß, trägt der Schuster die schlechtesten Schuhe. Sie blickte abrupt zu dem Chefredakteur auf. »Mich wundert's, dass Sie mir nicht wieder mit der Frage des Reglements kommen.«

Colombo wurde rot bis über beide Ohren. Er öffnete den Mund zu einer Antwort, schloss ihn wieder, sah Cougnet an, dann wieder sie. »Gewiss, da wäre auch noch die Frage des Reglements«, stammelte er.

Sie zuckte die Achseln. »Ach, Sie wissen doch selbst, dass das von jeher dummes Zeug war.«

Der Chefredakteur breitete die Arme aus. »Signora, versuchen Sie, sich in unsere Lage zu versetzen …«

»Ist ja gut, ist ja gut«, unterbrach ihn Cougnet. »Die Vergangenheit ist vergangen. Sehen wir zu, dass wir für die Gegenwart zu einem Schluss kommen.« Er klopfte seine Pfeife im Aschenbecher aus und steckte sie in die Tasche. »Alfonsina, ich will Klartext mit dir reden.« Er stand auf, ging um den Schreibtisch herum und hockte sich direkt vor ihr auf die Kante. »Es stimmt, wir haben nicht das Geld für die Honorare der Spitzenfahrer, aber ohne sie würde der Giro an Attraktion verlieren. Die Fans würden nicht kommen, wir würden keine Zeitungen verkaufen, und die Firmen würden keine Anzeigen schalten. Das wäre eine Katastrophe.« Nun lächelte er nicht mehr, sein Blick verdüsterte sich. »Eine Frau, die bei den Männern mitfährt, würde Aufsehen erregen, das stimmt.« Er nahm Alfonsinas Hände zwischen seine. »Es sind über 3600 Kilometer, in zwölf Etappen. Ein wirklich brutales Rennen – meinst du, du kannst das schaffen?«

Sie richtete sich gerade in dem Sessel auf. »Natürlich.«

»Und wenn nicht?«

»Ich schaffe es.«

Er zog sie sanft zu sich hin, sodass ihre Gesichter sich fast berührten. »Alfonsina, ich verspreche dir, ernsthaft darüber nachzudenken. Ich möchte gern, dass du mitfährst, aber ich habe das nicht allein zu entscheiden, ich muss die Mitorganisatoren überzeugen, mit den Investoren reden. Die Meinung der Leser sondieren. Mich mit Regierungsvertretern auseinandersetzen, denn die Politik mischt sich auch in den Sport ein, wie du weißt, und der Gedanke, dass da eine Frau aus der Reihe tanzt, wird ihnen nicht gefallen. Aber ich tue mein Bestes.« Er atmete tief durch und drückte ihre Hände so fest, dass er ihr fast die Knochen zermalmte. »Außerdem muss ich die Konsequenzen abwägen. Und du, hast du die möglichen Folgen für dich selbst bedacht?«

Wovon redete er? Bei jedem Rennen gab es Leute, die ausstiegen, schlecht trainierte oder zu alte Fahrer, die von Anfang an wussten, dass sie nicht ans Ziel kommen würden.

Sie meldeten sich in der Hoffnung auf eine Vergütung oder auch nur für den Verpflegungsbeutel an, der allen Teilnehmern zustand. Nach einer halben Stunde bildeten sie bereits das Schlusslicht, und niemand achtete mehr auf sie. Dann rissen sie den Lenker herum und fuhren nach Hause, um den Proviant mit ihrer Familie zu teilen.

Sollte sie nicht mithalten können, würde sie eben auch aussteigen, wollte sie gerade erwidern, aber die Antwort blieb ihr in der Kehle stecken. Die Folgen, die Cougnet meinte, waren noch andere. Sie hatten mit den Illustrierten zu tun, in denen Sportlerinnen herabgesetzt wurden, mit den Beleidigungen der Zuschauer, den Predigten der Pfarrer, dem Hohn der Männer an der Regierung. Sie alle würden triumphieren. Siehst du wohl, du arme Irre? Wir hatten recht, du bist weniger wert. Du hast dich für wer weiß was gehalten, dich auf eine Stufe mit den Männern gestellt, aber du bist nur eine traurige Träumerin, eine Verrückte. Niete. Flittchen. *Nutte.*

Sie erschauerte. Auf dem Fahrrad würde nicht nur Alfonsina sitzen, sondern all das mit ihr. Es war eine enorme Verantwortung. Wollte sie die wirklich übernehmen?

Armando Cougnet hielt immer noch ihre Hände, mit ernstem, forschendem Blick. »Also, bist du sicher, dass du es schaffst?«

Wenn sie es nicht versuchte, würde sie es nie erfahren. Das Risiko war groß, doch sie war bereit, es einzugehen. Für sich, für die kleinen Toten mit ihrem kurzen, sinnlosen Leben, für jede Grenze, die darauf wartete, überschritten zu werden, denn sonst könnte man auch gleich aufhören zu träumen und sich damit abfinden, neben der Herdstelle zu sterben. Für Luigi, der ihr einen Namen und ein Schicksal gegeben hatte und sie in seinem wirren Kopf nach wie vor auf dem Rennrad sah. *Steig niemals ab.* »Ja, ich schaffe es«, antwortete sie. »Heilige Madonna, notfalls zu Fuß!«

Endlich hatten sie ihren Namen richtig geschrieben.

Am Start war die *Gazzetta* verteilt worden, so druckfrisch, dass man beim Anfassen schwarze Finger bekam. »Nr. 72, Alfonsina Strada, Mailand«. Die Stadt, in der ihre Lizenz als Rennfahrerin ausgestellt worden war.

Die Bestätigung ihrer Teilnahme war erst drei Tage vor Beginn des Giro eingetroffen. Vielleicht hatte Cougnet sich einen Spaß daraus gemacht, sie zappeln zu lassen, wahrscheinlicher aber schien es ihr, dass er so lange gebraucht hatte, um die Einwilligung sämtlicher interessierter Parteien zu erlangen. Sobald sie die Nachricht bekommen hatte, war sie losgegangen, um ein paar Zeitungen zu kaufen und ihren Namen auf der Liste der Fahrer zu lesen. Ihr war die Startnummer 72 zugeteilt worden, hatte sie festgestellt, falls es sich bei diesem »Alfonsin Morini« aus Mailand um sie handeln sollte. Was war mit dem letzten Buchstaben ihres Vornamens passiert? Ein Druckfehler, oder war es der Leitung der *Gazzetta* jetzt peinlich, sie zugelassen zu haben? Im *Corriere della Sera* sah es noch schlimmer aus, dort entsprach die Startnummer 72 einem »Alfonso« Morini.

Sie konnte es sich denken. Der Schriftsetzer hatte die Korrekturfahne gelesen, den Kopf geschüttelt – nein, das konnte nicht sein, eine Frau beim Giro d'Italia, das war sicher ein Fehler – und aus dem a ein o gemacht.

Doch in den wie frisch gebackenes Brot duftenden Exemplaren, die am Samstag, dem zehnten Mai, um vier Uhr morgens an der Porta Ticinese verteilt wurden, stand ihr richtiger Name.

Am Tag zuvor waren die Rennräder plombiert worden,

und die Anwesenden hatten Augen gemacht, als würden sie weiße Mäuse sehen. Eine Frau beim Giro? Ein paar hatten sie erkannt und waren extra an diesem Morgen gekommen, um sie starten zu sehen, hatten Freunde und Bekannte mitgebracht, die ihnen nicht glauben wollten. Doch so war es: Hier unter den Fahrern, mit ihrer charakteristischen Topffrisur, die jetzt ein modischer »Bubikopf« war, und ihrem schwarzen Trikot, stand Alfonsina Strada.

Angemeldet hatten sich 108, erschienen waren aber nur 90. Der Giro stellte eine Herausforderung dar, die auch viele Männer schreckte: 3613 Kilometer in zwölf Etappen, die kürzeste davon 230 Kilometer lang, die längste, die von Bologna nach Fiume, 415 Kilometer. Nach jeder gab es einen Ruhetag.

Da die Campioni, die Spitzenfahrer, die alle als Richtschnur betrachteten, tatsächlich fehlten, machten viele der Teilnehmer betroffene Gesichter, wie Soldaten, die man ohne Waffen an die Front schickte.

Sie stellten sich in einer Reihe auf, um den Veranstaltern ihr Gepäck mit der Unterwäsche zum Wechseln und den Kleidern für die Ruhetage zu übergeben. Es wurde mit Namen und Startnummer versehen und würde per Zug von Etappe zu Etappe mitgeschickt werden. Die Stimmung unter den Fahrern besserte sich, als ihnen eine Karte mit der Strecke von Mailand nach Genua ausgehändigt wurde, damit sie nicht davon abkamen, falls sie zu weit zurückfielen, und dazu der Umschlag mit dem Tagegeld und ein Quersack mit dem Proviant. Nach Berechnung der Ausrichter würden sie neun bis siebzehn Stunden pro Tag fahren, sie brauchten nahrhafte Verpflegung, ohne Zeit mit der Suche danach zu verlieren.

Alfonsina öffnete ihren Beutel und sah hinein. »Du liebe Güte«, murmelte sie. Eine gebratene Hähnchenkeule, ein

Schnitzel so groß wie ein Teller, zwei Brötchen mit Butter und Schinken und zwei mit Marmelade, drei rohe Eier, zwei Bananen, 100 Gramm Kekse, ein Schokoladenriegel, zwei Orangen und zwei Äpfel. Damit konnte man eine ganze Familie eine Woche lang satt bekommen. Sie riss die beiden mittleren Seiten der *Gazzetta* heraus, wickelte die Eier darin ein und steckte sie wieder in den Beutel, dazu auch das Bündel in ihrer Hosentasche: Wechselschläuche, Nadel und Faden zum Flicken der Mäntel, ein Schraubendreher, ein kleiner Engländer. Weil sie ein Stechen an der Ferse spürte, streckte sie ihren rechten Fuß im Rennradschuh. Am Vorabend hatte sie noch die Strumpfhose gestopft, die sie unter der Radhose trug, aber die Naht musste wieder aufgegangen sein, oder das abgetragene Gewebe, dünn wie Spinnweben mittlerweile, war erneut gerissen. Sie biss die Zähne zusammen, denn jetzt hatte sie weder Zeit noch Gelegenheit, die Stelle zu nähen.

Cougnet ging durch die Menge der Teilnehmer, um ihnen mitzuteilen, dass sie auf Wunsch auch ein Stück Kalbsbraten oder Käse oder Pasta zum Frühstück haben könnten. Bei der Ankunft an jeder Etappe würde man ihnen den Weg zu den Schlafquartieren weisen und ihnen Informationen über den nächsten Streckenabschnitt geben. »Ist alles klar?«, fragte er.

Ja, alles klar, sie waren bereit.

»Du da, du wärst besser zu Hause geblieben«, bemerkte einer hinter Alfonsina. »Hast du keinen Mann und keine Kinder, um die du dich kümmern musst?«

Es war noch so dunkel, dass sie sein Gesicht nicht erkennen konnte. »Was geht es dich an?«, erwiderte sie. »Kümmere dich um deine eigenen Angelegenheiten.«

»Das geht mich wohl was an«, murrte der Mann. »Am

Ende muss ich noch aufpassen, dass ich nicht hinter einer Frau ins Ziel komme, wie stehe ich sonst zu Hause da?«

»Spar dir deinen Atem fürs Treten«, mischte sich ein anderer ein. »Und du glaub nicht, dass wir Rücksicht auf dich nehmen, bloß weil du eine Frau bist«, fügte er in Alfonsinas Richtung hinzu. »Im Gegenteil.«

Es klang wie eine Warnung. Ihre Teilnahme wurde als Störung, ja geradezu als Makel angesehen. Der Giro d'Italia war eine ernste Sache, die Teilnahme einer Frau entwertete ihn in den Augen der Männer. Es war nicht auszuschließen, dass sie gleich zu Beginn versuchen würden, sie aus dem Rennen zu werfen.

Ein Stück weiter vorn leuchteten Lampen in der Schwärze der Nacht auf und kamen schwankend näher, wie ein Schwarm riesiger Glühwürmchen.

Colombo führte die Lichter zu einer Anzeigetafel mit dem Schriftzug der »Compagnia Italiana Viaggi Turismo e Sport«, des Italienischen Tourismus- und Sportverbands. »Das ist der Totalisator für die Wetten, sie werden von der CIVTES durchgeführt«, erklärte er. »Es kann auf Sieg und auf Platz für jede Etappe gewettet werden.«

Alfonsina beugte sich neugierig vor. Auch ihr Name war unter den aufgeführten. Ob wohl jemand auf sie setzen würde? Wahrscheinlich darauf, dass sie nicht einmal die erste Etappe zu Ende fuhr.

Colombo postierte sich vor den Fahrern und winkte einen Mann mit einer Fernsehkamera herbei. »So, nun zeigt mal euer schönstes Lächeln«, rief er. »Der Herr hier ist ein Kameramann von der Firma Sport Film. Eure Leistungen werden jeden Tag in den Lichtspielhäusern der großen Städte gezeigt. Zufrieden?«

Die Acetylenlampen kamen näher. Ihr bläulicher Schein

richtete sich auf neunzig graue Gesichter, die Augen zusammengekniffen gegen das grelle Licht. Niemandem war nach Lächeln zumute, manche hoben sogar abwehrend ihre Arme.

»Wo ist die Frau?«, fragte der Kameramann.

»Alfonsina Strada!«, rief Colombo. »Zeigen Sie sich bitte.«

Sie hob die Hand und winkte ins Dunkel. »Hier bin ich!«

Der Schwarm von Glühwürmchen stürzte sich auf sie. »Schön in die Kamera lächeln!«, »Wie ist es für Sie, mit den Männern zu fahren?«, »Alfonsina, glauben Sie, dass die Frauen Sie unterstützen werden?«, »Was sagt Ihre Familie zu Ihrer Manie?«

Sie wandte sich hierhin und dorthin und hatte kaum eine Frage verstanden, als schon die nächste auf sie abgefeuert wurde. Es war sinnlos zu antworten, merkte sie. Ihnen ging es gar nicht um ihre Meinung, sie waren nur gekommen, um die Skurrilität zu bestaunen. Gut, sie würde ihnen den Gefallen tun. Sie strahlte ins Scheinwerferlicht, richtete sich die Haare mit einer Hand und zog dann ein paar Fotos aus der Tasche, die sie auf dem Fahrrad zeigten. »Hier, bitte, sogar mit Autogramm«, sagte sie und warf sie den Reportern zu. Die ganze Welt sollte erfahren, dass die »Königin der Tretkurbel« beim Giro d'Italia mitfahren würde.

»Sie haben sich ausstaffiert wie ein Mann«, bemerkte ein von den Lampen verborgener Frager. »Warum machen Sie das? Was wollen Sie damit beweisen?«

Heilige Madonna, was sollte sie denn sonst für ein Radrennen anziehen? Einen langen Rock mit Hut und Schleier? Warum fragte niemand die Männer, wieso sie nicht Jackett und Krawatte trugen? Was für eine dämliche Frage, hätte sie am liebsten geantwortet, beschränkte sich aber darauf, das Offensichtliche festzustellen. »Es ist bequemer.«

»Wollen Sie damit sagen, dass Sie Frauenkleider nicht mögen?«, insistierte der Mann.

Sie überhörte das. Der Kerl würde weiter dummes Zeug reden, bis er die Antwort bekam, die er schon im Kopf hatte. Sollte er sich doch allein langweilen.

Zum Glück machte Colombo dem Theater bald ein Ende. »Es ist halb fünf. Bitte treten Sie jetzt alle zurück, wir müssen das Startsignal geben!« Die Journalistenschar drängte sich auf der anderen Seite der Porta Ticinese zusammen, sämtliche Fotoapparate und Fernsehkameras waren auf die Radfahrer gerichtet.

»Alfonsina!«, rief eine Stimme. Die Knollennase und die Pfeife Cougnets tauchten aus der Dunkelheit auf.

»Armando!« Endlich ein freundliches Gesicht. »Ich hatte dich gar nicht mehr gesehen.«

»Ich musste mich vergewissern, ob alles startklar ist und alle angetreten sind.« Er legte ihr eine Hand auf die Schulter. »Achtzehn sind nicht gekommen, die hast du schon mal geschlagen«, sagte er lachend. »Und, fühlst du dich bereit?«

Sie lächelte zurück. »Ich kann es kaum erwarten.« Das stimmte. In ihrer Brust machte sich ein Gefühl breit, das sie gleich abreagieren musste, indem sie in die Pedale trat, sonst würde ihr das Herz zerspringen.

»Versuch, im vorderen Feld zu bleiben. Vor allem verlier während der ersten Kilometer nicht die Lichter des vorausfahrenden Autos aus dem Blick, sonst verfährst du dich, und dann war alles umsonst.«

»Danke.«

Cougnet steckte seine Pfeife in den Mund und verschwand wieder in der Nacht.

Ein Automobil kam herbeigefahren und positionierte sich vor dem Startfeld.

Die Fahrer beugten sich über ihre Lenker.

Die Tifosi riefen laut durcheinander, Alfonsina verstand kein Wort. Ein Schauer überlief sie, heilige Madonna, es passierte wirklich. Nun würde sie endgültig feststellen, ob sie etwas taugte oder ob es ihr an etwas Entscheidendem mangelte. Ob sie Ausschuss war. Wo ihre Grenzen lagen.

Ein zweifaches Hupen ertönte, dann fuhr das Auto im Schritttempo los.

Die Masse der Fahrräder folgte, im Takt hin und her schwankend.

Innerhalb weniger Minuten hatten sie den Stadtrand von Mailand auf der Ausfallstraße Richtung Genua erreicht, und dann gab es nur noch flachen, dunklen Horizont. Das Auto beschleunigte ein wenig, und das Feld der Rennfahrer verdichtete sich dahinter. Sie verstand, wie wichtig Armandos Rat gewesen war: Ohne den Lichtfleck dort vorn konnte die kleinste Unaufmerksamkeit dazu führen, auf Abwege zu geraten und sich in der ländlichen Lombardei zu verirren oder im Kreis zu fahren und sich am Start wiederzufinden.

Aber etwas fehlte. Die kleinen Toten waren nicht erschienen, um ihr zuzuwinken. Wie konnten ihre ständigen Begleiter sie ausgerechnet jetzt im Stich lassen, wenn sie das Rennen ihres Lebens anging? Glaubten sie nicht an sie und wollten nicht Zeugen ihrer Niederlage sein? Schnell verscheuchte sie den Gedanken.

Silbrige Strahlen fielen auf einmal vom Himmel und vermischten sich mit dem gelben Leuchten der Autoscheinwerfer. Sie hob den Kopf.

Der Mond war hervorgekommen, ein zunehmendes Viertel. In wenigen Tagen würde er halb voll sein, wie zum Zeitpunkt ihrer Geburt.

Die Hebamme hatte ihr Schicksal daran abgelesen und

ihr Freud und Leid zu gleichen Teilen prophezeit. Ihren Teil an Kummer hatte sie nun gehabt, vielen Dank. Mal sehen, ob jetzt die Zeit der Freuden anbrach.

Als das Mondlicht auf ihre Nase troff, fühlte sie sich wie bei ihrer ersten Flucht auf dem Fahrrad, mit der langen Straße vor sich und allem, was es zu entdecken galt. Ihre Angst verflog. Was war dieser Giro anderes als das, was sie seit ihrem zehnten Lebensjahr machte? Eine etwas längere Rundfahrt, aber nicht sehr verschieden von den vielen vorigen. Sie versuchte, sich die bislang zurückgelegten Kilometer auszurechnen, und merkte, dass es unmöglich war. Tausende, Zehntausende, vielleicht Hunderttausende. Wie sollten sie da die 3613 schrecken, die vor ihr lagen?

Sie trug ihr Schicksal und ihre Bestimmung im Namen: Alfonsina und die Straße.

Nun brauchte sie nur noch zu fahren und herauszufinden, wohin sie führte, Meter für Meter, eine Radumdrehung nach der anderen.

Die Sonne ging bei Pavia auf.

Das Feld der Fahrer, das sich aus einer eigenartigen, bunten Mischung zusammensetzte, hatte begonnen, sich zu zersplittern. Profis fuhren nur wenige mit, die Mehrheit bildeten »Juniores«, blutjunge Nachwuchsfahrer, die sich ihre ersten Sporen verdienen wollten, oder alte Recken, die noch einmal einen letzten Coup anstrebten. Daneben gab es eine Handvoll chancenloser Verzweifelter, von der Presse mit der wenig schmeichelhaften Bezeichnung »Kategorielose« belegt.

Es standen kaum Zuschauer an den Straßen. Das Fehlen der großen Namen hatte sich herumgesprochen, und die meisten Radsportanhänger sahen keinen Grund, sich auf den Weg zu machen. Nicht einmal Alfonsinas Durchfahrt lockte die Leute an, falls sie überhaupt die *Gazzetta* mit ihrem richtigen Namen gelesen hatten, und für die wenigen Neugierigen war sie mit den Haaren unter der Kappe und dem gerade geschnittenen Trikot nicht von den Männern zu unterscheiden.

Das Brennen am Fuß wurde schlimmer, als säße ein glühendes Stück Kohle zwischen Ferse und Schuh. Nur mit der Ruhe, bei der Ankunft würde sie sich ein wenig Eis geben lassen. Sie sah zu den anderen hin, die neben ihr fuhren, ernst und konzentriert.

Einer bemerkte ihren Blick. »Oh, Alfonsina«, sagte er schnaufend, »alles in Ordnung?« Er war erbarmenswert blass und mager.

»Im Moment ja«, antwortete sie.

Er lenkte zu ihr hin. »Ich heiße Luigi Gilardi.«

»Ich kenne dich, du hast vor ein paar Jahren das Tre Valli Varesine gewonnen, stimmt's?«

Ein Lächeln erhellte sein grünliches Gesicht. »Ja, genau.«

»Ich habe schon länger nichts mehr von dir gehört. Wo warst du denn die ganze Zeit?«

Er wackelte mit dem Kopf. »Ach, in der Hölle, aber zum Glück bin ich wieder da.« Er habe Tuberkulose bekommen, erzählte er gedämpft, und sei plötzlich schon nach wenigen Kilometern außer Puste geraten. Immerhin war es noch nicht so weit, dass er Blut spuckte. Den ganzen April hatte er in einer Hütte in den Apenninen verbracht, um die Lunge zu reinigen und sich auf den Giro vorzubereiten. Er hoffte, dass es etwas genützt hatte, denn sonst adieu, Karriere.

Gilardis Murmeln hatte andere Fahrer angelockt, die

wohl neugierig geworden waren, was es da so Vertrauliches zu reden gab. Aufmerksam, beinahe respektvoll, hörten sie zu. Manche nickten, andere hatten plötzlich glänzende Augen.

Einer gestand, dass er sich nicht angemeldet hätte, wenn Girardengo oder Bottecchia mitgefahren wären, denn dann wäre er mit einem beschämenden Abstand zu den Siegern angekommen. So aber könne man halbwegs mit Würde verlieren, es gebe Platz für alle.

Viele stimmten ihm zu.

»Wenn ich aufgeben muss, verkaufe ich das Rad und fahr nach Hause, ich schwör's. Von der Hälfte des Gelds kauf ich mir die Zugkarte, den Rest geb ich für Wein aus!« Der Schwur kam von einem Giacomo Faramelli aus Bergamo, wie er sich vorstellte, ein noch sehr junger Fahrer.

»Wie alt bist du?«, fragte Alfonsina.

»Achtzehn.«

Fünfzehn Jahre jünger als sie. Wenn sie so jung wie die meisten zu Hause Kinder bekommen hätte, könnte sie seine Mutter sein. »Und du denkst jetzt schon ans Aufgeben?«

Der Junge zuckte die Achseln. »Ich glaube, ich habe mich etwas übernommen, eigentlich fühle ich mich noch nicht bereit für eine so schwierige Tour.«

Mit dem einen oder anderen Schwatz zwischendurch verflog die Zeit nur so. Sie waren schon auf der Höhe von Voghera. Die Sonne stand jetzt höher und wärmte ihnen den Rücken. Von der Spitzengruppe war nichts mehr zu sehen.

»Ich leg einen Zahn zu, solange meine Lunge mitmacht«, kündigte Gilardi an. »Kommt jemand mit?«

»Um Himmels willen«, antwortete einer, »bald fangen die Steigungen an, ich will mir nicht jetzt schon die Beine ausrenken.«

Ein paar wenige schlossen sich an und zogen davon, tief über ihre Räder gebeugt.

Der Rest blieb zusammen. Alfonsina dachte nicht daran, sich jetzt schon zu verausgaben. Sie nahm zum ersten Mal an einem Etappenrennen teil und wusste nicht, ob sie sich an den Ruhetagen ausreichend regenerieren konnte. Überhaupt war sie schon länger kein Rennen mehr gefahren, abgesehen von den albernen Wettfahrten mit dem Zug auf der Via Emilia. Ihre Ferse schmerzte jetzt ernstlich. Noch ein paar Kilometer, dann würde sie anhalten, um etwas zu essen und die Strumpfhose neu zu flicken.

Eine seltsame Niedergeschlagenheit hatte sie überkommen, ohne dass sie wusste, warum. Sie tat das, wofür sie jahrelang gekämpft hatte, sie nahm an einem der wichtigsten Radrennen der Welt teil, als einzige Frau unter lauter Männern. Warum drückte dann dieses Gewicht auf sie, das die Räder am Boden kleben ließ wie Fliegen an Honigstreifen?

Die Bemerkungen der anderen Fahrer, daran lag es. Jeder hatte ein persönliches Problem offenbart, ein Handicap, die Angst, es nicht zu schaffen. Einer fürchtete, nicht genug Atem zu haben und möglicherweise Blut zu spucken, ein anderer sah seine beschränkten Fähigkeiten und fand nicht den Mut, sich mit echten Spitzenfahrern zu messen. Und einer dachte schon ans Aufgeben, bevor er richtig angefangen hatte. Die Geständnisse waren ihr unter die Haut gegangen. Und sie? Würde sie durchhalten? Würde sie Berge erklimmen, Hindernisse überwinden, sich Demütigungen ersparen?

Heilige Madonna, allmählich wurde ihr bewusst, dass sie sich mit mehr Dickköpfigkeit als Verstand in das Unternehmen gestürzt hatte. Sie hatte seit einer Ewigkeit nicht ernsthaft trainiert, hatte sich gering und schlecht ernährt, sie war nicht mehr jung und konnte mit keinerlei Unterstützung auf der Strecke rechnen.

Und wenn die bösen Zungen recht hatten? Wenn sie nur eine Spinnerin war, eine Irre, unbesonnen, geltungssüchtig und grundlos eingebildet? Wenn alles, was am Ende dabei herauskam, ein Fliegendreck war, die ernüchternde Erkenntnis, nichts zu taugen? Mit Grauen dachte sie an das, was sie erwartete, das Älterwerden, die nachlassenden Kräfte, die noch schwerer zu ertragende Armut, die Einsamkeit und das Bewusstsein des Versagens. Sie würde jede Selbstachtung verlieren, würde sich dafür hassen, dass sie ihren Hirngespinsten nachgegeben und sich in etwas hatte hineinziehen lassen, das zu groß für sie war. Würde sich eingestehen müssen, wie eng ihre Grenzen waren, während sie gedacht hatte, Gott weiß was erreichen zu können.

Die Sonne hatte fast ihren höchsten Stand erreicht und sah aus wie ein lachendes Gesicht. Sie verspottete sie, ihre Großspurigkeit, ihre Anmaßung und Überheblichkeit. Sie war nur ein Winzling mit kurzem Atem und schmerzendem Fuß, konnte nicht einmal einen Strumpf richtig stopfen.

Die Straße stieg langsam, aber stetig an. Vor ihr erhob sich der Apenninenzug, ein Hahnenkamm mit vielen Spitzen, dazwischen die erste der zahlreichen Herausforderungen, die ihr begegnen würden: der Passo del Penice, 1149 Meter hoch, eine ordentliche Strampelei.

Und wenn ich es nicht schaffe, dachte sie, wenn ich bei der ersten Kehre schlappmache und nicht mehr weiterkann? Sie verlangsamte ein wenig und suchte mit den Augen die Böschung ab. Vergebens. Hätte sie doch wenigstens den Trost der kleinen Toten – sogar sie hatten sich von ihr abgewendet, hatten sie bei dem Versuch, es mit dem Unmöglichen aufzunehmen, allein gelassen.

Ein silbriges Glitzern weiter unten fiel ihr ins Auge. Am Fuß des Hangs wand sich ein Flüsschen, der Trebbia, das blaue Geschlängel war ihr bereits auf der Karte aufgefallen. Eine aufblitzende kleine Stromschnelle erinnerte sie wieder an ihre erste Fahrt und den Idice. Wovor hast du denn Angst, Alfonsina? Du bist auf die Pedale gestiegen, ohne dass es dir jemand beigebracht hätte, weil du es einfach in dir hast, und du musstest es im Dunkeln tun, weil es dir verboten war, du warst erst zehn Jahre alt und ein Mädchen. Und jetzt fürchtest du dich, diesem Drang bei hellem Tageslicht zu folgen?

Wie schön du bist auf dem Fahrrad, Fonsina, hatte Luigi an ihrem zweiunddreißigsten Geburtstag zu ihr gesagt, *steig niemals ab.*

Nein, ich steige nicht ab, ich steige nicht ab, dachte sie, schade, dass du mich nicht siehst, aber sobald der Giro zu Ende ist, komme ich und erzähle dir alles, und vielleicht bist du dann ja geheilt und ich kann dich mitnehmen, wir ziehen, wohin du willst, in die Berge, wo die Luft gut ist, oder ans Meer, wo wir mit den Füßen im Wasser waten, und wir verbringen den Rest unseres Lebens in der Sommerfrische, als wären wir feine Leute.

Ihr Mann hörte sich ihre Träume an und lachte glücklich. Sie sah die Szene vor sich: Sie traf in der Heilanstalt ein und bat die Kindernonne, ihren Mann samt seinem Koffer herzubringen, danke schön. Er warf ihr die Arme um den Hals und sprach ganz vernünftig. Ihm war eine Idee für eine neue Erfindung gekommen, und diesmal würde er sie sich nicht klauen lassen. Sie würden viele gute Tage haben, die Zeit des Vollmonds war gekommen, genug der Quälerei.

Heilige Madonna, jetzt fange ich auch schon an, wirres Zeug zu faseln, dachte Alfonsina. Die dünne Bergluft konnte einem zu Kopf steigen, das wusste sie, und die Anstrengung der langen Steigung Täuschungen hervorrufen. Doch ihre Träumerei hatte ihr geholfen, die Passhöhe zu erreichen, ohne die Plackerei allzu sehr zu spüren.

Als sie wieder klar denken konnte, merkte sie, dass sie schweißgebadet war. Ihre Lunge stach, ihr schwindelte leicht, und ihr Herz hämmerte so stark, dass es wehtat, aber sie hatte es geschafft, sie war auf dem Penice. Das Sonnenlicht ergoss sich in goldenen Kaskaden in das Tal des Trebbia, auf die Kämme der nun hinter ihr liegenden Alpen und die jenseitigen Hänge des Apennin. Die Wiesen leuchteten in frischem Grün. Eine landschaftliche Schönheit, die einem die Tränen in die Augen treiben konnte. Sie hielt und setzte die Füße auf den Boden.

Ein heftiges Stechen in der Ferse ließ sie aufschreien. Der Schmerz machte sich stärker denn je bemerkbar, sie musste den Schuh ausziehen und Abhilfe schaffen. Sie bog auf einen von der Fahrbahn abzweigenden, baumbestandenen Weg ein.

Andere hatten vor ihr schon dieselbe Idee gehabt, hatten ihre Räder an die Bäume gelehnt und sich in den Schatten gesetzt, um zu essen. Sie rissen die Augen auf bei ihrem Anblick, und der Mund blieb ihnen offen stehen. In ihre Verblüffung mischte sich schnell Ärger, es stand ihnen auf die Stirn geschrieben, wie ungern sie diese Frau hier sahen, deren Anwesenheit neue Panik vor der enormen Aufgabe auslöste, den Druck erhöhte. Aussteigen, wenn sogar sie es schaffte – man stelle sich die Schande vor.

Obwohl erst die Hälfte der ersten Etappe hinter ihnen lag, hatten sie bereits gehofft, sie losgeworden zu sein, doch hier war sie, allen zum Trotz.

Fast taten sie ihr ein bisschen leid, und wenn es ihr gelang, die Trauer von ihren Erinnerungen zu trennen, taten ihr auch der Vater und die Geschwister leid und alle, die sie immer wie einen Fußabtreter behandelt hatten, nur weil sie sich nicht in die enge weibliche Rolle fügen, sich nicht damit abfinden wollte, bloß eine Rippe zu sein. Um sich selbst besser zu fühlen, mussten sie andere, die ihren eigenen Kopf hatten, beleidigen und abwerten, die Ärmsten. Auf sie herabsehen, um sich größer vorzukommen.

Dabei schien die Wirkung eher umgekehrt zu sein. Je mehr sie versuchten, sie zu erniedrigen, desto kleiner wirkten sie. Das Entscheidende war, selbst in die Höhe zu streben, nicht andere herabzusetzen.

Sie humpelte zu einem Gebüsch etwas abseits von den anderen und zog sich den Radschuh aus. Es war noch schlimmer als befürchtet. Ihre Ferse war blau geschwollen, mit einer dicken Blase in der Mitte. Sie nahm Nadel und Faden aus ihrem Sack. Die wässerige Blase musste langsam ausgetrocknet werden, sonst würde die Haut nicht gut verheilen. Sie durchstach sie mit der Nadel und ließ den Faden zur Drainage darin, danach hielt sie den Fuß in die Sonne, damit die Wunde besser abtrocknete.

Die Fahrer in der Nachbarschaft hatten sich stumm auf ihre Verpflegung gestürzt. Sie schlangen alles ohne zu kauen herunter, wie streunende Hunde, die das Auftauchen des Rudelführers befürchten. Es war ein Kampf unter armen Schluckern, merkten sie das nicht? Sie schauten sich bloß um, wer noch schlechter dran war, statt den Blick nach vorn zu richten und etwas Besseres anzuvisieren.

Bevor Alfonsina sich ans Essen machte, setzte sie die Wasserflasche an den Mund und trank sie auf einen Zug halb leer. Selbst auf über tausend Meter Höhe war es noch ziemlich warm, die Luft aber trocken und frisch und zum

Glück frei von Insekten. Sie dachte an Gilardi und freute sich für ihn, er hatte bestimmt frei atmen können, als er über den Penice gefahren war.

Es fiel ihr schwer, sich zwischen all den guten Sachen in ihrem Proviantbeutel zu entscheiden. Weil sie immer noch durstig war, sich aber das restliche Wasser aufsparen wollte, begann sie mit der Orange, duftend und saftig. Das löschte zwar den Brand, öffnete dafür ein Loch im Magen. Alfonsina hätte den gesamten Beutelinhalt auf einen Happs in sich hineinstopfen können, beherrschte sich jedoch. Sie brauchte Energie, ohne sich zu sehr zu beschweren. Mit vollem Magen konnte man sich bei der großen körperlichen Belastung leicht übergeben, besser war es, sich die Sachen einzuteilen. Sie aß die beiden Marmeladebrötchen und ein rohes Ei, zum Abschluss einen halben Schokoladenriegel und ein paar Kekse. Es war immer noch Platz in ihrem Bauch, doch sie schloss energisch den Beutel.

Dann hörte sie ein Rattern vorn am Weg. Eine neue Gruppe von Fahrern kam herbei, ihre Räder schiebend.

Alfonsina nahm ihre Mütze ab und winkte. Die Männer sahen grollend zu ihr hin, ohne den Gruß zu erwidern, und warfen sich in den Schatten, schnaufend wie Blasebalge.

Fünf waren es, zählte sie. Fünf Männer waren bei der Bergfahrt auf den Penice langsamer gewesen als sie. Sie konnte sich ein Grinsen nicht verkneifen und wandte sich ab, um nach ihrer Ferse zu sehen. Die Blase war fast vollständig abgetrocknet. Sie zog den Faden heraus und drückte vorsichtig darauf. Es tat höllisch weh, sie musste irgendetwas zwischen Haut und Schuh stopfen. Ihre Strumpfhose war ein Desaster. Ein Loch von der Größe eines Apfels war in dem ohnehin schon dünnen Gewebe entstanden, es zu flicken war zwecklos, es würde nur erneut aufreißen. Zum

Teufel mit der Strumpfhose. Sie ging hinter eine Tanne und zog sie aus. Mit den Zähnen riss sie das Bein ohne Loch ab und machte daraus eine Socke für den linken Fuß, mit dem Rest des Wollstoffs bastelte sie eine Art Pantoffel für den rechten. Sie spähte hinter dem Baum hervor, niemand sah in ihre Richtung, also nutzte sie die Gelegenheit gleich zum Pinkeln. Danach steckte sie den rechten Schuh in ihren Quersack und nahm ihr Fahrrad.

Die Fahrer, die noch rasteten, folgten ihr mit feindseligen Blicken.

An der Straße sah sie sich um. Sie hatte nun ein gutes Stück bergab vor sich, der schwierigste Teil der Etappe war bewältigt. Sie stieg auf. Der Fuß, an dem endlich nichts mehr rieb, hatte aufgehört zu brennen, die Luft war lau, der Himmel türkisblau, im Tal schimmerte silbern der Trebbia. Heilige Madonna, was für ein Tag.

Eine Weile ließ sie sich von dem sanften Gefälle tragen, keine Erschütterungen, weite, bequeme Kurven. Das konnte sie für einen weiteren Imbiss nutzen, sagte sie sich, und steckte eine Hand in den Beutel. Das Erste, was sie zu fassen bekam, war ein Apfel. Er war knackig und lecker, und sie aß ihn mit wenigen Bissen auf. Durst hatte sie nun keinen mehr, dafür noch mehr Hunger. Sie fand das Päckchen mit dem Schnitzel. Es fühlte sich warm an von der Sonne, wie frisch zubereitet. Das Fleisch war zart und genau richtig gesalzen, die Panade roch nach gutem Öl. Beim Kauen schien es ihr fast, als würde sie einen Ausflug machen. Sie kam zu einem geraden Abschnitt, an dessen Ende sie eine Gruppe von Fahrern sah. Sie beschleunigte ein wenig, um sie einzuholen, glaubte geradezu, ihre Schweißfahne zu riechen. Dann fingen die Kurven wieder an. Die Fahrer verschwanden hinter einem Felsvorsprung. Alfonsina trat noch mehr in die Pedale, sie wollte zu ihnen aufschließen und sich mitziehen lassen. Nach der langen Kurve veränderte sich das Gelände plötzlich. Die Straße war mit herabgefallenen Steinen und Felsbrocken übersät und wand sich in engen, steil abfallenden Serpentinen, am rechten Rand gähnte ein tiefer Abgrund. Sie musste ein Stück zickzack fahren, um den Steinen auszuweichen. Auf einmal hörte sie Schläge von oben und sah auf. Ein Felsbrocken kam herabgerollt und prallte dabei am Berghang ab; in wenigen Augenblicken würde er auf die Fahrbahn donnern, und dann adieu, Alfonsina.

Sie bremste, doch ihre Reifen schlitterten auf dem Schotter und bekamen keine Haftung. Den Lenker herumreißend, stemmte sie die Füße auf den Boden. Der Schmerz an der Ferse flammte wieder auf, sodass sie den rechten Fuß unwillkürlich hochriss.

Das Fahrrad schlingerte und rutschte über den Straßenrand. Der Felsbrocken hatte sie fast erreicht. Sie ließ den Lenker los und gab dem Fall nach, rollte abwärts, schlug gegen Steine, spürte, wie Zweige und Felszacken in ihre Haut schnitten und ihre Knochen knirschten. Mit einer Hand bekam sie etwas zu fassen, das aus dem Boden ragte, und klammerte sich daran fest.

Der Fels krachte eine Handbreit neben ihr vorbei und setzte seinen Lauf in die Schlucht hinab fort, riss Zweige und Steine mit sich.

Kurz darauf hörte sie ihn unten aufknallen, das Geräusch vervielfacht vom Echo. Ihr tat alles weh, aber es schien nichts gebrochen zu sein. Sie sah nach, woran sie sich festhielt, es war die Wurzel einer Buche. Der Baum war groß und bestimmt sehr alt, seine Wurzeln, die teilweise aus dem Hang ragten, hatten ein dichtes, knorriges Geflecht gebildet. Vorsichtig rappelte sie sich auf und umarmte den Baum. Danke, liebe Buche, dachte sie, du hast mir das Leben gerettet. Ein Schnitt in der Unterlippe füllte ihren Mund mit Blut. Gott sei Dank war ihre Mütze nicht abgefallen und hatte ihren Kopf ein wenig geschützt. Auch der Quersack war noch da, fehlte nur das Fahrrad. Sie fand es ein kleines Stück weiter unten, aufgefangen von einem Lorbeerbusch, es schien einigermaßen heil zu sein. Hätte sie die Kraft dazu gehabt, hätte sie angefangen zu weinen, halb vor Erleichterung, halb aus Verzweiflung.

Etwa zehn Meter Steilhang trennten sie von der Straße oben, in ihrer Verfassung würde sie eine Stunde brauchen, um mit dem Rad hinaufzuklettern. Doch es blieb ihr nichts anderes übrig. Sie schob ihre Schulter unter die Querstange und zog sich mithilfe von Wurzeln und Büschen aufwärts, fürchtete allerdings, nicht lange durchzuhalten. Ihre aufgeschürften Handflächen erschwerten das Klettern, und jedes Mal, wenn sie den rechten Fuß belastete, sah sie Sterne. Bei dem Sturz war der improvisierte Verband abgefallen, sodass die Fersenwunde frei lag.

Plötzlich hörte sie Stimmen von der Straße und sah hinauf.

Eine Traube von Männergesichtern hing über die Böschung. »Alles in Ordnung da unten?«, fragten sie. »Wir haben deinen Sturz beim Herunterfahren beobachtet.« Es waren Teilnehmer des Giro.

Einer mit einem grünen Trikot stieg auf einen Felsvorsprung etwa einen Meter unterhalb der Straße. »Spring du auch runter«, sagte er zu einem seiner Kollegen. »Ich kletter noch ein Stück weiter, dann können wir eine Kette bilden.«

»Ist gut«, antwortete der andere und machte einen Satz neben ihn auf den Fels.

Der Fahrer mit dem grünen Trikot ließ sich auf den

nächsten Vorsprung darunter herab, legte sich auf den Bauch und streckte Alfonsina beide Arme entgegen. »Halt dich an mir fest.«

Sie löste eine Hand von dem Strauch, an dem sie sich festhielt, und reichte sie ihm. »Danke«, sagte sie seufzend, »ich konnte nicht mehr.«

Der Mann riss die Augen auf. »Wer bist du?«

Sie sah ihn an. Was sollte die Frage? »Warum?«, fragte sie irritiert.

Er zog seinen Arm zurück und drehte sich zu dem Kollegen weiter oben um. »Es ist die Frau, die mit uns gestartet ist!«

Der andere keuchte hörbar. »Du lieber Gott!«

Die oben an der Straße beugten sich zu ihm herunter. »Was ist los, warum helft ihr ihm nicht?«, fragten sie.

»Es ist Alfonsina Strada«, antwortete er.

Die Männer starrten zu ihr herab, als hinge der Teufel persönlich am Fels.

»Was ist, worauf wartet ihr?«, schrie sie.

Der Fahrer in Grün kletterte zurück auf den Felsvorsprung, auf dem sein Kollege stand. »Addio, Alfonsina«, sagte er. »Du wolltest unbedingt mitfahren, wir haben dich nicht dazu gezwungen. Jetzt sieh, wie du zurechtkommst.«

Die weiter oben zogen die beiden hoch, dann winkten sie ihr alle gemeinsam zu.

»Ich hab dir ja gesagt, dass du keine Sonderbehandlung bekommst, nur weil du eine Frau bist.« Lachend stiegen sie wieder auf den Sattel.

Alfonsina begriff, es war der, der sie beim Start gewarnt hatte, dass sie mit keiner Unterstützung rechnen durfte, *im Gegenteil.* Sie würden ihr nicht nur nicht helfen, sie frohlockten, weil sie gestürzt war, sie würden alles dafür tun, damit sie schon auf der ersten Etappe aus dem Rennen ausschied.

Irgendwie musste sie hinauf zur Straße gelangen, aber sie war zu benommen und erschöpft. Nicht einmal eine Aufwallung von Zorn kam ihr zu Hilfe, *im Gegenteil*, sie fühlte sich bloß entmutigt.

In dem Moment tauchten die kleinen Toten auf. Als sie wieder nach oben blickte, in der Hoffnung, dass jemand anders ihren Fall bemerkt hatte und gewillt war, ihr zu helfen, entdeckte sie sie am Hang. Daneben, mit ausreichend Abstand zu den zerlumpten Seelen, standen die Romanows. Die Mädchen weiß und gesittet neben der Mutter, die den Zarewitsch an den Schultern hielt in der Furcht, dass er fallen und die Felszacken sich in seine zarte Haut bohren könnten wie Dolche.

Alle wirkten sie traurig, sowohl die zerlumpten Toten aus Fossamarcia als auch die herrschaftliche Familie aus Sankt Petersburg. Vielleicht waren sie auch nur enttäuscht.

Wie nun, schienen sie zu sagen, du hattest uns doch versprochen, nicht aufzugeben und immer weiter zu fahren, allen Heiligen zum Trotz, und jetzt knickst du nach dem ersten Sturz ein?

Ich bin so müde, dachte sie.

Wenn du jetzt aufhörst, verurteilst du auch uns zu einer Ewigkeit des Nichts. Wir brauchen deine Augen, deine Taten, um die ewige Leere zu füllen, die unser Schicksal ist.

Was war es, das sie hier festhielt, an diesen Busch geklammert? Die Müdigkeit und die Schmerzen in allen Gliedern.

Aber würde das vorbeigehen, wenn sie hier an diesem Hang blieb? Nein, sie würde immer schwächer werden, die Pein nur schlimmer.

Also besser hinaufklettern.

Mühsam schob und zog sie sich voran, bis sie es schließlich geschafft hatte. Bäuchlings warf sie sich auf die Straße, ihre Lunge stand in Flammen. Nach einer Weile konnte sie wieder normal atmen und setzte sich auf. Sie spürte ein Stechen im Brustkorb und drehte sich vorsichtig von einer Seite zur anderen. Das Stechen ließ nach, es war nichts gebrochen. Ihre Arme und Beine waren mit Schnitten und Schürfwunden übersät, hier und da blutete es. Sie sah zu der Stelle, an der vor Kurzem die Romanows gestanden hatten – sie hatten sich aufgelöst. Ein Glück, so blieb Alexandra und dem kleinen Alexei der Anblick des Bluts erspart.

Auch die anderen Seelen waren verschwunden, aber sie dankte ihnen allen im Stillen, weil sie im Moment der größten Not gekommen waren. Sie spuckte auf die Wunden und reinigte sie mit einem Lappen aus ihrem Sack. Dann trank sie einen Schluck Wasser und aß auch gleich noch die restliche Schokolade und die zweite Orange. Ein Funken Energie kehrte in ihren Körper zurück. Das Fahrrad hatte nur ein paar Kratzer abbekommen, der Lorbeerbusch hatte das Schlimmste verhindert. Allerdings war der Hinterreifen platt. Sie flickte den Mantel und wechselte den Schlauch. Ihre Hände taten so weh, dass sie unendlich lange dazu brauchte. Allein schon, um den Faden durchs Nadelöhr zu bekommen, waren zig Versuche nötig, weil ihr vor Erschöpfung immer wieder alles vor Augen verschwamm. Irgendwann war der Reifen endlich repariert, und sie stieg auf. Wie viel Zeit hatte sie durch den Unfall verloren? Etwa eine Stunde. Sie hoffte, mit nicht allzu großem Abstand zum Etappensieger anzukommen, sonst drohte die Disqualifizierung.

Die wenigen Tifosi an den Straßen erblickten einen ziemlich mitgenommenen Giro-Teilnehmer im schwarzen

Trikot, schmutzstarrend und blutverkrustet, und feuerten sie an. Eine Frau bekreuzigte sich sogar.

Kurz vor Genua hielt sie, um sich den Schuh wieder anzuziehen. Die rechte Ferse protestierte schmerzend, aber um keinen Preis würde sie barfuß durchs Ziel fahren.

Sie traf fast zwei Stunden hinter dem Etappensieger, Bartolomeo Aymo, ein, blieb aber im Rennen mit einer Platzierung als Vierundsiebzigste und hatte die Genugtuung, drei Fahrer nach sich eintreffen zu sehen. Einer davon trug ein grünes Trikot. Elf waren ausgestiegen, fast alles Juniores und Kategorielose.

Cougnet kam auf sie zugerannt und schloss sie in die Arme. »Gut gemacht, Alfonsina!«

Sie konnte einen Schmerzenslaut nicht unterdrücken.

»Bist du verletzt?«, fragte er besorgt.

»Nein, nein, nur gestürzt«, erklärte sie, »aber es geht schon wieder.«

Auch Pavesi kam herbei, um sie zu beglückwünschen, und gab ihr die Hand. »Kompliment, du fährst wirklich gut.«

Sie hatte nicht einmal mehr die Kraft, ihm zu antworten, wollte nur noch auf ihr Zimmer, die Hähnchenkeule essen und sich aufs Bett werfen. Dennoch war Pavesis Lob wie Balsam auf ihre Wunden.

Weitere Fahrer traten hinzu und bildeten einen Halbkreis um sie; sie sahen sie mit einem neuen Ausdruck an, einem des Respekts.

Erst gegen Mittag wachte sie auf.

Sie war sehr spät eingeschlafen, weil es das Problem mit dem Masseur gegeben hatte. Da es sich nicht gehörte, dass eine Frau den als Behandlungs- und Massageraum eingerichteten Pavillon betrat, solange die Männer sich darin aufhielten, sollten Alfonsinas Muskeln in ihrem Hotelzimmer gelockert werden, nachdem alle anderen fertig waren. Keiner hatte Lust auf diese Aufgabe, also wurde gelost. Als der Masseur schließlich lange nach Mitternacht an ihre Tür geklopft hatte, waren ihre Beine hart wie Marmor gewesen.

Zu der nach dem Mittagessen angesetzten Besprechung erschien sie mit schmerzenden Gliedern, aber voller Energie. Sie humpelte noch ein wenig.

»Wie geht's dem Fuß, Alfonsina?«, erkundigte sich Pavesi.

Am Abend zuvor war den anderen aufgefallen, dass sie das rechte Bein nachzog, aber sie hatte es heruntergespielt und gesagt, der Fahrradschuh sei ein bisschen zu eng. »Besser, danke.«

Ein Fahrer warf ihr eine *Gazzetta* zu. »Du stehst in der Zeitung.«

»Sie schreiben was über mich?«, fragte sie.

»Kann man wohl sagen.«

Sie setzte sich, um in Ruhe zu lesen. Unter den verschiedenen Reportagen über die Etappe, den Listen mit der Reihenfolge der Zielankunft und den Fahrzeiten, gab es einen Artikel von Silvio Zambaldi, einem sehr populären Theaterautor, der hin und wieder auch Kommentare in Sportzeitungen schrieb. Im letzten Absatz ging es um sie.

»In der Herde befindet sich auch ein fideles Weiblein mit kurzem Bubikopf und noch kürzeren Hosen, über die dreist die Hemdzipfel herabhängen«, berichtete Zambaldi. »Sie trat so fröhlich und ungeniert in die Pedale wie ein kleines Mädchen, das die Schule schwänzt. Das Publikum, das in den durchfahrenen Orten Spalier stand, bemerkte sie sogleich und erging sich in Ausrufen des Erstaunens, besonders die Frauen, möglicherweise schockiert darüber, ihr Geschlecht so unschmeichelhaft vertreten zu sehen. Mit ebensolchem Erstaunen war ich später zugegen, als sie ehrenhaft das Ziel erreichte. Sie freute sich darüber, im Mittelpunkt des Interesses zu stehen, und ließ sich zufrieden lachend beglückwünschen. Heute Morgen ist sie mir in Frauenkleidung wiederbegegnet, immer noch glücklich über das gestrige Ergebnis, das viele enttäuscht hat, die sie nach halber Strecke abgehängt zu haben glaubten, nur um dann nach ihr anzukommen. Keine Spur von Müdigkeit, nur ein wenig besorgt, weil sie der rechte Schuh drückt und heute am Sonntag kein Schuster aufzutreiben ist.«

Ihre erste Reaktion war Fassungslosigkeit. Durfte man so ein verlogenes Zeug in einer Zeitung schreiben? Hatten die Journalisten denn keinen Respekt vor ihrer Leserschaft? Wo hatte das Publikum rufend an den Straßen gestanden, wenn da doch bloß eine Handvoll verschlafene Gestalten gewesen war? Von denen sie mit Sicherheit niemand erkannt hatte. Verstörend fand sie auch, dass der Verfasser behauptete, ihr am Morgen begegnet zu sein, kreuzfidel und nur ein bisschen beunruhigt, weil der Schuster zuhatte. Dabei hatte sie zu dem Zeitpunkt noch geschlafen, und die Zeitung war bereits ausgeliefert worden. Die Nachricht von ihrem Hinken war am gestrigen Abend offenbar von Mund zu Mund gegangen, und jeder hatte sie nach eigenem Gusto ausgelegt.

Als Nächstes packte sie die kalte Wut.

Ein in der Schule gelerntes Kinderlied kam ihr in den Sinn: »Klein-Teresa fiel auf der Wiese hin

und schnappte fidel einen Schmetterling.

Bäuchlings im Gras, rief sie gar fröhlich:

›Hab ich dich! Hab ich dich!‹«

Sie hatte Teresa immer für eine dumme Gans gehalten, weil sie nicht merkte, dass sie dem Falter Schaden zufügte, bis der sie darauf aufmerksam machte. In dem Artikel stellte man sie ähnlich unbedarft dar: ein oberflächliches Dämchen auf einer Landpartie mit Picknickkorb, nichts ahnend von den Herausforderungen, denen sie entgegenfuhr. Als sei sie zufällig in das Rennen hineingeraten, eindeutig fehl am Platz, wie dieser eine Nebensatz hervorhob: »... besonders die Frauen, möglicherweise schockiert darüber, ihr Geschlecht so unschmeichelhaft vertreten zu sehen.«

Wie wäre es Ihrer Meinung nach denn schmeichelhaft vertreten, Signor Zambaldi?

Doch es sollte noch schlimmer kommen. Ein paar Minuten später näherte sich ihr Gilardi mit kleinlauter Haltung.

Sie war froh, ihn zu sehen, wollte sich gern von dem Unsinn in der Zeitung ablenken lassen. »Luigi, wie geht's?«

»Mir geht's gut«, antwortete er mit langem Gesicht. »Ich wollte es dir eigentlich nicht sagen, aber du würdest es ja sowieso erfahren.«

»Was?«

Luigi hielt ihr ein Exemplar des *Guerin Sportivo* hin, einer Sportzeitung mit satirischem Einschlag. »Es tut mir leid, Alfonsina«, murmelte er, »das hast du nicht verdient.« Er legte das Blatt neben die *Gazzetta* auf den Tisch und verdrückte sich mit gesenktem Kopf.

Alfonsina starrte darauf, ohne sich überwinden zu können, es aufzuschlagen. Ihre Teilnahme am Giro war erst vor ein, zwei Tagen bekannt geworden – was hatten die vom *Guerin* sich in so kurzer Zeit bloß ausgedacht? Das Schlimmste befürchtend, blätterte sie die Seiten um, bis sie auf ihren Namen stieß, gleich in der Überschrift. »Oh, diese Alfonsina!« Der Rest war eine einzige Gemeinheit.

»Wenn sich bei einem großen Radrennen, wie es gerade auf den Straßen unseres Landes stattfindet, ein Teilnehmer hervortut, der ein perfektes Paar Beinchen hat, einen geschmeidigen, zierlichen Körper und einen Bubikopf« – heilige Madonna, dachte sie, jetzt schneide ich sie ganz ab! –, »weiß blinkende Zähne und ein hübsches Gesicht, und wenn dieser Teilnehmer eine Frau ist, versteht es sich quasi von selbst, dass man wünschte, aus den zwölf Etappen würden vierundzwanzig. Dieser Meinung sind neben vielen Sonderberichterstattern und den zahlreichen Betreuern und Managern auch alle Fahrer. So kommt es, dass zu viele Autos sich an die Nachzüglergruppe dranhängen, zu viele Ratschläge – uneigennützig natürlich, ganz uneigennützig – auf Alfonsina einhageln, zu viele lächelnde Mienen und Stielaugen sich auf die anziehende, über den Lenker gebeugte Gestalt richten.«

Der bösartige Spott des Artikels trat jedoch erst beim Umblättern richtig zutage. Auf der nächsten Seite war das Foto einer jungen, eleganten Frau auf einem Fahrrad abgedruckt, mit der Überschrift: »Nein, nein, ihr träumt!« Die Bildunterschrift machte es noch deutlicher: »Wie die Ahnungslosen sich Alfonsina vorstellen.«

Damit nicht genug. Gleich daneben wurde dem Ganzen die Krone aufgesetzt, indem man ein Liedchen zitierte, das gerade in Mode und an sich schon ziemlich albern war. Darin ging es um eine Serafina, die sich weigerte zu küssen und Liebe zu machen. Beim *Guerin* hatte man es geschafft, den Text noch beleidigender zu gestalten.

Mit dem Haar so kurz
und dem Hemdchen klein,
Alfonsina, Sina mein,
radelt sie vorbei am Rain
hört sie »Welch ein Schlingelein!«

Ja, zu Zwecken der Reklame
mag die Idee ganz tauglich sein.
Alfonsina, Sina mein,
alles Mannsvolk eilt herbei,
nimmt die Stramplerin in Augenschein.

Es wurde noch besser:

Alfonsina, lass den Mut nicht fahren,
hast du ein Loch, kommen wir in Scharen,
stopfen's dir in jedem Fall.

Der Geniestreich des Dichters aber war die letzte Strophe:

Alfonsina, stürzt du im Regen
Pass bloß auf, dass die Kollegen
Sich nicht auf dich stürzen all.

Sie konnte sich das Gebrüll der Leser vorstellen, wie sie sich auf die Schenkel schlugen, sich in den Bars mit der Zeitung in der Hand anstießen und schieflachten.

Alfonsina blickte auf ihre zerkratzten Hände, die blutverkrusteten Arme, die aufgeschürften Knie. Nein, das war kein schöner Anblick, sie hatte auch keine anmutige Figur – was stand da noch? »Perfekte Beinchen, einen geschmeidigen, zierlichen Körper«, und dann dieser unausstehliche »Bubikopf«. Wollte man sie verunglimpfen? Sie demütigen? Sie wusste, wie sie aussah, sie hatte einen Spiegel zu Hause, auch wenn sie nicht stundenlang davorstand, um sich herauszuputzen. Es kümmerte sie keinen Deut, ob sie eine anziehende Figur hatte oder man ihre »über den Lenker gebeugte Gestalt« bewunderte. Auf derlei Dinge konnte sie schon von klein auf verzichten, spätestens seit man ihr gesagt hatte, dass sie anders war, verkehrt, ein Teufel, eine Irre, gar Nutte.

Trotzdem tat so etwas weh. Auch wenn ein Teil von ihr darüber lachte und es an sich abprallen ließ, war ein anderer doch verletzt. Sie war bereits dreiunddreißig, wenn sie bei dieser Gelegenheit versagte, würde es keine andere mehr geben. Dann müsste sie sich damit abfinden, eine Niete zu sein.

Sie knallte den *Guerin Sportivo* auf den Tisch. Alle Fahrer wurden gelobt, bekamen Worte der Anerkennung für ihren Einsatz, ihr Durchhaltevermögen. Alle außer ihr. Ihre Teilnahme war keine Leistung, ach was, nur eine Laune. Sie hatte keinen Schweiß vergossen, die neunstündige Fahrt sie keine Kraft gekostet. Nur ihr Aussehen wurde kommentiert und nach Bedarf beurteilt, mal war sie eine mit den Hüften wackelnde Kokette, mal eine Enttäuschung für diejenigen, die eine Schönheit erwartet hatten. In jedem Fall ungenügend, unpassend, ungleich.

Nicht daran denken, nicht daran denken, befahl sie sich. Sie verspotten dich bloß, weil du ihnen Angst machst.

Es war ihr ein Rätsel, warum eine Frau auf dem Fahrrad die Leute so erschreckte. Vielleicht, weil sie unbeherrschbar war und sich selbst genügte.

»Lass sie reden«, bemerkte jemand hinter ihr. »Sie setzen dich nur herab, um ihre eigene Mickrigkeit zu verbergen.« Armando Cougnet hatte nach ihr gesucht. »Komm, wirf den Müll da weg, es gibt jetzt Wichtigeres.«

Bei der Versammlung zur Vorbereitung auf die morgige Etappe sollte die Strecke studiert werden, außerdem bekamen sie das Tagegeld und hatten Gelegenheit, ihre Fahrräder in Ordnung zu bringen.

Das extra aufgestellte Großzelt war schon voller Fahrer.

Colombo stand vorn und zeigte gerade auf eine an einer Tafel aufgehängte Straßenkarte. Die Pässe mit den größten Schwierigkeiten waren der Bracco und der Monte Oppio. Die Männer hörten aufmerksam zu, alle Bänke waren besetzt.

»Da ist die Strada«, murmelte jemand.

»Wo?«

»Dort.«

Ein paar lehnten sich in ihrer Reihe zurück, um sie durchzulassen, und rückten zusammen.

»Alfonsina, komm hier nach vorn«, rief Colombo.

Sie blieb bei einer Bank in der Mitte stehen. »Danke, hier ist's gut.« Er hatte sie zum ersten Mal geduzt, worüber sie sich freute. Die Kollegen in der Nähe sahen sie freundlich an. Heilige Madonna, am Ende hatte sie doch noch ein Zuhause gefunden.

Tre Valli Varesine, 13. September 1959

Bei ihrer Picknickpause auf der Wiese vor der Ankunft der Fahrer hatte sie überlegt, zum Teilstreckenziel in Gavirate zu fahren. Doch dann war ihr auf einmal die Lust vergangen. Sie war ein wenig melancholisch und fragte sich, ob es überhaupt eine gute Idee gewesen war, zum Tre-Valli-Rennen zu fahren. Sie hatte zu wenig geschlafen und war nicht in der rechten Stimmung, den Tag zu genießen. Über das Bergmassiv des Campo dei Fiori zu steuern, vielleicht wieder um einen gut erreichbaren Parkplatz kämpfen zu müssen, sich durch die Menge zu zwängen, um genug zu sehen, das war ihr auf einmal alles zu viel. Besser, sie kürzte über Rasa di Varese ab und fuhr gleich zurück zum Ziel, wo Binda und Coppi inzwischen bestimmt mit den Interviews fertig waren und Gelegenheit fanden, vor dem Tamtam der Siegerehrung ein bisschen mit ihr zu plaudern.

Die Hände auf den Hüften, stand sie am Straßenrand und blickte auf die Stelle, wo die letzte Gruppe samt den Fahrzeugen des Gefolges verschwunden war. In einem der Autos meinte sie, Biagio Cavanna erkannt zu haben, mit Mütze und schwarzer Brille. Er war bis Mitte der Dreißigerjahre Rennen gefahren, bis ihn sein Augenlicht im Stich gelassen hatte. Trotz seiner Erblindung hatte er die Welt des Radsports nicht aufgegeben, was ein Glück war, denn er fand heraus, dass er mit den Händen sehen konnte: Er brauchte einen Fahrer nur zu betasten, um zu erkennen, wie das Beste aus ihm herauszuholen war. Unbekannte junge Talente hatten es dank seines Trainings an die Spitze geschafft, waren zu »Campionissimi« geworden, wie man Girardengo und Coppi nannte, die er ebenfalls entdeckt hatte. Mit seiner besonderen Gabe konnte er Muskeln und Knochen zurechtrücken, er war viel mehr als ein Masseur und wurde nicht umsonst »der Magier aus Novi« oder »der sehende Blinde« genannt.

Cavanna und Fausto hatten sie oft in Mailand besucht, in der Wohnung mit Werkstatt, die sie und Carlo in der Via Farini gekauft hatten.

Biagio konnte da schon nicht mehr richtig sehen und orientierte sich, indem er alles mit den Fingerspitzen berührte. »Na, Messori, erzähl mir mal, wie weit du bist«, sagte er gern.

Carlo schüttelte dann den Kopf und zog ihn neben sich. »Ach, ich liege ziemlich zurück«, antwortete er und brachte ihn auf den neuesten Stand seines Projekts. Er hatte es sich in den Kopf gesetzt, eine Geschichte der Welt zu verfassen, vom Höhlenzeitalter bis zur Gegenwart, und häufte dazu Bücher und Zeitungen an, machte sich Notizen während der Radionachrichten. Nur richtig mit dem Schreiben anzufangen, dazu konnte er sich nicht aufraffen.

»Je länger du wartest, desto mehr Stoff hast du«, sagte Cavanna lachend.

»Auch wieder wahr«, erwiderte ihr Mann mit einem Seufzer.

Alfonsina überließ die beiden ihrer Unterhaltung und begann, mit Coppi über Schläuche zu fachsimpeln, welche die besten für die Bergetappen waren, welche die geeignetsten für Bahnrennen. Dabei hörte sie immer mit einem Ohr

Carlo zu, der Biagio seine Sorgen und Träume anvertraute, darunter den, mit seiner Frau eine eigene Fahrradmarke, »Biciclette Strada«, sowie einen Radsportverein zu gründen.

Er würde sie nie schreiben, diese Geschichte der Welt, aber es gefiel ihr, dass er so große Träume hatte. Das erinnerte sie an Luigis Erfindertick, bevor sein Gehirn sich in einen formlosen Nebel aufgelöst hatte. Vielleicht hatte auch ihr zweiter Mann eine Schraube locker.

In sich hineinlachend ging sie zu ihrem Motorrad. Sie war an zwei verrückte Männer geraten, hatte ihnen jedoch in nichts nachgestanden. Ein schönes närrisches Trio bildeten sie, das musste man sagen.

Was für schlimme Jahre das gewesen waren.

Zum Glück hatten Carlo und sie ihre Werkstatt gehabt, ein Zufluchtsort vor der Schlechtigkeit der Welt, ein Treffpunkt für junge Leute, die von einer Radsportkarriere träumten. Messori reparierte ihre Fahrräder, und sie brachte ihnen bei, wie man Schläuche und Mäntel flickte. Nachmittags trainierten sie mit ihnen und gaben ihnen Tipps und wertvolle Ratschläge. Zuweilen gelang es ihnen dabei sogar, den Krieg zu vergessen.

Heilige Madonna, was für ein grausamer Irrsinn. Mussolini hatte 1940 den Eintritt Italiens erklärt, in der Überzeugung, auf den Zug des Siegers aufzuspringen und sich ein schönes Stück vom Ruhm zu sichern. Nicht mehr als ein paar Hundert Tote würde das Italien kosten, hatte der Duce gesagt. Als wären ein paar Hundert Opfer eine Kleinigkeit.

Letztendlich waren dreihunderttausend daraus geworden, eine unfassbare Zahl von Seelen, ihren Körpern entrissen und verzweifelt durch die Welt irrend.

Der Anblick war ihr zum Glück erspart geblieben. Diese neue Phalanx von Gespenstern war ihr nie erschienen, um

Rechenschaft über ihr sinnloses Leiden und Sterben zu verlangen. Wie hätte sie sie auch trösten können? Dennoch wusste sie, dass es sie gab, und manchmal, besonders abends und im Winter, spürte sie ihre Gegenwart im kalten Hauch des Windes auf ihrer Haut.

Luigi und Virginia dagegen sah sie.

Ihr Mann war 1942 gestorben, mit vierundfünfzig Jahren. Auf das Telegramm mit der Nachricht von einer weiteren plötzlichen Verschlechterung seines Zustands hin war sie sogleich nach San Colombano al Lambro gefahren. Sie kam nicht mehr rechtzeitig, um ihn noch lebend anzutreffen, er lag schon auf einer Bahre, angekleidet und gekämmt, mit auf der Brust gefalteten Händen. Er war nur noch die Hälfte des Mannes, den sie einst kennengelernt hatte, sein Anzug schien von jemandem geliehen, der das Fünffache seines Umfangs hatte. Doch er lächelte, als hätte er endlich Frieden gefunden und freute sich, einer Welt entronnen zu sein, die noch viel wahnsinniger war als er.

Neben der Bahre stand die kleine Schwester mit dem Rosenkranz in der Hand und betete weinend, auch sie geschrumpft und hutzelig, und Alfonsina fragte sich, ob sie ihre Tränen aus christlicher Barmherzigkeit vergoss oder weil sie ihren Spielkameraden verloren hatte. Wenn man die beiden vom anderen Ende des Zimmers aus betrachtete, sahen sie aus wie zwei Kommunionkinder, er mit seinen ersten langen Hosen, sie im weißen Gewand.

Ihre Mutter starb zwei Jahre später, 1944. Sie war bei der Bombardierung von Castenaso verletzt worden, wohin sie nach dem Tod ihres Mannes zurückgekehrt war. Die Verletzungen waren zwar nicht ernst, aber ihr Kopf hatte einen Knacks wegbekommen. Sie war überzeugt, dass eins ihrer Enkelkinder tot unter den Trümmern liege, und fand keine

Ruhe. Es nützte nichts, ihr zu versichern, dass es dem Kind gut gehe, dass sie sich keine Sorgen machen und an ihre Genesung denken solle. Letztlich war sie an gebrochenem Herzen gestorben.

Virginia und Luigi hatten Alfonsinas privaten Totenreigen erweitert und sich zwischen die kleinen Toten von Fossamarcia und die alabasterne Gruppe der Romanows eingereiht. Ihre Mutter trug den in Paris gekauften Federhut, und ihre Beine waren wieder so schlank und beweglich wie damals, als sie die Mazurka tanzte. Luigi hatte sein schüchternes, freundliches Lächeln wie zur Zeit der Montagnola. Er zog seine Melone, schwenkte sie zum Gruß und raunte: *Wie schön du bist auf dem Fahrrad, Fonsina.*

Sie zuckte zusammen, weil sie die beiden plötzlich neben ihrer Moto Guzzi zu sehen glaubte. Heilige Madonna, was bist du doch für eine Memme, sagte sie sich.

Der Schlafmangel musste ihr irgendwie aufs Hirn geschlagen sein, sodass die Wirklichkeit zeitweise verschwamm, während die Erinnerungen schärfer hervortraten, fast als würden sie sich in diesem Moment ereignen, neben den Serpentinen des Brinzio.

Sie startete, doch das Motorrad sprang erst nach zahlreichen Versuchen an. Vielleicht war die Zündkerze verunreinigt oder der Luftfilter, sie würde zu Hause gleich nachsehen. Kurz dachte sie daran, direkt nach Mailand zurückzufahren, da weder sie noch die Guzzi in Bestform waren. Spinnst du?, schalt sie sich gleich darauf. Sie war zu einem frohen Wiedersehen aufgebrochen, und jetzt wollte sie wegen ein bisschen Müdigkeit darauf verzichten? Binda und Coppi konnten es sicher kaum erwarten, sie in die Arme zu schließen, und es war gut möglich, dass man sie bei der Siegerehrung dabeihaben wollte, es wäre nicht das erste

Mal. Alfonsina Strada war eine Symbolfigur, ein Grundpfeiler des italienischen Radsports, ein Stück Geschichte. Das Publikum würde sie mit Beifallsstürmen begrüßen, weil alle sich an sie erinnerten, so wie vor drei Jahren, als sie zur Eröffnung des Sportpalasts in Bologna eingeladen gewesen war. Die Veranstalter hatten den Mund verzogen, als sie mit Kniebundhose, Mütze auf dem Kopf und einer Reihe von Orden an der Brust, bei deren Anblick ein General vor Neid erblasst wäre, die Bühne betrat. Die Zuschauer hatten ihr allein Beifall geklatscht, was dem Minister Giuseppe Medici und dem Vorsitzenden des Olympischen Komitees, Giulio Onesti, wenig geschmeckt hatte; sie waren mit einer Miene beiseitegetreten, als hätten sie in eine saure Zitrone gebissen.

Sie gab Gas und fuhr auf die Straße um das Massiv des Campo dei Fiori. In einer halben Stunde würde sie zurück in Varese sein, um mit den Freunden zu feiern und den Duft der Strecke einzuatmen, so wie früher.

Mailand, Juli 2017

Ich weiß nicht einmal, wie ich sie nennen soll.

»Radfahrerin« genügt mir nicht, das würde ihre Leistung schmälern. Es klingt nach etwas Leichtem, einem Zeitvertreib. Die Bezeichnung gilt für jeden, der auf ein Fahrrad steigt, und sie war unendlich viel mehr.

Der Autor Gianni Celati hat vor rund dreißig Jahren einen Band mit Erzählungen herausgebracht, von denen eine Alfonsina gewidmet ist. Es ist die Geschichte eines Flickschusters, der sich in die Corridora verliebt hat. Eine unerwiderte Liebe, denn sie »liebte nur die Fahrräder«. So heißt sie bei Celati, »Corridora«, Rennfahrerin. Dieser Titel ist mir auch in einigen der Zeitungsartikel in Alfonsinas Album begegnet. Ich bin mir nicht sicher, ob man ihn ihr damals aus Respekt oder mit unterschwelligem Spott verliehen hat, aber ich möchte gern glauben, dass man sich bemüht hat, einen eigenen Begriff für sie zu prägen.

Vor einigen Tagen habe ich mit der Stadträtin darüber gesprochen, die den Antrag befürwortet hat, eine Straße nach Alfonsina zu benennen, und jetzt die Einweihungszeremonie vorbereitet. Auch bei ihr war ich, ehrlich gesagt, im Zweifel, wie ich sie ansprechen soll, und habe sie danach gefragt. »Wie möchten Sie angeredet werden, als Frau Stadtrat oder Frau Stadträtin, oder gibt es noch eine andere Bezeichnung?«

»Das können Sie halten, wie Sie möchten«, antwortete sie

lachend. »Mir wäre es lieber, wenn die Berufsbezeichnungen als geschlechtsneutral aufgefasst würden, aber ich verstehe, warum viele Frauen für die weibliche Form eintreten. Ich überlasse es Ihnen.«

»Als ich noch unterrichtet habe«, sagte ich, »hatte ich dieses Problem nicht. Es gab so wenige Frauen, die geschlechtsuntypische Rollen einnahmen, dass meist der Artikel zur Unterscheidung genügte. Heute wüsste ich nicht, wie ich mich verhalten sollte.«

Ich habe mich entschieden, ich werde sie »Corridora« nennen, das würde ihr gefallen. Das treffende Wort, um von ihr zu erzählen, habe ich also gefunden. Jetzt fehlen mir noch all die anderen.

DIE BELASTUNGSPROBE

Der 17. Mai, der eigentlich ein Ruhetag hätte sein sollen, wurde für die Teilnehmer des Giro zu einer Plackerei. Doppelt so für Alfonsina.

»Heute Morgen Startschuss in Potenza für die Etappe Salerno-Taranto.« So betitelte *Il Resto del Carlino* seinen Bericht über die vierte Etappe. Die Zeitung machte sich damit über die Leitung der *Gazzetta* lustig, von der die Strecke festgelegt worden war, denn die Straßen zwischen Salerno und der Basilikata waren nicht befahrbar. Über weite Teile mit schlechtem Material gebaut, zerbröckelten sie unter den Reifen. Infrage kommende Nebenrouten waren verschlungen, unwegsam, existierten praktisch nicht. Überall gab es Schlaglöcher, oder es taten sich tiefe Risse im Belag auf.

Die Organisatoren verteidigten sich, sie könnten schließlich nichts für die baulichen Mängel, die auf Betrug, Unterschlagungen, Vorteilsnahme beruhten. An die Verantwortlichen erinnerte sich niemand mehr, denn die Straßen waren schon seit Jahrzehnten in diesem Zustand.

Es war also nicht möglich, mit dem Rennrad von Salerno nach Potenza zu gelangen, noch weniger mit den Autos, in denen Offizielle, Journalisten und Mechaniker saßen. Folglich hatten sie, statt sich auszuruhen, alles auf einen Zug nach Potenza, die Hauptstadt der Basilikata, laden müssen, von wo aus sie am nächsten Morgen nach Taranto starten würden.

Alfonsina machte sich Sorgen wegen der ausgefallenen

Pause. Bis jetzt hatten Beine und Kondition mitgespielt, aber es lagen noch viele Etappen vor ihr, und jede war anstrengender als die vorige. Was ihr Kraft gab, war die Unterstützung des Publikums. Die Zeitungsberichte, auch die, in denen man sich über sie mokierte, hatten sie bekannt gemacht, und jetzt winkten ihr Tausende an den Straßen zu und riefen ihren Namen.

Sie zog dann ihre Kappe ab und schüttelte die Haare, hin und wieder hielt sie auch an, um kurz ein paar Worte zu wechseln oder Autogramme zu geben. Oder sie warf die Autogrammkarten beim Fahren in die Luft wie Konfetti im Karneval, worauf die Leute sich darum balgten. Einmal hatte sich sogar ein Pfarrer mitten auf die Straße gestürzt, um eins der Fotos von ihr mit nackten Beinen aufzusammeln. Zwar gab es auch nach wie vor Beschimpfungen, doch das wurde immer weniger und ihr Fell immer dicker.

Heilige Madonna, so viel Schinderei und so viel Schönes.

Am Ende der zweiten Teilstrecke, bei der sie von zwanzig vor fünf morgens bis nach sechs Uhr abends gefahren war und sich auf den Pässen des Bracco und Monte Oppio völlig verausgabt hatte, war sie mit zwei Stunden und sechs Minuten Abstand auf den Sieger, Federico Gay, in Florenz eingetroffen. Als Sechsundfünfzigste, vor neun Mitbewerbern, ganz zu schweigen von denen, die aufgegeben hatten.

Man hatte sie mit einem Jubel empfangen, als hätte sie die Etappe gewonnen. Sogar ein bekannter Abgeordneter aus Arezzo, Italo Capanni, hatte sich für sie herbemüht und ihr einen riesigen Blumenstrauß und einen Korb voller Wermutflaschen, belegter Brote und süßem Gebäck überreicht.

Diejenigen, die nach ihr ins Ziel gekommen waren, hatten einen Riesenaufstand gemacht. Es habe mehrere Regelverletzungen während Alfonsinas Fahrt gegeben, behaupteten sie. Ihr sei vom Publikum geholfen worden, man habe sie auf den Steigungen angeschoben, in der Ebene gezogen. Sie hätten nicht vor, deswegen als Stümper dazustehen, langsamer als eine Frau.

Die Männer in den Begleitfahrzeugen hatten jedoch klargestellt, dass es zu keinerlei Unregelmäßigkeiten gekommen war. Alfonsinas Anhänger hätten sie in keiner Form begünstigt, vielmehr habe sie noch Zeit verloren ihretwegen.

Am Tag darauf war in den Zeitungen wieder viel von ihr die Rede gewesen. »Nach nur zwei Etappen ist diese kleine Frau schon beliebter als alle abwesenden Radsportgrößen zusammengenommen. Auf der ganzen Strecke von Genua nach Florenz hat man nichts anderes gehört als: ›Ist Alfonsina dabei? Kommt sie noch? Ist sie schon durchgefahren?‹ Zum Leidwesen all der Tapferen, die um den Gesamtsieg wetteifern. Doch es nützt nichts, ein Frauenschopf zieht mehr Neugierige an als hundert Pedaltritte eines Girardengo oder Brunero. Die Aufmerksamkeit und das Mitfiebern der Menge richteten sich weniger auf die Fahrer an der Spitze als auf sie, die bei der Nachhut war … Zu welchem Zweck, welcher Eitelkeit halber sich auch anstrengen, um ein, zwei Stunden früher anzukommen? Alfonsina macht niemandem den Sieg streitig, sie will nur beweisen, dass das schwache Geschlecht das Gleiche schaffen kann wie das starke.« So stand es in der *Gazzetta.*

Welche Doppelzüngigkeit in ein paar Zeilen. Angefangen bei dem geheuchelten Erstaunen über das Interesse an der Teilnehmerin. Deswegen hatten sie ihr doch überhaupt nur erlaubt, sich anzumelden! Worüber hätten sie sonst schreiben sollen? Und die Leserschaft schluckte den Köder. Die Leute stellten sich an die Straße, weil sie von der Sensation einer Frau beim Giro gelesen hatten, und die Journalisten konnten wiederum über die Menschenmengen entlang der Strecke berichten. Bei der nächsten Etappe würde die Zahl der Neugierigen noch höher sein und so weiter und so weiter.

Sollten sie sich ruhig dumm stellen, die einen wie die anderen, ihr ging es nur darum, das Ziel zu erreichen. Denn in einem Punkt hatte der Artikel recht: Sie wollte beweisen, dass sie konnte, was die Männer konnten.

Und dann immer dieser Gegensatz zwischen »schwachem Geschlecht« und »starkem Geschlecht«. Den hatte sich zweifellos ein Mann ausgedacht. Sollten die doch mal versuchen, ein Kind zu gebären oder auch nur ein einziges Mal die Menstruationsschmerzen auszuhalten. Es stimmte, sie konnte nicht den Toursieg anstreben, aber sie war weder bei der ersten noch bei der zweiten Etappe Letzte geworden, und gut zwanzig Männer hatten bereits das Handtuch geworfen, sieh einer an.

Der *Guerin Sportivo* hatte die Gehässigkeiten des ersten Artikels offenbar ein wenig ausbügeln wollen: »Heute wie schon gestern in Genua applaudierte die Menge denen an der Spitze lange nicht so enthusiastisch, wie sie zwei Stunden lang auf Alfonsina wartete, um dann über Zäune zu springen und diese erstaunliche junge Frau aus der Nähe zu bejubeln, welche die Mannhaftigkeit des schwachen Geschlechts auf zwei Pedalen spazieren fährt und dabei auch den einen oder anderen jungen Vertreter des starken Geschlechts hinter sich lässt.«

Wieder diese Leier mit dem schwachen und dem starken Geschlecht, aber immerhin.

Ein anderer Berichterstatter schrieb: »Den einzig wahren, großartigen Erfolg erzielt der Giro mit Alfonsina Strada, der Corridora.«

Merkt euch das.

In Rom hatte man sie wie eine Königin empfangen.

Der Start in Florenz war für 5.20 Uhr anberaumt gewesen.

Sie hatte sich stark und ausgeruht gefühlt. Es war jetzt die schönste Zeit des Frühlings, und in dem lichter werdenden Morgen vermischte sich der Duft der Mandelblüten und Veilchen mit dem des gebratenen Hähnchenschenkels in ihrem Beutel. Der Mond war halb voll, was sie als ein gutes Vorzeichen ansah. Er würde weiter zunehmen, und sie würde ihren Teil vom Glück bekommen.

Sie fuhren los. Wie schön die Landschaft war, so anders als das ihr vertraute Flachland, wo das Auge auf keine Hindernisse stieß und der Horizont dennoch enger wirkte. Grüne Hügel folgten aufeinander wie die Strophen eines Lieds, mal sanfter, mal rhythmischer, und die Seele schwang im Auf und Ab der Straße mit.

Schön und trügerisch, diese Hügel. Die Steigung bei San Casciano glich einem Hinterhalt von Räubern. Hinter einer Haarnadelkurve ragte der Ast einer Steineiche über die Straße und erwischte sie voll, kratzte über Wangen und Augen. Unwillkürlich riss sie die Hände vors Gesicht, worauf der führungslose Lenker herumschwenkte und das Fahrrad blockierte. Sie wurde nach vorn katapultiert und schlitterte über den groben Schotter auf der Fahrbahn. Nachdem sie sich von dem Schock des Sturzes erholt hatte, schleppte sie sich mit geschlossenen Augen, weil sie so brannten, zum Straßenrand. Sie fühlte etwas Warmes und Klebriges an ihrem Bein und stellte fest, dass sie einen tiefen Schnitt am rechten Knie hatte. Das Blut strömte nur so heraus und hatte schon ihre Socke durchnässt. Sie holte einen kleinen Schwamm aus ihrem Sack und drückte ihn fest auf die Wunde, aber es musste eine Vene verletzt worden sein, denn die Blutung ließ sich nicht stillen. Versuchsweise legte sie sich auf den Rücken und hielt das Bein hoch, mit dem einzigen Ergebnis, dass das Blut jetzt über den Oberschenkel lief. Sie sah aus wie ein abgestochenes und in einen Graben geworfenes Tier. Ihr kamen die Tränen, was alles noch schlimmer machte, denn die salzige Flüssigkeit reizte die Augen noch mehr, es fühlte sich an, als würden ihr zwei glimmende Späne in die Höhlen gestoßen.

»Alfonsina, brauchst du Hilfe?« Einer der Assistenten der Rennleitung lehnte sich aus einem herbeigefahrenen Auto.

Sie rappelte sich hoch, auf die Ellbogen gestützt. »Nein, ist nicht schlimm, nur ein Schnitt.« Sie drückte weiter das Schwämmchen darauf.

Der Mann stieg aus. »Das nützt doch nichts, was du da machst«, bemerkte er.

Alfonsina spuckte auf die Wunde und säuberte sie vorsichtig mit einem Läppchen. Unter den klaffenden Rändern waren die Kreuzbänder und ein Stück Knorpel zu erkennen.

Der Assistent beugte sich über ihr Knie. »Damit kannst du unmöglich weiterfahren. Steig bei uns ein, weiter vorn ist das Auto mit dem Arzt, wir bringen dich zu ihm.«

Nur über ihre Leiche. »Nein, ich komme schon klar.«

Er seufzte. »Du verlierst zu viel Blut, das ist gefährlich.«

»Ist nicht das erste Mal«, erwiderte sie.

»Mag sein, aber diesmal ist es schlimmer.«

Alfonsina spuckte und tamponierte weiter. Ihr war ein wenig schwindelig, aber das Brennen in den Augen hatte nachgelassen und auch der Blutfluss, wie ihr schien. »Ich schaffe es schon«, beharrte sie.

Der Mann stand auf. »Was willst du damit beweisen? Inzwischen haben alle gesehen, was du kannst. Die Wunde muss richtig desinfiziert und genäht werden.«

Die anderen interessierten sie nicht. Das war eine persönliche Sache. Wenn sie jetzt ausstieg, würde sie nie die Antwort auf die Frage bekommen, deretwegen sie gestartet war. »Fahrt weiter, ich brauche nichts.« Sie zeigte auf die Steineiche. »Oder brecht vorher noch diesen Zweig da ab, der hat mich zu Fall gebracht.«

Der Assistent ging zu dem Baum, kletterte auf den Felsvorsprung daneben, packte den Ast und zog daran, bis er brach. Dann kam er zurück und schleuderte ihn über den Graben. »Also gut, wir fahren weiter. Bist du wirklich sicher?«

»Ja.«

Kopfschüttelnd stieg er wieder ins Auto und knallte so verärgert die Tür zu, als wäre er es, der sich das Knie verletzt hatte. »Dickköpfiger als ein Maulesel«, sagte er zu dem Mann am Steuer.

Sie fuhren los. Alfonsina kamen kurz Bedenken. Und wenn er recht hatte? Wenn ihre Starrköpfigkeit größer war als ihr Verstand und ihre Kraft? Sie fühlte sich mit jedem Moment schwächer. Es drängte sie, das Auto zurückzurufen, doch das war schon um die nächste Kurve verschwunden. Vielleicht würde eine kleine Mahlzeit ihr wieder auf die Beine helfen. Sie öffnete den Proviantbeutel. Die Eier, die sie in ein Paar Socken gewickelt hatte, waren noch heil. Genau das, was sie jetzt brauchte. Sie wollte gerade eins an einem Stein aufschlagen, als sie innehielt und überlegte, wie lange das Rennen noch dauerte. Gut, sie würden sich so lange halten. Sie beschloss, die Eier aufzuheben und nach San Colombano al Lambro zu bringen. Luigi war dünner als ein Kruzifix, sie würde sie ihm notfalls hineinzwingen. Er mochte verrückt sein, aber das war kein Grund, ihn verhungern zu lassen. Sie packte das Ei wieder ein und griff zu einem Schinkenbrötchen. Das Fett war in der Sonne warm geworden und verströmte einen tröstlichen Duft. Die Wunde blutete immer noch. Sie sah weg und biss herzhaft in ihr Brötchen. Wenigstens sterbe ich mit vollem Bauch, dachte sie.

Ein anderer Fahrer kam den Hügel hinauf. Er hatte Mühe, das sah man am starken Hin- und Herschwanken seines Rads. Dann verschwand er hinter dem Felsvorsprung, um gleich danach wieder aufzutauchen. Wäre der Eichenast noch da gewesen, wäre er ebenfalls dagegen geknallt.

Er sah sie und fuhr heran. »Oh, Alfonsina, bist du gestürzt?« Es war Gilardi, der nach Luft schnappte wie ein Fisch am Haken.

Sie zeigte auf ihr Knie. »Ich warte, dass es aufhört zu bluten.«

Er stieg ab und besah sich die Wunde aus der Nähe. »Sieht schlimm aus. Wird es gehen?«

Sie zuckte die Achseln. »Muss ja.«

Gilardi streckte sich und atmete ein paarmal tief durch.

»Was macht die Lunge?«, fragte sie.

»Ganz gut. Besser, als die Ärzte prophezeit haben.« Er setzte sich zu ihr und zog seinen Beutel auf. »Ich leiste dir ein bisschen Gesellschaft und esse auch etwas.«

»Sehr gut.« Sie biss in das zweite Brötchen.

Er zog die Tüte mit den Eiern heraus, starrte darauf und steckte sie wieder ein. »Die wären jetzt ein Segen, um wieder zu Kräften zu kommen, aber seit meine Lunge Matsch ist, bleiben sie mir im Hals stecken. Ich muss dauernd spucken beim Fahren.« Er wickelte das Schnitzel aus und verschlang die Hälfte mit einem Biss.

»Dein Schlauch ist bald hinüber«, sagte sie und zeigte auf sein Hinterrad. Der Mantel war beschädigt, und der schon sichtlich mitgenommene Schlauch lugte an mehreren Stellen hervor.

»Ich weiß«, erwiderte Gilardi seufzend, »aber ich bin eine Null mit der Nadel. Wenn ich anfange, den Reifen zu flicken, sitze ich Stunden hier und überschreite das Zeitlimit.« Er schob sich das letzte Stück Schnitzel in den Mund. »Ich hoffe, er hält bis Rom.«

Alfonsina schüttelte den Kopf. »Glaube ich nicht.« Sie blickte auf ihr Knie, die Blutung hatte nachgelassen. »Ich nähe ihn dir, ich muss sowieso noch ein Weilchen hierbleiben.«

Gilardi verschluckte sich beinahe an seinem Hähnchenschenkel. »Wirklich?«

»Ja, iss du nur in Ruhe. Aber dafür will ich die Eier.«

»Einverstanden!«

Sie nahm den Engländer und schleppte sich zu Gilardis Rad. Im Nu hatte sie das Hinterrad ausgebaut und begann, den Mantel zu flicken. Sie war fertig, noch ehe er sein Hähnchen aufgegessen hatte.

»Donnerwetter, bist du geschickt«, murmelte er bewundernd.

Sie lachte. »Tja, ich habe mehr Faden bei Radrennen verbraucht als bei meiner Arbeit als Schneiderin.«

Er übergab ihr die Eier. »Vielen Dank! Ich werde mich erkenntlich zeigen.«

»Das hast du doch schon.«

»Wir sehen uns in Rom.«

»Auf jeden Fall!« Sie sah ihm nach, wie er weiter den Hügel hinauffuhr. Wenn er das schaffte mit seiner angegriffenen Lunge, konnte sie es auch.

Die Sonne hatte die Wunde weitgehend getrocknet. Sie riss ein Stück von ihrem Trikot ab und verband das Knie damit. Es tat höllisch weh, aber sie musste weiter. Gilardi hatte recht, man durfte höchstens drei Stunden nach dem Ersten ins Ziel kommen, sonst schied man aus. Mit dem verletzten Bein würde sie langsam fahren müssen, und wenn sie nicht gleich aufbrach, hätte sie genauso gut die Hilfe der Begleiter annehmen können.

Auf den Steigungen der Monti Cimini wurde ihr schwarz vor Augen, aber sie hielt durch. Mit zwei Stunden, 33 Minuten und 38 Sekunden Abstand zum Etappensieger, wieder Gay, fuhr sie durchs Ziel, und zwar nicht als Letzte. Hinter ihr kamen noch Fumagalli und Torresani. Vier waren ausgeschieden.

Sie wurde triumphal von den Fans und einigen Kollegen in Empfang genommen und gefeiert, wobei Gilardi sie am lautesten bejubelte.

Am nächsten Tag wollte sie sich trotz des schmerzenden Beins unbedingt Rom ansehen. Sie spürte einen Kloß im Hals, der mit jedem Schritt dicker wurde. Auf diesen Steinen, vor diesen Bauwerken hatte sich Weltgeschichte abgespielt, und jetzt ging auch sie hier entlang, Alfonsina Strada.

Bei ihrer Rückkehr wartete vor dem Hotel ein berittener Offizier des Königs auf sie. Er schlug die Hacken zusammen und überreichte ihr einen großen Blumenstrauß samt einem Umschlag. »Als Zeichen der Bewunderung von seiner Majestät Viktor Emanuel III.«, tönte er.

Sie stand wie vom Donner gerührt da, bis der Mann wieder sein Pferd bestieg und hufeklappernd davonritt. Dann ging sie auf ihr Zimmer. In dem Umschlag befanden sich fünftausend Lire, eine ungeheure Summe. Sie warf sich aufs Bett und weinte rückhaltlos. Mit den Tränen wusch sie den Schmerz weg, die Strapazen, die Wunde am Knie und all den hinuntergeschluckten Kummer der letzten Jahre. Fünftausend Lire – mit so viel Geld konnte sie eine schöne kleine Wohnung in Mailand mieten und Luigi zu sich holen, sobald er geheilt war. Das war noch was anderes als ein paar Eier.

Und, Alfonsina, fühlst du dich jetzt gesättigt? Hat sich die Leere ein wenig gefüllt? Mit dieser Frage trat sie zur Etappe Rom-Neapel an.

Ein wenig, nur ein wenig, gab sie sich zur Antwort. Denn der Giro war noch lange nicht zu Ende.

Um halb fünf morgens war die römische Luft mild, ihr Knie war genäht worden, und die Kollegen benahmen sich freundschaftlicher. Der Mond war mehr als halb voll, wohlbeleibt und wohlmeinend. Glühwürmchen tanzten in der Dunkelheit, Tausende von kleinen Flämmchen, die das Herz wärmten und daran erinnerten, dass nicht alles Elend und Schinderei war. Sie würden die Spuren der Nachkriegszeit hinter sich lassen, die Leute würden wieder froh werden, Essen auf dem Tisch haben, ein heiteres Gemüt. Es gab einen Hoffnungsschimmer für alle.

Die Sonne kam hinter den Hügeln hervor. Auf der anderen Seite, am fernen Horizont, schimmerte das Meer und färbte sich rosa. Alfonsina hatte das Gefühl abzuheben, getragen von einer Luftblase so groß wie das Land, über das sie rollte und rollte, angetrieben von diesem sanften Wind, den die Römer Ponentino nannten. Sie fantasierte, das merkte sie, aber wenn sie glücklich war, passierte das eben: Ihr Gehirn sprudelte über und brachte ungeahnte Gedanken hervor.

Am Ende dieser Etappe sollte sie sich nur noch an dieses erste Stück erinnern, auf dem sie ein solches Hochgefühl ansammelte, dass all die Ärgernisse, die danach kamen, dahinter zurücktraten: die schlechten Straßen voller Schlaglöcher, die ihr mehr als einmal einen Platten bescherten, der

Staub, die erstickende Hitze wie im Hochsommer. All das wurde von der Fülle der Morgendämmerung und dem überschwänglichen Empfang der Neapolitaner am Ziel getilgt. Etappensieger wurde Zanga, sie Sechsundfünfzigste mit einem Abstand von zwei Stunden, 21 Minuten, vier Sekunden. Nach ihr, 21 Minuten später, kam noch Fasoli, weitere drei Männer hatten sich aus dem Rennen verabschiedet.

Die Menschenmenge lud sie sich auf die Schultern und zog mit ihr durch halb Neapel. Manche hatten Plakate dabei, auf denen stand: »Alfonsina, Königin des Giro«.

Am nächsten Morgen war sie immer noch so von Freude erfüllt, dass nicht einmal die Lektüre der Zeitungen ihr viel anhaben konnte. In einem Artikel wurde sie als »von kleiner Statur, muskulös, ohne Kurven, weder schön noch hässlich« beschrieben. »Mit ihrem Bubikopf und dem Radfahrerdress wirkt Alfonsina Strada ziemlich burschikos.« Ohne Kurven. Eine etwas feinere Art zu sagen, dass sie weder Brüste noch Hintern hatte. Die Schreiberlinge konnten ihr gestohlen bleiben – sie war das, was sie sein wollte, und völlig einverstanden damit. Ein Schlag in die Magengrube aber kam auf der folgenden Seite: »Wenn man bedenkt, dass sie verheiratet ist und ihr Mann, der ihr erlaubt, Radrennen zu fahren, gemütlich zu Hause sitzt, während unsere Carabinieri gezwungen sind, seine bessere Hälfte mit Absperrungen vor den Begeisterungsstürmen des Publikums zu schützen ...«

Niemand wusste von der Nervenheilanstalt. Anfangs hatte sie es aus Scham verheimlicht, weil man ihr eingetrichtert hatte, dass Wahnsinn etwas Schändliches war, eine Schuld, die hinter hohen Mauern abgebüßt wurde. Später dann hatte sie Luigis Krankheit verschwiegen, um ihn zu schützen. So manche Reporter, indiskrete, verlogene

Schnüffler, wären ohne Weiteres dazu fähig, nach San Colombano zu fahren, vorgeblich, um ihn nach seiner Meinung zu fragen, und ihn dann zu einer Spottfigur zu machen. Ihr wurde übel bei der Vorstellung, ein Foto ihres Mannes könne auf der Titelseite auftauchen, mit dem kurzen, schmutzigen Kittel und erschrocken aufgerissenen Augen. Dabei wäre er ihr größter und treuester Fan, wenn sein armer Kopf es zuließe, er hätte sie auf dem gesamten Giro begleitet und ihr bei jedem Sturz Mut gemacht.

Als Cougnet nach dem Frühstück zu ihnen gekommen war, um zu verkünden, dass der Ruhetag gestrichen war und sie sofort mit dem Zug nach Potenza aufbrechen würden, hatte sie einen Schreck bekommen. Ihr Knie hatte sich zwar einigermaßen erholt, aber ein Tag Pause wäre eine Wohltat gewesen.

Das Schlimmste jedoch war zu erfahren, dass sie nicht mit den Kameraden reisen durfte.

»Wieso denn nicht?«, wollte sie wissen.

Weil sie eine Frau war, deshalb.

Undenkbar, dass eine Signora allein auf derart engem Raum mit Männern zusammen reiste. Das war unschicklich, die Zeitungen würden Gott weiß was für einen Skandal daraus machen.

Alfonsina empfand das als eine Demütigung, eine Herabsetzung. Die Kollegen hatten begonnen, sie als gleichwertig zu behandeln, als eine von ihnen, Teil einer großen Familie. Keiner ließ es ihr gegenüber mehr an Respekt fehlen, und zugleich waren sie ungezwungener und hatten nicht einmal mehr Bedenken, sich vor ihr zu erleichtern.

Pavesi hatte damit angefangen. »Wasser!«, rief er eines Tages, als er zu ihr aufschloss.

Sie glaubte, er hätte Durst, und reichte ihm ihre Flasche.

»Nein, nein«, sagte er lachend, »ich muss ein bisschen Wasser lassen, bleib auf Abstand.«

»Wie, du steigst nicht ab?«, fragte sie verdutzt.

Ach was, damit verlören sie als Männer keine Zeit, wenn es nur um das kleine Geschäft ging. Sie zogen die Trikothose beiseite und pissten in den Wind.

In kürzester Zeit hatten die anderen seine Methode übernommen. Wenn sie pinkeln mussten und Alfonsina in der Nähe war, schrien sie »Wasser!«, woraufhin sie etwas zurückblieb, während vom Fahrrad des Kollegen ein Strahl ausging.

Die Offiziellen in den Begleitautos platzten vor Lachen, wenn sie den Vorgang mitbekamen. Und jetzt wollten sie ihr erzählen, dass sie nicht im selben Waggon mit den Männern fahren konnte?

Doch sie ließen sich nicht umstimmen und baten sie, in einem Wagen für »allein reisende Damen« Platz zu nehmen.

Der Zug war zwei Tage zuvor im Norden losgefahren und bereits erschreckend voll.

Alfonsina bestieg einen der den Frauen zugewiesenen Waggons der dritten Klasse, mit Holzbänken und eingerissenen Hutnetzen.

Warum starren die mich alle so an?, dachte sie. Sie war die Einzige, die Hosen trug. Obendrein hatte sie eine Schiebermütze auf dem Kopf, die Hände in den Taschen und ein Gesicht, das von Kratzern und Schwellungen gezeichnet war. In den Augen der Frauen sah sie wahrscheinlich aus wie einer dieser Banditen, die immer in den Zeitungen abgebildet waren. Sie zog ihre Kappe ab und lächelte in die Runde.

Die anderen wichen ihrem Blick aus und drückten sich auf ihre Bänke.

Sie fand einen Platz am Gang. Neben ihr saßen eine Alte

und ein junges Mädchen, ihr gegenüber eine Frau um die vierzig, groß und aufrecht wie ein Soldat, und eine junge Frau mit zwei kleinen Kindern, einem Jungen und einem Mädchen.

Sie verstaute ihren Proviantsack auf der Hutablage, woraufhin sich ein Duft nach Gebratenem und Räucherschinken zwischen den Bänken verbreitete.

Die Frauen und die Kinder ringsum schielten immer wieder zu ihr hin. Ein Wald von hageren, hungrigen Gesichtern; im Vergleich zu ihnen war Alfonsina ein Bild des Wohllebens.

Der Zug fuhr durch die Hügel Kampaniens, und die Landschaft wurde zunehmend rauer, die Saumpfade wurden schmaler, die Hänge steiler und unwegsamer. Letztlich keine so schlechte Idee, die Strecke von Salerno nach Potenza mit dem Zug zurückzulegen.

Ihre Mitreisenden gewöhnten sich allmählich an sie und hörten auf, sie anzustarren. Manche versuchten zu schlafen, während von anderen Bänken reges Getuschel in unverständlichen Dialekten zu hören war. Ein Kleinkind hatte angefangen zu greinen, und seine Mutter sang ihm sanft etwas vor. Weiter hinten stillte eine andere ihr Baby mit geschlossenen Augen, den Kopf ans Fenster gelehnt. Es sah aus wie ein vor zwanzig Jahren entstandenes Bild. Die Kleidung der Frauen war ärmlich, aber von einer gewissen altmodischen Eleganz, als hätten sie alle Sachen aus einer Truhe ihrer Großmutter angezogen.

Das Schaukeln des Zugs wiegte Alfonsina in einen schweren, traumlosen Schlaf.

Sie schreckte daraus auf, als etwas gegen ihr verletztes Knie stieß. Ein Stöhnen unterdrückend, sah sie sich um. Der kleine Junge gegenüber war aufgestanden und sprang in dem engen Raum zwischen den beiden Bänken herum, trat dabei mal gegen einen Koffer, mal gegen einen Knöchel. Er war erst fünf oder sechs und hatte schon den unverfrorenen Blick eines künftigen Halunken. Die Mutter beobachtete ihn mit müdem Blick, auf ihrem Sitz zusammengekauert. Auch seine Schwester sah dem Gehopse mit leidgeprüfter Miene zu.

Das junge Mädchen am Fenster beugte sich auf einmal zu ihr vor. »Entschuldigen Sie, Signora«, sagte sie gedämpft, »sind Sie Alfonsina Strada?«

»Ja, wie haben Sie mich erkannt?«

»Ich habe Sie vor ein paar Tagen in der Kino-Wochenschau gesehen. Vor dem Film wurde der Start des Giro d'Italia gezeigt.«

»Was haben Sie sich denn angeschaut?«, fragte die aufrechte Frau mit den breiten Schultern dazwischen.

»Maciste und der amerikanische Neffe.«

»Oh, ich verpasse auch keinen Film mit Bartolomeo Pagano. Den da habe ich noch nicht gesehen. Ist er so gut wie *Maciste gegen Maciste* letztes Jahr?«

Die junge Frau zuckte die Achseln. »Andere kenne ich nicht, mein Verlobter hatte ihn ausgesucht.«

Alfonsina ärgerte sich über die Einmischung der Wichtigtuerin. Sie wollte noch mehr über den Filmbericht erfahren. »Ich war also in der Wochenschau zu sehen?«

Das Mädchen strahlte. »Oh ja. Mitten unter den anderen Fahrern, Sie haben ins Publikum geschaut und sich die Haare hinters Ohr gestrichen.« Sie seufzte bewundernd. »Es sah aus, als würden Sie uns alle nacheinander mustern. Was für ein mutiger Blick!«

Alfonsina nickte zufrieden, so etwas hatte sie gehofft. »Und was haben die Zuschauer gesagt?«

Das junge Mädchen verstummte und zog sich auf seinen Platz zurück.

Sie lehnte sich zu ihr hinüber. »Also? Gab es keine Kommentare?«

Das Mädchen wurde rot. »Die meisten haben angefangen zu lachen. Vor allem die Männer, aber auch viele Frauen.«

Sie erstarrte. Man hatte sich also über sie lustig gemacht.

Der Junge war inzwischen in den Mittelgang des Waggons gelaufen und tollte dort herum. Hin und wieder stieß er dabei laute, schrille Schreie aus, sodass die umsitzenden Frauen zusammenschreckten.

»Sie meinten, dass Sie bei der ersten Etappe aufgeben würden. Ich bin froh, dass Sie es diesen blöden Idioten gezeigt haben.« Das Mädchen schlug sich die Hand vor den Mund. »Entschuldigen Sie meine Ausdrucksweise.« Sie war nun nicht mehr zu bremsen. »Ich lese jeden Tag in den Zeitungen über Sie. Mittlerweile schreiben viele mit Hochachtung über Alfonsina Strada.«

Das tröstete sie ein wenig. »Darf ich fragen, wie Sie heißen?«

»Maria Immacolata. Sehr erfreut.«

Die große Frau rutschte unruhig auf ihrem Platz herum. »Also, darf man mal erfahren, wer Sie sind, dass Sie in der Zeitung von sich reden machen?«

Alfonsina richtete sich gerade auf. »Ich bin Radrennfahrerin und nehme am Giro d'Italia teil.«

Die ältere Frau neben ihr fuhr hoch. »Zusammen mit den Männern?«

»Ja.«

Die Nachricht verbreitete sich in Windeseile im ganzen Wagen. Viele Frauen standen auf, um sie aus der Nähe zu betrachten. Manche kannten sie dem Namen nach, weil ihre Männer oder Verlobten begeisterte Radsportanhänger waren und zu Hause über den Giro redeten, andere hatten noch nie von ihr gehört, kamen aber aus Neugier herbei. Die Zugfahrt war lang und öde und jede kleine Abwechslung willkommen.

Als alle mitbekommen hatten, wer sie war und was sie machte, gab es viele Fragen. Vor allem wollten die Frauen wissen, wie sie das denn körperlich schaffte, denn es erschien ihnen unmöglich, Hügel und gar Berge mit dem Fahrrad zu bezwingen.

Es sei auch nicht anstrengender als Wäsche im Fluss zu waschen, antwortete Alfonsina, aber auf jeden Fall sehr viel befriedigender.

Und was sagte ihre Familie zu Hause, was sagte ihr Mann, hatte sie überhaupt einen Mann?

Aber ja, und er war ihr größter Unterstützer. Ob sie es glaubten oder nicht, er hatte ihr zur Hochzeit ein Fahrrad geschenkt!

Dann wollten sie hören, was sie alles gesehen hatte, wie es war, allein unter Männern zu leben, ob man sie belästigte, wie es mit dem Schlafen war, ob sie im selben Zimmer mit ihnen übernachten musste?

Ja, sie hatte viele Städte in Italien und im Ausland besucht, vor dem Faschismus, als noch Radrennen für Frauen veranstaltet wurden. Aber nein, niemand belästigte sie, sie wurde mit Respekt behandelt, als Kollegin. Und sie hatte als Einzige ein Zimmer für sich allein in den Hotels. Da das Eis nun gebrochen war, erzählte sie auch die Anekdote, wie die Männer sich auf dem Rad erleichterten und sie mit dem Ruf »Wasser!« vorwarnten.

Die Frauen hielten sich die Bäuche vor Lachen. Ein, zwei waren auch schamesrot geworden und hatten die Hände vors Gesicht geschlagen, aber man merkte, dass sie darunter haltlos kicherten wie kleine Mädchen.

Der Aufschrei einer Frau zwei Bänke weiter hinten unterbrach die allgemeine Heiterkeit. Der kleine Junge hatte sich auf den Sitz gestellt und war dabei, ihr den Hut vom Kopf zu reißen.

Seine Mutter seufzte resigniert. »Geh hin und hol ihn«, sagte sie zu ihrer Tochter.

Die Kleine stand mit betretener Miene auf. Sie war vielleicht sechs oder sieben Jahre alt und so zierlich wie ein Vögelchen. Beherzt nahm sie die Hand ihres Bruders und versuchte, ihn von der Bank herunterzuziehen, doch er wollte nicht und klammerte sich mit der freien Hand an die Sitzlehne. Als seine Schwester ihn nicht losließ, trat er sie gegen die Brust.

Mit eingezogenem Kopf kehrte sie zu ihrem Platz zurück.

»Wo ist dein Bruder?«, fragte die Mutter.

»Er will nicht mitkommen«, antwortete sie und hob schützend den Arm vor den Kopf.

Doch die Mutter war schneller und versetzte ihr eine kräftige Ohrfeige. »Du bist zu nichts nutze«, zischte sie. »Setz dich hin.«

Die Kleine gehorchte, auf ihrer Wange zeichneten sich fünf Finger ab. Sie drehte sich zum Fenster und kniff den Mund zusammen, um nicht zu weinen.

Die anderen Frauen achteten nicht weiter auf den Zwischenfall, sie waren immer noch ganz mit Alfonsina beschäftigt. »Ist Ihnen nie in den Sinn gekommen, dass das etwas Ungehöriges ist, was Sie da tun?«, fragte der Dragoner. »Sport ist etwas für Männer. Der liebe Gott wird schon seine Gründe dafür haben, dass er uns geringer an Kraft und Größe geschaffen hat.«

»Wenn er nicht gewollt hätte, dass wir Rad fahren«, entgegnete Alfonsina, »hätte er uns ohne Beine zur Welt kommen lassen.«

Die meisten lachten darüber, einige wenige schnauften entrüstet, aber alle hatten sie ein schelmisches Funkeln in den Augen.

Heilige Madonna, dachte Alfonsina, zwanzig Jahre waren seit ihrer Zeit in der Schneiderei in Bologna vergangen, und noch immer regten Frauen sich darüber auf, dass sie Rad fuhr. Wie lange noch wollten sie mit gesenktem Kopf herumlaufen, ohne je den Blick zum Horizont zu heben?

»Verdient man viel dabei?«, erkundigte sich die ältere Frau neben ihr.

Sie zuckte die Achseln. »Nur, wenn man berühmt ist. Die anderen eher wenig. Und in jedem Fall ist der Verdienst der Frauen sehr viel niedriger als der der Männer.«

»Genau wie in der Fabrik oder auf dem Feld«, sagte eine, die im Gang stand. Sie wirkte noch recht jung, hatte aber bereits ein faltiges Gesicht und verarbeitete Hände.

»Warum machen Sie das dann?«, hakte Alfonsinas Nachbarin nach.

»Was?«

»Das Rennradfahren. Wenn die Anstrengung so groß ist und der Lohn so gering?«

Sie suchte nach einer Antwort. Um zu beweisen, dass wir kein Ausschuss sind, hätte sie am liebsten gesagt, doch das hätten sie nicht verstanden. Sie begegnete kurz dem Blick des kleinen Mädchens. Der rote Fleck von der Ohrfeige brannte in ihrem blassen Gesicht. »Weil wir Frauen nicht nur dazu geboren wurden, Hiebe einzustecken«, erklärte sie. Die Kleine beobachtete sie aus dem Augenwinkel. »Wir sind nicht weniger wert als die Männer.«

Dann wollte Alfonsina gern etwas über ihre Reisegefährtinnen erfahren, wer sie waren, wohin sie wollten.

Die meisten fuhren in ihre Heimatorte, um Verwandte zu besuchen. Sie waren vor einiger Zeit mit ihren Eltern oder dem Ehemann in den Norden gezogen, weil es dort Arbeit gab.

Alfonsina verstand nicht ganz – gab es denn in ihren Dörfern nicht genug zu tun?

»Früher schon«, antwortete eine finster dreinblickende Frau in den Fünfzigern, die bisher noch nichts gesagt hatte. Dann sei der Krieg gekommen. Fast alle bei ihnen zu Hause seien Tagelöhner und fänden über viele Wochen im Jahr keine Arbeit. Die Felder gehörten den Großgrundbesitzern, die sie ausnutzten und schlecht bezahlten. Der König hatte allen, die an der Front kämpften, ein Stück Land und eine Bodenreform zugesagt, aber sein Wort nicht gehalten. Schon vorher waren die meisten, die keine Soldaten waren, in den Norden gegangen, wo die Industrie, vor allem die Waffenfabriken, Arbeitskräfte brauchte. Die neue Regierung nun hatte dem Süden viel versprochen, Enteignungen, die Umwandlung von Tagelöhnerarbeit in feste Anstellungen. »Warten wir's mal ab«, schloss die Frau.

»Hoffen wir das Beste«, murmelten die anderen.

Alfonsina nickte. Die Hoffnung war es, die sie dazu brachte, fortzugehen und ein besseres Leben zu suchen. Weiß der Himmel, warum diese Wanderungen immer von Süden nach Norden stattfanden. Auch ihre Schwester Lina war mit ihrem Mann nordwärts, nach Paris, gezogen und hatte ihre Tochter Elena in einem Kinderheim zurückgelassen, das sie sich nicht leisten konnte. Das Kostgeld bezahlte Alfonsina.

Sie blickte zu dem kleinen Mädchen gegenüber und

fragte sich, ob Lina auch einen Sohn ins Heim abgeschoben hätte.

Eine andere Mitreisende fuhr ans Krankenbett ihres Vaters. Sie hatte vor wenigen Tagen die Nachricht erhalten, dass er im Sterben lag. Der Brief hatte fast einen Monat nach Moncalieri bei Turin gebraucht, wo sie mit ihrem Mann wohnte. »Man hat ihn halb totgeschlagen«, sagte sie leise und sah sich um, als hätte sie Angst, belauscht zu werden. Es war bei den Wahlen am 6. April des Jahres passiert. Ihr Vater war als Sozialist bekannt, und die Polizei hatte ihn vor dem Wahllokal angehalten und gefragt, was er wählen würde. Das ist meine Sache, hatte der Vater geantwortet. Daraufhin hatten sie ihn verprügelt. Dabei war er fast noch glimpflich davongekommen, auf andere hatten sie geschossen.

Alfonsina dachte an die Auseinandersetzungen zwischen ihren Brüdern in Fossamarcia kurz vor den Wahlen. Ernesto hatte die *Avanti* geschwenkt, in der eine Rede Turatis abgedruckt war. »Unter Einschüchterung der Öffentlichkeit werden keine gültigen Gesetze erlassen; zwischen angelegten Gewehren und drohendem Maschinengewehrfeuer werden keine gültigen Gesetze erlassen. Ein Gesetz, das anzunehmen euch von den dreihunderttausend Karabinern der Armee Gottes und seines neuen Propheten angeraten wird, kann nur ein Gesetz der Angst und der Niedertracht sein.«

Armando hatte ihm ins Gesicht gelacht und gesagt, Mussolini habe genau das Richtige getan, indem er sich von dem Abgeordneten Gianni Acerbo ein Wahlgesetz habe schreiben lassen, das der National-Faschistischen Partei die Mehrheit im Parlament und damit die Macht garantiere, auf die sie ein Anrecht habe.

Vor den Wahllokalen hatte man mehr mit Pistolen und Schlagstöcken bewaffnete Polizisten gesehen als Wahlberechtigte, die anstanden, um ihre Stimme abzugeben.

»Ich hoffe, ich treffe ihn noch lebend an«, endete die Frau, die zu ihrem Vater wollte. Eine Träne lief ihr über die Wange, die sie mit dem Ärmel ihres Kleids abwischte.

Im Waggon lastete eine Stille wie bei einer Totenmesse. Nur der kleine Junge sprang weiter von einer Bank auf die nächste und ärgerte alle. Er zog die anderen Kinder an den Haaren oder warf Gepäckstücke von den Ablagen herunter.

Alfonsina fühlte sich für die gedrückte Stimmung verantwortlich, schließlich hatte sie die Frauen nach dem Grund ihrer Reise gefragt. Um sie aufzuheitern, griff sie nach ihrem Proviantbeutel. »Ich habe jetzt ein bisschen Hunger. Darf ich euch auch etwas anbieten?« Sie öffnete den Beutel und zeigte den Inhalt vor.

Frauen wie Kinder machten große Augen bei dem Anblick.

»Wir bekommen wenig bezahlt, aber immerhin reichlich zu essen«, sagte sie lachend. »Es gibt Fahrer, die sich nur für das Tagegeld und die Verpflegung zum Giro angemeldet haben.« Sie verteilte die Päckchen um sich herum, mit Ausnahme der Eier für Luigi.

Die im Gang stehenden Frauen gingen zu ihren Plätzen und kehrten kurz darauf mit kleinen Bündeln unter den Armen zurück – ihr Reiseproviant, den sie nun ebenfalls auspackten.

Die Bank, auf der Alfonsina und Maria Immacolata saßen, wurde zum Tisch umfunktioniert. Jede legte ihren Beitrag darauf, und zum Schluss traten sie alle einen Schritt zurück, um das Ergebnis zu bewundern. »Was für eine Tafel«, murmelte die große Frau mit gefalteten Händen.

Eine Weile war nur das Mahlen der Kiefer zu hören. Dann setzte langsam Gemurmel ein, das umso lauter anschwoll, je voller die Bäuche wurden. Sie reichten einander Leckerbissen und zweigten die besten für die Kinder ab. Probiert mal meinen Käse, wie gut der schmeckt. Nehmt noch ein bisschen Brot, ich habe es erst letzte Nacht vor der Abfahrt gebacken. Wir machen immer Pfeffer in die Salami, sonst schmeckt sie doch nicht.

Wie schön sie waren mit ihren roten Wangen und glänzenden Lippen. Der gebratene Hühnerschenkel, von dem jede reihum kostete, rief entzückte Seufzer hervor.

Auch der wilde Junge hatte sich der Bank genähert. Seine Mutter zog ihn an sich und hielt ihm mit einer Hand die Augen zu. Sie nahmen als Einzige nicht an der Mahlzeit teil.

»Wollen Sie nichts essen?«, fragte Alfonsina die Frau.

»Nein, danke, wir haben keinen Hunger.«

Sie bemerkte die schäbige, abgetragene Kleidung der Familie. Der eine Schuh des Mädchens klaffte vorne auf wie ein vor Erschöpfung erschlaffter Mund. Sie packte ein Marmeladenbrötchen, das Schnitzel und eine Orange in eine Tüte und reichte sie der Mutter. »Bitte nehmen Sie trotzdem etwas und helfen Sie uns, die Sachen aufzuessen. Es wäre doch schade, sie verkommen zu lassen.«

Mit dem Gedanken, dass sie es war, die den anderen einen Gefallen tat, konnte die Frau ihren Stolz vergessen. »Wenn das so ist, nehme ich Ihnen gern etwas ab.«

Maria Immacolata, die den Wortwechsel mitbekommen hatte, bot ihr ein paar Scheiben Käse an. »Ich habe zu viel eingepackt«, sagte sie, »es täte mir leid, den Rest wegzuwerfen.«

Die Frau nahm alles mit dankbarem Lächeln an. Sie legte sich die Happen auf die Knie und teilte jeden in zwei Hälften. Die eine Hälfte gab sie dem Jungen, die andere teilte sie noch einmal, ein Stück für sich und eins für die Tochter.

In Alfonsina kochte die Wut hoch, aber sie sagte nichts. Auf der Bank lag noch der unangebrochene Schokoladenriegel. Sie zeigte ihn den Geschwistern. »Mögt ihr das?«

Die Kleinen sahen sie wie verzaubert an.

»Probiert mal, wie köstlich.« Sie packte den Riegel aus und brach ihn in zwei Stücke, eins davon deutlich größer als das andere. »Oh, sie sind ungleich geworden.«

»Das macht nichts«, sagte die Mutter und streckte ihre Hand aus.

Alfonsina übersah das und gab den Kindern die Schokolade, dem Mädchen das größere Stück.

Die Kleine blickte verwundert zu ihr auf.

Alfonsina zwinkerte ihr zu. »Iss.«

Die Mutter nahm das Stück des Jungen und verlangte mit einer Geste das des Mädchens, offensichtlich in der Absicht, sie zu tauschen.

»Nein, so ist es gut«, schritt Alfonsina ein.

Die Frau zögerte. Schließlich gab sie dem Jungen seinen Teil zurück.

Das Mädchen steckte die Schokolade in den Mund und kaute mit geschlossenen Augen.

Vielleicht würde sie immer einen Schritt hinter den Männern gehen, Vater, Bruder, Ehemann, die dafür sorgten, dass sie sich wie Dreck vorkam. Die Süße eines Moments konnte ein Leben voller Bitterkeit nicht aufwiegen. Doch hier, in diesem Eisenbahnwaggon, hatte sie das größere Stück Schokolade bekommen.

Bei der Etappe von Taranto nach Foggia am 20. Mai wurde Alfonsina Letzte.

Zum ersten Mal, sogar Fumagalli war vor ihr durchs Ziel gefahren und hatte sich geärgert, weil er knapp einen der unteren Plätze in der Gesamtwertung verpasst hatte.

230 Kilometer – die kürzeste Teilstrecke des Giros hatte sich als Höllentour entpuppt.

Sie war mit zwei Stunden und 44 Minuten Abstand zum Sieger angekommen, erneut übersät mit Schnitten, Schürfwunden, Schorf. Die Stürze waren nicht mehr zu zählen, ebenso wenig die Male, die sie die Pedale gerichtet, Schläuche gewechselt und Mäntel geflickt hatte.

Ein Reporter hatte die Etappe so zusammengefasst: »Hitze, brennende Sonne und erstickender Staub, zentimeterdicke Schichten davon auf fast der gesamten Strecke.«

Alfonsina hatte ihn kiloweise geschluckt.

Dabei hatte es auch schöne Erlebnisse gegeben, keine Frage. In Fasano zum Beispiel hatte sich ein Mann unter Begeisterungsrufen auf die Straße gestürzt, als er sie kommen sah. Ein Wunder, dass sie ihn nicht umgefahren hatte. Wie sich herausstellte, handelte es sich um einen Juwelier, der ihr mit einem Silberpokal huldigen wollte.

Nach dem Rennen war ihr eine goldene Medaille verliehen worden, geschickt vom Vorstand der Radrennbahn Mailand. Und Cougnet hatte ihr von einer Spendenaktion zu ihren Gunsten berichtet, die von einigen Lesern der *Gazzetta* spontan ins Leben gerufen worden war. Das Geld würde ihr am Ende des Giros übergeben werden.

Aber sie war als Letzte angekommen. Als Letzte. Hinter allen anderen, ein Anhängsel, ein Rest, ein Überbleibsel.

Sie hatte sich nicht einmal mit dem Beifall des Publikums an der Strecke trösten können. Die Bewohner des ländlichen Südens hatten sie mit finsteren Mienen gemustert, in denen sich ihr Abscheu vor dieser schamlosen Frau mit den bloßen Beinen und dem wackelnden Hintern auf dem Rad abzeichnete. Sie blieben stumm, doch was sie dachten, stand ihnen auf die Stirn geschrieben: *Teufel im Rock, Irre, Nutte!* Nur in ihrem Dialekt.

Abends nach dem Baden schloss sie sich in ihrem Hotelzimmer ein, fand aber keinen Schlaf.

In der Dunkelheit machte sie ein paar Schemen aus.

Die kleinen Toten versammelten sich düster um das Bett wie die Geschworenen eines Gerichts, bereit, ihr Urteil zu verkünden.

Seit der ersten Etappe, als sie am Penice fast in den Abgrund gerollt wäre und sie im kritischsten Moment aufgetaucht waren, hatte sie sie nicht mehr gesehen.

Warum jetzt? Der Grund lag auf der Hand. Die Seelen von Fossamarcia waren ihr Gewissen und kamen, um abzurechnen. Tja, Alfonsina, jetzt hast du deine Antwort: Du bist die Letzte, kommst nach den Männern. Die Ausgeschiedenen zählen nicht, sie hatten wenigstens den Anstand, ihre Grenzen zu akzeptieren, ohne dass sie zuerst frontal dagegen stoßen mussten wie du. Wir hatten unser Vertrauen in dich gesetzt, sind in diesem formlosen Zwischenreich geblieben in Erwartung der Großtaten, zu denen du bestimmt warst und an denen du uns teilhaben lassen wolltest. Doch es hat sich nicht gelohnt. Wir haben nur Enttäuschungen auf dieser Erde erlebt, sowohl in dem Sumpfloch, in dem wir gestorben sind, als auch in diesem Fegefeuer hinter dem Horizont.

Was machte sie noch hier? Sie hatte ihre Antwort erhalten. Das Gefühl der Leere, das sie seit ihrer Kindheit begleitete, würde nie vergehen, würde sich nie in Fülle verwandeln.

Sie stand auf, zog sich hastig an und warf ihre wenigen Sachen in eine Tasche. Ihre übrigen Kleider hatten die Veranstalter, sie würde sie nach Beendigung des Giro in Mailand abholen. Finanziell gesehen hatte sie gar nicht mal schlecht abgeschnitten: das fast gänzlich gesparte Tagegeld, die fünftausend Lire vom König, mehrere Pokale und Medaillen aus Edelmetall, die Spendenaktion in der *Gazzetta*. Doch das Abenteuer hatte sie aus ihren hochfliegenden Träumen gerissen und in die raue Realität zurückgeschleudert. Jetzt konnte sie genauso gut nach Hause fahren. In einer Stunde gab es einen Nachtzug nach Norden.

Die kleinen Toten folgten ihr durch die Stadt, Richterinnen und Zeugen ihrer Niederlage.

Alfonsina blickte zum Himmel. Es war Vollmond, eine perfekte Kugel. Ihre letzte Illusion ging zum Teufel. Was war aus der anderen Hälfte, dem guten Leben geworden? Was war mit ihrem Stück vom Glück? Die Silberkugel schien über ihre Verzweiflung zu lachen. Ich hab dich reingelegt, Alfonsina. »Auf den Leim gekrochen, ausgestochen, glaubst du's noch mal, beißt dich der Aal.« So lautete ein Kinderreim.

Die Seelen umringten sie auf dem Bahnsteig. Der Zug kündigte sich pfeifend an, rollte aufs Gleis und bremste mit einem Kreischen von Stahl und aufsteigenden Dampfwolken. Die Tür des vordersten Wagens öffnete sich quietschend.

Der Zugführer sprang heraus. »Foggia! Alle, die in Foggia aussteigen müssen!«, rief er.

Alfonsina ging auf ihn zu. »Ich muss dringend abreisen, habe aber keine Fahrkarte.«

»Die bekommen Sie von mir, Signora. Wo möchten Sie hin?« Er hielt eine zusammengefaltete rosa Zeitung unterm Arm.

»Wohin fährt dieser Zug?«

»Nach Ancona. Morgen früh gibt es dort Anschluss nach Bologna.«

»Ist mir recht.« Sie machte einen Schritt auf das Trittbrett zu.

Der Schaffner hielt sie am Arm fest. »Moment«, sagte er. »Lassen Sie sich mal ansehen.« Er zog sie ein paar Meter weiter in das Licht einer Laterne. »Aber Sie sind doch Alfonsina Strada! Warum die Eile, Signora? Und wo sind die anderen?«

»Was meinen Sie?«

»Die Radfahrer. Wo sind Ihre Kollegen? Werden Sie wieder ein Stück mit dem Zug transportiert, so wie vorgestern von Salerno aus?«

Sie wusste nicht, was sie sagen sollte. Es war ihr peinlich zu gestehen, dass sie als Einzige abfuhr, dass sie aufgab, aber irgendetwas musste sie antworten. »Der Giro endet hier für mich«, murmelte sie. Sie riss sich los und steuerte die Waggontür an.

Der Zugführer jedoch war schneller und baute sich mit ausgebreiteten Armen davor auf. »Sie wollen doch wohl nicht aus dem Rennen aussteigen?«

Alfonsina seufzte. Sie hatte einen Kloß im Hals. Das fehlte noch, dass sie hier vor einem Fremden anfing zu weinen. »Und wenn schon?«

Er nahm eine militärische Haltung an. »Wenn das so ist, Signora, gibt es keinen Platz für Sie in diesem Zug.«

Alfonsina erstarrte. »Wie bitte?«

Der Mann griff nach ihrer Hand und deutete mit dem Kopf zum Ausgang des Bahnhofs. »Es passiert so viel Schreckliches dort draußen, Signora Alfonsina. Die Leute wollen mal an etwas anderes denken, sie brauchen Träume, die ihnen Mut machen.«

Ja, dieses Bedürfnis hatte sie auch mal gehabt, und man sah ja, was daraus geworden war. »Was habe ich damit zu tun?«

»Sie stellen etwas Neues dar, eine schöne Fantasie, die glauben lässt, dass das Unmögliche wahr werden kann.« Er schob sie sanft vom Gleis in Richtung Halle. »Ich will nicht derjenige sein, der ihnen die Hoffnung nimmt. Hören Sie auf mich, kehren Sie um.« Er stieg auf das Trittbrett und blies in seine Pfeife. Der lang gezogene Pfiff hallte durch den Bahnhof, und am Ende des Zugs schwenkte jemand ein Licht zur Antwort.

Alfonsina blieb verdutzt auf dem Bahnsteig zurück, bis der letzte Waggon nur noch ein verschwommener Punkt in der silberhellen Nacht war. Sie blickte zum Himmel.

Stimmt es, was der Zugführer gesagt hat?, fragte sie den Mond. Bedeutet meine alberne Radfahrerei tatsächlich auch anderen etwas, nicht nur mir selbst?

Die Kugel hatte einen neuen dunklen Fleck. Sie schien ihr zuzuzwinkern.

Heilige Madonna, womöglich kommt das Beste erst noch, dachte sie, und wenn der Schaffner sich nicht geweigert hätte, mich mitzunehmen, hätte ich es verpasst.

Auch die kleinen Toten sahen in dem milchigen Licht nach oben.

Kommt, wir gehen, rief sie ihnen in Gedanken zu.

Geschlossen durchquerten sie erneut die Stadt aus weißem Stein. Vor der Basilika Beata Maria Vergine warteten die Romanows auf sie, blass schimmernd wie die Mauern der Kirche. Die Zarin Alexandra begrüßte Alfonsina mit einem kleinen Nicken und kaum merklichem Lächeln. Sie schien froh zu sein, dass sie auf ihre Flucht verzichtet hatte und Wort hielt.

Was sie tat, hatte der Zugführer gesagt, ließ die Menschen ihre Angst vergessen und neue Hoffnung schöpfen. Sie brauchten Alfonsina Strada, deren Fahrt sie aus dem Jammertal forttrug und ihnen einen Traum vom Glück schenkte.

Wie konnte sie sie enttäuschen? Ist gut, ich habe verstanden, ich steige nicht ab.

Auf der Strecke von Foggia nach L'Aquila riss ihr Knie wieder auf.

Sie hatte schon viele Berge und Pässe bewältigt, doch von den Kollegen gehört, dass der Macerone mit nichts zu vergleichen sei. Weniger seiner Höhe wegen als der vielen Kurven, der unerwarteten Felsüberhänge und der Steinschläge, die einen erwischen konnten.

Vor drei Jahren war Costante Girardengo an ihm gescheitert. Der »Campionissimo« hatte rund vierzig Kilometer vorher einen Unfall gehabt, war bei einer Bergabfahrt mit einem seiner Wasserträger zusammengestoßen und mit fünfzig Sachen auf den Schotter gestürzt. Er hatte sich jede Menge Schürfwunden, ein blutendes Bein und ein verstauchtes Handgelenk zugezogen und teilte dem Teammanager im Begleitwagen mit, dass er sich aus dem Rennen zurückziehen wolle, doch der brachte ihn mit Beschimpfungen dazu, wieder aufzusteigen. Girardengo fuhr weiter. Der Macerone kostete ihn eine ungeheure Anstrengung, sein ganzer Körper brüllte vor Schmerz, jeder Atemzug war eine Qual. Irgendwann stieg er ab, warf das Fahrrad in den Graben und zeichnete mit dem Fuß ein Kreuz in den Kies. »Girardengo macht hier Schluss«, murmelte er und stieg in den Begleitwagen seiner Mannschaft.

Die Geschichte war von Mund zu Mund gegangen, und

es gab keinen Radrennfahrer, der sich dem Macerone nicht mit Furcht im Herzen näherte.

Alfonsina war schon erschöpft, bevor sie den Anstieg begann.

Sie hatten sich um halb vier Uhr morgens zur Startmeldung versammelt, das Startsignal war fünfzig Minuten später gegeben worden.

Die Etappe erwies sich schon zu Anfang als unangenehm. Sie fuhren in einer kompakten Gruppe los, alle vorsichtig wegen der Schlaglöcher gleich außerhalb der Stadt. Niemand wagte einen Ausbruchsversuch, nachdem einer gestürzt und viele auf ihm gelandet waren, darunter auch Alfonsina. Bei der Ankunft in Lucera stellte sie fest, dass sie ihre Luftpumpe verloren hatte. Sie stieg ab und tastete auf allen vieren die nähere Umgebung ab, ohne Erfolg. Der Sturz fiel ihr ein, die Pumpe war vermutlich dabei heruntergefallen. Es war immer noch stockdunkel, das Hauptfeld würde Boden gutmachen und die Begleitfahrzeuge würden bei ihm bleiben. Doch sie hatte keine andere Wahl. Sie kehrte um, fand die Stelle und untersuchte sie Handbreit für Handbreit.

Der Mond, schon fast voll, kam ihr zu Hilfe und warf einen Lichtstrahl auf die Pumpe, die schwach im Dunkeln schimmerte.

Alfonsina fuhr wieder los, so schnell sie konnte, aber sie lag nun viele Kilometer zurück. Trotzdem gelang es ihr, zwei Fahrer einzuholen, Cividini und Aperlo.

Sie sahen ihr mit offenem Mund nach, als sie wie ein Geschoss an ihnen vorbeisauste. Innerhalb weniger Minuten hatte sie sie abgehängt.

Den Macerone musste sie allein angehen, drei Kilometer bergan, siebenhundert Meter Höhenunterschied und vierzehn Prozent Gefälle an vielen Abschnitten.

Der Pass war noch anstrengender, als man sich erzählte, die Kehren glichen einer Achterbahn. Der Wind pfiff durch die Felsrinnen und Schluchten, schlug wirbelnde Kapriolen und traf sie mit voller Wucht gegen die Brust. Sie fiel mehrmals, und bei einem dieser Stürze ging die noch frische Wunde am Knie wieder auf. Bei den bergab führenden Kehren lag sie auf dem Fahrrad wie ein Kartoffelsack, völlig entkräftet. Wäre sie in dieser Haltung und bei dieser Geschwindigkeit erneut gestürzt, hätte sie sich alle Knochen im Leib gebrochen. Es kam ihr gar nicht in den Sinn, sich aus dem Rennen zurückzuziehen, weil sie nicht einmal mehr Kraft zum Denken hatte.

Sie erreichte das Ziel als Dreiundvierzigste, wieder die Letzte, mit zwei Stunden, 46 Minuten und 50 Sekunden Abstand zum Ersten, Giuseppe Enrici, der trotz seines schmerzenden Fußes immer mehr Favoriten auf den Gesamtsieg hinter sich ließ. Alfonsina hatte über fünfzehn Stunden im Sattel gesessen und war noch im Rennen.

Cividini und Aperlo trafen nach ihr ein, sehr viel später und weit außerhalb des Zeitlimits.

Cougnet und Colombo riefen alle Teilnehmer zusammen. Angesichts der Härte der Etappe durften Cividini und Aperlo das Rennen fortsetzen, wenn sie wollten, allerdings außer Konkurrenz. Sie würden bei einer eventuellen Platzierung kein Anrecht auf Prämien haben und von der Wettliste gestrichen werden, aber weiterhin das Tagegeld und den Proviant bekommen.

Die beiden nahmen das Angebot an. Hinterher warfen sie Alfonsina grollende Blicke zu – diese Frau hatte sie geschlagen, und das schmerzte mehr als der Ausschluss aus der Wertung.

Sie entfernte sich humpelnd von der Gruppe. Ihr Knie

blutete immer noch, sie musste auf ihr Zimmer gehen und es desinfizieren.

Im Flur kam Colombo auf sie zu. »Alles in Ordnung, Alfonsina?«

Sie antwortete ihm nicht, zu benommen vor Müdigkeit und Schmerzen. Sie schloss die Zimmertür hinter sich und sank auf dem Boden zusammen. Kurz darauf klopfte es. »Herein.«

Emilio Colombo beugte sich zu ihr herunter. »Komm, ich helfe dir aufzustehen.« Er packte sie unter den Achseln, zog sie hoch und brachte sie zum Bett, wo er ihre Hand nahm. »Cougnet und ich stehen in deiner Schuld, Alfonsina. Ohne dich hätte sich niemand für den Giro interessiert. Danke.«

Sie hörte ihm schweigend zu, ihre Kraft reichte gerade noch zum Atmen.

Colombo zog einen Umschlag aus seiner Jackentasche. »Hier, nimm.«

Er war prall gefüllt, sie machte ihn auf. Zählte die Scheine, es waren fünfhundert Lire.

»Armando und ich dachten, dass wir dir das Geld, das bei der Spendenaktion der *Gazzetta* bisher zusammengekommen ist, schon jetzt geben«, erklärte er. »Vielleicht kannst du es gebrauchen.«

Ja, und ob. »Könntest du mich morgen Vormittag mit dem Auto zur Post fahren?«

Colombo nickte. »Klar.« Er besah sich ihr blutverkrustetes Knie. »Schaffst du es, übermorgen wieder zu fahren?«

»Ja.«

»Du hast stark abgenommen. Isst du auch genug, oder verschenkst du deinen Proviant?«

Gegen ihren Willen musste sie lachen. »Nein, ich esse genug. Aber du hast keine Ahnung von den Strapazen.«

Nun lachte er auch. »Doch, schon, aber manche sagen, dass du anderen Fahrern von deiner Verpflegung abgibst.« Dann stand er auf. »Ich schicke dir den Arzt, damit er dich näht. Wir sehen uns morgen früh.«

Am nächsten Tag auf der Post stellte sie zwei Geldanweisungen zu je zweihundertfünfzig Lire aus. Eine an die Heilanstalt in San Colombano adressiert, die andere an das von Nonnen geführte Kinderheim in Bologna, in dem ihre Nichte Elena lebte, Linas Tochter. Die Summe deckte die Kosten des Aufenthalts reichlich und trug hoffentlich dazu bei, dass beide gut behandelt wurden. Es waren immer noch fünf Etappen, zehn Tage, bis zur Ankunft in Mailand. Sie konnte es kaum erwarten, Luigi zu sehen.

Es wurde auch Zeit, sonst würden aus seinen Eiern noch Küken schlüpfen.

Die achte Etappe am 24. Mai führte von L'Aquila nach Perugia, 296 Kilometer Auf und Ab über den Apennin.

Es goss wie aus Kübeln.

Beim Start morgens um halb fünf war es so kalt wie mitten im Winter. Ein eisiger Wind fegte heulend von den Bergen herab, jagte den Regen in die Kleidung der Fahrer und ließ ihre Muskeln gefrieren.

Alfonsinas Knie verschlimmerte sich von Minute zu Minute. Aus den Wundrändern quoll weißlicher Schaum, offenbar hatte sich darunter etwas entzündet.

Sie setzten sich in Bewegung wie eine Herde Ochsen auf dem Weg zum Schlachthof. Nach einer halben Stunde waren sie schon erschöpft. Die Einzigen, die noch über etwas Energie verfügten, waren Enrici und Gay, sie lösten sich bereits bei Coppito von der Gruppe.

Der Regen wurde immer stärker und überzog die Wege

mit Schlamm, der von den Pedalen aufspritzte und an den Trikots kleben blieb. Von wegen Ochsen, sie waren eine Horde Schweine im Koben.

Alfonsina fand sich bald in der Schlussgruppe wieder. Bei jedem Pedaltritt bohrte sich eine Messerklinge in ihr Knie. Die Straße war mit heruntergespülten spitzen Steinen übersät. Sie konnte nicht allen ausweichen und fuhr schließlich mit dem Vorderrad über einen. Das Fahrrad geriet ins Schleudern, und im selben Moment traf eine Windbö sie von der Seite, sodass sie das Gleichgewicht verlor. Sie stürzte, und das Rad rutschte mit einem metallischen Scheppern unter ihr weg. Der Aufprall war heftig gewesen, sie musste eine Weile im Matsch liegen bleiben, um wieder zu Atem zu kommen. Nach ein paar Minuten ging sie das Fahrrad holen, vorgebeugt gegen den Wind. Der Schlauch war aufgeschlitzt und quoll aus dem ebenfalls zerrissenen Mantel hervor. Sie besah sich ihr Knie, hier hatte die Haut zum Glück gehalten. Bei diesen Wassermassen wäre eine Blutung nicht zu stoppen gewesen. Sie montierte das Vorderrad ab und trug es unter den Schutz einer Buche. Mit ihren steif gefrorenen Fingern war es mühsam, den Schlauch zu wechseln und die Decke zu flicken, die Nadel entglitt ihr bei jedem Stich. Schließlich baute sie das Rad wieder ein. Doch irgendetwas fehlte, auch wenn sie nicht gleich merkte, was. Als sie es sah, glaubte sie zu sterben. Der Lenker. Das war das Klirren gewesen, das sie beim Fallen gehört hatte. Sie ging zu der Stelle, an der sie gestürzt war, und wühlte auf Knien im Schlamm, suchte zwischen den Steinen und im Gebüsch am Straßenrand. Schließlich fand sie ihn eingeklemmt in einer Felsrinne. Sie kehrte damit zum Fahrrad zurück und setzte ihn auf den Steuersatz. Die Teile passten perfekt aufeinander, ein glatter Bruch, aber wie sie wieder zusammenfügen? Dazu bräuchte sie mindestens ein Schweißgerät. Sie humpelte zurück zu der Buche und brach ein paar dünne, biegsame Zweige ab, die sie um das Steuerrohr flocht. Und jetzt, was hast du damit gewonnen?, fragte sie sich. Du kannst das Rad ja wohl kaum damit lenken, als wären es die Zügel eines Pferds.

Sie sah zum Himmel. Der Regen prasselte ihr ins Gesicht, und in dem Brausen glaubte sie das Echo eines Lachens zu hören. Irgendwer amüsierte sich über ihr Pech dort oben. Vielleicht der Mond auf der anderen Seite der Welt oder jemand, der sich hinter den Wolken verbarg, Gott selbst oder ein boshafter Engel.

Der Giro endete hier für sie, mitten in den Abruzzen. Obendrein war sie jetzt so weit hinter der Schlussgruppe, dass sie nicht darauf hoffen konnte, noch einem der Begleitfahrzeuge zu begegnen. Man würde ihr Fehlen erst am Ziel bemerken, wenn nach Stunden immer noch nichts von ihr zu sehen war. Wer weiß, wann sie anfangen würden, nach ihr zu suchen.

Sie setzte sich unter die Buche und fing an zu weinen, den Kopf in den Armen verborgen. Was sollte sie auch sonst tun?

Ein Schlag, eine Schlappe, der größte Hohn. Die Straße bestrafte sie. Von wegen Bestimmung, die sie im Namen trug. Sie verpasste ihr einen Denkzettel für ihre Anmaßung. Für wen hältst du dich, du Haufen Müll.

Jemand tippte ihr auf die Schulter. Sie sah auf. Neben ihr stand eine Frau ungefähr in ihrem Alter, vielleicht ein bisschen älter.

Sie fragte etwas in einem unverständlichen Dialekt.

»Wie bitte?«

Die Frau wiederholte ihre Worte.

Alfonsina breitete die Arme aus. »Ich verstehe Sie nicht.«

Die Unbekannte legte die Fingerspitzen aneinander und öffnete die Hände wie bei einer Frage, dabei zog sie die Mundwinkel in einer greinenden Grimasse nach unten.

Entweder machte sie sich über sie lustig, oder sie fragte nach dem Grund ihrer Tränen. »Sie wollen wissen, weshalb ich hier sitze und weine?«

Die Frau nickte.

Alfonsina stand auf und bedeutete ihr mitzukommen. Sie führte sie zu ihrem Fahrrad, hob den Lenker auf und hielt ihn an das Steuerrohr. »Ist abgebrochen, sehen Sie? Kaputt.«

Die Frau nahm den Lenker, betrachtete ihn aufmerksam, umfasste dann die Griffe und tat, als würde sie fahren. Der Regen strömte auf sie herab, doch sie achtete nicht darauf. Sie war erbärmlich mager, ihre Kleider hingen an ihr wie eine nasse Fahne um die Stange. Anstelle von Schuhen trug sie Lumpen an den Füßen, auch die völlig durchnässt. Sie gab Alfonsina den Lenker zurück und fragte wieder etwas.

Sie verstand kein Wort von diesem harten, kantigen Dialekt.

Die andere ballte die Hände zu Fäusten und ließ sie umeinander kreisen, imitierte die Bewegungen der Pedale.

Alfonsina nickte. »Ja, ich fahre Rad.«

Ihr Gegenüber zog die Augenbrauen hoch und schnaufte anerkennend durch die Nase.

Obwohl sie nicht sicher war, ob die Frau sie verstand, erzählte sie ihr, was passiert war. »Ich bin Alfonsina Strada, ich nehme am Giro d'Italia teil.« Sie zeichnete mit dem Finger die Strecke mit den zwölf Etappen in die Luft. »Aber jetzt ist mein Rad kaputt und ich kann nicht weiterfahren.« Sie brach wieder in Tränen aus und ließ den Lenker fallen. »Ich bin gezwungen, hierzubleiben oder zu Fuß zu gehen und darauf zu hoffen, dass mich jemand abholen kommt.«

Die Frau hatte ihr mit ernstem Ausdruck zugehört und legte ihr eine Hand an die Wange. Ihre Handfläche war härter als Eichenrinde, die Geste aber zart. Sie flüsterte etwas und zeigte auf eine Gruppe von Bäumen, zwischen denen eine steinerne Kate herausragte. »Das da ist mein Haus«, hieß das offenbar. Dann deutete sie auf den Berghang hinter ihnen, über den Wasser und Steine talwärts stürzten. »Das ist alles, was es hier gibt. Nimm dein Fahrrad und fahr weiter.« Mit ausgestreckter Hand deutete sie auf die Straße, schien sie aufzufordern, ihre Fahrt fortzusetzen.

Alfonsina hatte immerhin das Wort Fahrrad verstanden. Sie hob den Lenker auf und schwenkte ihn vor der Nase der Frau. »Ich will ja weiterfahren, aber wie soll das gehen ohne den hier?«, rief sie mit erstickter Stimme.

Die Frau zuckte die Achseln und eilte auf ihre Hütte zu. Vielleicht war sie beleidigt oder hatte ihr Geschrei als Vorwurf aufgefasst.

Alfonsina wartete einen Moment, ob die Bäuerin zurückkam, dann fand sie sich damit ab, zu Fuß zum nächsten Dorf laufen zu müssen. Sie lud sich das Rad auf die Schulter und stapfte los.

»He!« Die Frau war zurück und hielt einen Reisigbesen in der Hand. Hinter ihr kamen zwei kleine Mädchen, ebenfalls mit Lumpen an den Füßen. Sie waren etwa zehn Jahre alt und genauso dünn wie die Mutter. Diese legte den Besenstiel über zwei Steine, nahm dann einen dritten, ziemlich großen Stein, und schlug ihn auf den Stiel. Das Holz zerbrach mit einem trockenen Knacken. Aus ihrer Schürzentasche zog sie eine Rolle Schnur, dann sagte sie etwas zu ihren Töchtern.

Die Mädchen gingen auf Alfonsina zu. Sie waren schon völlig durchnässt, und der Regen strömte über ihre schmalen Gesichter. Ohne ein Wort zu sagen, nahmen sie ihr das Rad von der Schulter und brachten es der Mutter.

Sie ließ sie gewähren.

Die Frau trennte ein langes Stück Schnur mit den Zähnen ab und wickelte einen Teil um die Mitte des Besenstiels. Sie legte ihn quer auf das Lenkerrohr, führte die beiden Schnurenden unter der Radgabel durch und flocht sie dann um das Rohr.

Die beiden Mädchen hielten das Fahrrad und sahen der Mutter aufmerksam zu.

Sie wickelte die Schnur um den Ansatz des Rohrs, dann oben um den Steuersatz und das letzte Stück schließlich um den Stock, wo sie es mehrfach verknotete. Anschließend befestigte sie die Bremszüge an den beiden Enden des Holzlenkers. Sie trat einen Schritt zurück, um ihre Arbeit zu begutachten, und nickte langsam. Zeigte auf das Fahrrad. »Jetzt probieren.«

Alfonsina stieg auf und umfasste den Besenstiel-Lenker. Er war ziemlich stabil. Sie würde bergab sehr vorsichtig sein müssen ohne Bremsen, besonders in den steileren Kehren, aber es konnte funktionieren. »Ausgezeichnet!«, rief sie.

Die Frau strahlte. »Bist froh.«

»Wie kann ich mich erkenntlich zeigen?«

Die Frau legte ihren Töchtern die Arme um die Schultern und betrachtete lächelnd Alfonsina auf ihrem Fahrrad. »Schön bist da drauf. Nicht mehr absteigen.«

Ein Schauer überlief sie, als hätte ihre Retterin eine alte magische Formel ausgesprochen. Sie öffnete ihren Quersack, holte die zehn Lire Tagegeld, den Hähnchenschenkel und die Packung Kekse heraus. »Hier, nehmen Sie.«

Die Bäuerin schüttelte energisch den Kopf. »Nein, nein.«

Sie stieg ab und drückte dem einen Mädchen den Schenkel, dem anderen die Kekse in die Hand. Den Schein gab sie der Mutter. »Es tut mir leid, mehr habe ich nicht.«

Die Frau drückte ihn seufzend an ihre Brust.

Da hatte Alfonsina eine Idee. »Warten Sie.« Sie griff nach der Tüte mit den Eiern. »Hier bitte, die kommen aus Hühnerärschen in halb Italien.« Sie musste lachen wegen des unanständigen Worts.

»Ärsche«, wiederholte die Bäuerin und lachte auch.

Sie gingen aufeinander zu. Streichelten sich über die Wangen, sahen sich in die Augen. Der Regen vermischte sich mit ihren Tränen. Sie lachten und weinten wie zwei Schwestern, die sich gerade wiedergefunden hatten und schon wieder trennen mussten.

Um neun Uhr abends fuhr Alfonsina durchs Ziel. Wieder als Letzte, zum dritten Mal. Drei Stunden, 43 Minuten und 22 Sekunden nach dem Sieger, wieder Enrici.

Der Holzlenker rief viel Aufsehen und Gelächter hervor, doch als sie erzählte, wie sie dazu gekommen war, drängten sich die Kollegen stumm und ehrfürchtig um ihr Rad wie um das Allerheiligste in der Kirche.

Laut Reglement hätte sie, Alfonsina Strada, Startnummer 72, aus dem Rennen ausscheiden müssen. Die Organisatoren schlugen ihr jedoch die gleiche Lösung vor wie den beiden Kollegen nach der vorigen Etappe: Sie konnte den Giro zu Ende fahren, allerdings ohne Wertung.

Sie war einverstanden. Als Letzte anzukommen oder ohne Platzierung machte keinen großen Unterschied. Die Hauptsache war, ans Ziel zu gelangen. Für sich selbst und für alle, denen sie es versprochen hatte, darunter nun auch die Frau, die für sie ihren Besen geopfert hatte.

Comer See, 13. September 1959

Am See fand sie ein wenig Ruhe.

Die Sonne ließ goldene Flämmchen auf den flachen Wellen züngeln, Familien gingen am Ufer spazieren, Kinder rannten fröhlich kreischend herum.

Zypressen und Lorbeerbäume tanzten im lauen Wind.

Alfonsina hörte auf zu kauen. Das Brötchen schmeckte ihr nicht mehr, es war fade und schwammartig geworden, kaum herunterzubringen. Sie steckte es wieder ein, zusammen mit ihrer Wasserflasche.

Das war nicht das Mittagessen, das sie sich vorgestellt hatte.

In Varese waren sie alle damit beschäftigt gewesen, die Bühne für die Siegerehrung herzurichten, die ersten Fahrer sollten in knapp zwei Stunden eintreffen.

Sie war hingegangen, um sich nach Binda und Coppi zu erkundigen.

»Sie dürfen nicht gestört werden«, antwortete ihr ein junger Mann, der die Arbeiten verfolgte.

»Ich störe sie nicht«, erwiderte sie lächelnd, »ich bin eine Freundin.«

Er schnaubte. »Ich sehe mal, ob ich sie finde. Wen soll ich melden?«

»Alfonsina.«

»Wen?«

»Alfonsina Strada.«

Der junge Mann verschwand hinter einer Glastür.

Auf dem Podest waren die Blumensträuße und Pokale für die Preisträger angekommen. Zwei hübsche junge Mädchen mit einer *Miss*-Schärpe posierten für einen Fotografen.

Alfonsina drehte sich zu dem Gebäude um, das der Angestellte betreten hatte. An einem der Fenster meinte sie zwei Männer zu erkennen, der eine mit kantigem Kinn, der andere mit langer Nase und hoher Stirn. Sie deuteten auf irgendetwas auf dem Platz.

Sie winkte. »Alfredo! Fausto!«

Die beiden entfernten sich langsam vom Fenster.

Der junge Mann kam zurück. »Es tut mir leid, ich habe sie nicht gesehen. Keine Ahnung, wo sie sind.«

»Aber sie haben doch gerade am Fenster gestanden!«

»Unmöglich, ich habe überall nach ihnen gesucht.«

Entweder hatte sie sich getäuscht, oder der junge Mann tat nur so, als hätte er sich Mühe gegeben.

Auf einmal wollte sie nur noch nach Hause. Sie war müde und gereizt, alles drückte ihr auf die Stimmung. Außerdem drängte es sie zu erfahren, ob die *Luna 2* die Mondoberfläche erreicht hatte. Doch dafür war es noch zu früh. Sie beschloss, einen Abstecher nach Como zu machen, wo sie am Seeufer picknicken und die angenehme Spätsommersonne genießen konnte. So würde der Tag trotz allem noch zu einem schönen Abschluss kommen. Zum Glück war sie so vorausschauend gewesen, sich einen guten Imbiss mitzunehmen.

Nach einer Weile verlor sie jedoch die Lust an allem.

Das sanfte Wellengeplätscher, das sie zuerst aufgeheitert hatte, versetzte sie bald in Unruhe. Das Lachen der Kinder stimmte sie traurig, die Sonne stach ihr in die Augen.

Sie spürte eine Beklemmung zwischen Brust und Magen, als hätte sich der alte Schlund wieder in ihr aufgetan. Das Gefühl stellte sich häufig in Momenten der Niedergeschlagenheit ein, umso stärker, je größer die Enttäuschung war.

Wie damals am 26. Mai 1924, am Ende der Etappe Perugia-Bologna.

Sie war außer Konkurrenz, aber immer noch in der Gruppe mitgefahren, dreißig reguläre Teilnehmer plus sie, Cividini und Aperlo. Sechzig hatten aufgegeben, besiegt von der Härte der Rundfahrt und den Stürzen. Sie dagegen nicht, und sie trug ihre Magerkeit und die Verletzungen wie eine Auszeichnung zur Schau.

So war sie nach Bologna zurückgekehrt, in die Straßen, auf denen sie ihre ersten Rennerfahrungen gesammelt hatte, ihre ersten Träume geboren worden waren. Eine Rückkehr auf dem Höhepunkt einer bis dato unvorstellbaren Unternehmung.

Die Stadt bereitete ihr ein Freudenfest, Tausende von Menschen drängten sich in einer begeisterten Umarmung um sie. In der Menge waren auch ihr Vater, ihre Mutter und die Geschwister samt Nichten und Neffen.

Die Familie aber feierte sie nicht. Sie schien nur notgedrungen gekommen zu sein und war keineswegs beeindruckt von ihrer Berühmtheit, dass sie sogar in der Kino-Wochenschau zu sehen war und Schlagzeilen machte. Selbst das eingenommene Geld, insgesamt fast 50 000 Lire aus Startgeldern und anderen Vergütungen, Spendenaktionen und Geschenken, nicht eingerechnet die Medaillen und Schmuckstücke, fanden die Morinis nicht weiter erwähnenswert. Sie sahen nur ihre jämmerliche Erscheinung, dünn und mitgenommen, ihre Verletzungen, die aufgeschürften Ellbogen und diesen verrückten Mopp von Haaren, eine Peinlichkeit. Sie schämten sich ihrer, statt sich zu freuen.

Alfonsina fühlte sich, als würde man sie mit einem Messer aufschlitzen, um sie vollständig auszuhöhlen. Sie war über dreitausend Kilometer gefahren, um zu Hause endlich freudig empfangen, umarmt, akzeptiert zu werden. Doch es hatte alles nichts genützt, sie war als schwarzes Schaf fortgegangen und als schwarzes Schaf zurückgekommen. Konnten sie doch nichts dafür, wenn die Fonsina so seltsam war.

Tief betrübt und mit einem Gefühl der Vergeblichkeit startete sie am übernächsten Tag in Bologna. Am Etappenziel in Fiume, das sie verletzt und nach fast zwanzig Stunden im Sattel erreichte, verlieh Gabriele D'Annunzio ihr einen goldenen Orden mit dem eingeprägten Wappen seiner Familie. Eine Rarität, erklärte er ihr, nur wenigen werde diese Ehre zuteil. Mit Mühe brachte sie ein Lächeln zustande, während er ihn ihr anheftete, denn sie hatte ein Loch an der Stelle ihres Herzens.

Bei der Ankunft in Mailand am 1. Juni erhielt sie immerhin die Genugtuung, nicht Letzte geworden zu sein.

Der Giro d'Italia 1924 brachte viele Antworten für die Rennfahrer mit sich.

Luigi Gilardi beendete ihn auf dem siebenundzwanzigsten Platz; er und seine Lunge waren stark genug gewesen, die Prognosen der Ärzte zu widerlegen.

Der junge Giacomo Faramelli hatte, wie am ersten Tag von ihm selbst prophezeit, trotz der Frische seiner achtzehn Jahre aufgegeben, auf der furchtbaren Etappe von L'Aquila nach Perugia, und war mit dem Zug nach Hause gefahren. Vielleicht hatte er sein Fahrrad verkauft und den Erlös in Wein umgesetzt, vielleicht auch nicht.

Gesamtsieger des Giro wurde Giuseppe Enrici. Ein unabhängiger Fahrer ohne Teamzugehörigkeit, der noch bis zum vorigen Jahr als chancenlos galt und nun seine Scheibe vom Ruhm abbekommen hatte.

Wie auch Alfonsina. Sie fuhr die Ehrenrunde im Velodromo Sempione unter ohrenbetäubendem Applaus und wurde überhäuft mit Blumensträußen. Die ausländische Presse hörte gar nicht mehr auf, sie um Interviews und Fotos zu bitten.

Zwei Tage zuvor, am 30. Mai, während der Etappe Fiume-Verona, war es im Parlament in Rom zu Krawallen gekommen. Der sozialistische Abgeordnete Giacomo Matteotti hatte eine Rede gehalten, in der er die Wahlmanipulationen und brutalen Angriffe seitens der Faschisten bei den Wahlen im April anprangerte und forderte, das Ergebnis zu annullieren und Neuwahlen anzuberaumen. Viele waren daraufhin bereit zu wetten, dass Matteotti nicht mit heiler Haut davonkommen werde, dass Mussolini etwas unternehmen werde, um ihn zum Schweigen zu bringen.

Derweil gab Mussolini eine Erklärung ab, in der er verkündete, »diese außergewöhnliche Frau, die Italien Ehre macht«, kennenlernen zu wollen. Offenbar hatte er seine frühere Aussage vergessen, dass Frauen dazu da seien zu gehorchen, sich ums Haus zu kümmern, Kinder zu gebären und sich klaglos betrügen zu lassen.

Ein paar Tage später wurde Matteottis Leiche aufgefunden, und Mussolini, den man für den Mord verantwortlich machte, war mit anderem beschäftigt.

Alfonsina hatte herzlich gern auf diesen Händedruck verzichtet.

Am Ufer wetteiferten zwei kleine Jungen darum, wer einen Stein am häufigsten übers Wasser springen lassen konnte. Denn das Leben war ein Wettkampf. Das fing schon in jungen Jahren an, und wenn man die Lust verlor, über sich selbst hinauszuwachsen, konnte man es gleich sein lassen.

Was für düstere Gedanken du doch hast, schalt sie sich. Es musste die Wehmut darüber sein, dass die Hoffnungen, mit denen sie aufgewacht war, sich im Laufe des Tages zerschlagen hatten. Sie vermisste Dinge, die verloren waren, noch bevor sie sie besessen hatte.

Sie blickte auf den See. Nicht einmal die weite Wasserfläche und die Schönheit der Natur vermochten sie über die Enttäuschung hinwegzutrösten. Es war besser, nach Mailand zurückzufahren. Sie konnte bei Antonia klingeln und fragen, ob die Einladung zu der Verlobungsfeier noch galt.

Und ihre Neugier auf den Ausgang des Mondflugs stillen, hören, ob die *Luna 2* erfolgreich gelandet war und die Menschheit ihre Grenzen erweitert hatte.

Siehst du, Alfonsina? Man kann immer noch weiter gehen. Denn wenn man es am wenigsten erwartet, hält das Leben Überraschungen und Erfolge für einen bereit.

So wie 1938 auf der Radrennbahn von Saint Germain. Im Alter von siebenundvierzig Jahren hatte sie mit 325 Kilometern den Weltrekord der Frauen über zwölf Stunden gebrochen und zahlreiche jüngere Konkurrentinnen hinter sich gelassen. Und wer weiß, was sie noch alles hätte erreichen und erleben können, wenn nicht ein weiterer Krieg gekommen wäre, der den Horizont erneut mit Blut und Tod versperrte.

ANTONIA UND DER MOND

Mailand, 13. September 1959

Ich sah sie schlingernd in die Via Farini einbiegen.

Es war sechs Uhr abends, ich stand am Fenster und wartete auf Stefano. Er sollte um sieben da sein, hatte aber gesagt, dass er ein bisschen früher kommen würde, und ich wollte ihm entgegengehen.

Sie hielt vor dem heruntergelassenen Rollladen der Werkstatt und sank über dem Tank der Moto Guzzi zusammen.

Ich beugte mich hinaus. »Alfonsina, geht's dir nicht gut?«

Sie richtete sich langsam auf. »Oh, Antonia. Nein, nein, ich musste nur kurz verschnaufen.« Ihre Stimme klang zittrig, sie war blass, ihr Gesicht von neuen Falten gezeichnet. Die Beine konnten kaum die Balance halten.

»Brauchst du Hilfe?«

Sie winkte ab, eine schwache, kaum angedeutete Geste. Das Motorrad neigte sich ein Stück zur Seite.

Voller Angst, dass sie jeden Moment fallen könnte, lief ich nach unten. Sie saß noch im Sattel, sah sich aber verwirrt, beinahe erschrocken um, als wüsste sie nicht, wo sie war. So hatte ich sie noch nie erlebt. Sie war aus Granit, immer lächelnd, voller Tatendrang, aufrecht, mit lautem Organ und nie um eine Antwort verlegen. »Gib mir die Hand, ich helfe dir beim Absteigen.«

»Ich schaffe es nicht, sie aufzubocken«, murmelte sie.

»Ich mache das.« Ich drückte den Kippständer mit dem Fuß herunter, packte den Lenker und zog die Guzzi hoch. Sie wog eine Tonne.

Alfonsina stützte sich auf meinen Arm und stieg mühsam ab. Ihre Lippen waren violett, ihr Atem ging stoßweise. Sie legte eine Hand auf ihren Magen. »Ich habe zu schnell gegessen, mir kommt alles hoch.«

»Das liegt an den Kurven, wahrscheinlich bist du wieder gerast wie nur was«, sagte ich und versuchte zu lächeln.

Sie gab mir ihren Schlüsselbund. »Schließ du auf, bitte.«

Wir gingen durch die Werkstatt, sie strauchelnd. Im Büro lief sie sofort ins Bad und kam mit einem Glas Wasser wieder, das sie in einem Zug hinunterstürzte.

»Muss ja eine schöne Feier gewesen sein«, bemerkte ich.

»Was?«

Ich zeigte auf das Glas. »Du hattest Durst. War das Mittagessen stark gewürzt?«

Alfonsina senkte den Blick. »Ach nein, dazu war keine Zeit, sie hatten alle zu tun. Du weißt ja, wie das ist, das Rennen, die Interviews …« Sie sprach nicht weiter, sondern starrte in ihr Glas, wie um sich davon zu überzeugen, dass es wirklich leer war.

»Das tut mir leid«, murmelte ich. Ich wusste nicht, was ich sagen sollte. Etwas quälte sie, aber es war schwer zu sagen, ob sie darüber reden wollte. Wenigstens hatte sie wieder etwas mehr Farbe im Gesicht. »Möchtest du mit mir raufkommen? Ich mache dir was Heißes zu trinken, vielleicht einen Kamillentee?«

»Nein, nein, ich will euch nicht stören.«

»Was redest du denn da, wir freuen uns. Stefano kommt gleich, dann lernst du ihn kennen.«

Endlich lächelte sie. »Ach ja, eure Verlobung.«

»Bleibst du zum Essen?«

Sie blickte auf ihren Pullover und die Hose, die voller Grasflecken und toter Mücken waren. »Gerne, aber ich gehe erst mal nach Hause und ziehe mich um. In diesem Aufzug kann ich mich nicht blicken lassen.«

»Ach was, nicht nötig.« Ich lachte. »Schließlich bist du immer noch die Königin der Tretkurbel.«

Sie wiegte den Kopf. »Hm, früher einmal.« Dann drückte sie mit der flachen Hand auf ihr Brustbein. »Ich hätte dieses Brötchen nicht essen sollen.« Sie berichtete von ihrer Vesper am Seeufer, von der frischen, feuchten Luft. Und ihrem Halt auf dem Brinzio, von einer Szene zwischen einem Vater und seinem Sohn, der so geschickt mit dem Ball umgehen konnte.

Ich hatte etwas Mühe, ihr zu folgen, unterbrach sie aber nicht. Es war klar, dass sie mit sich selbst sprach und versuchte, eine alte Last loszuwerden. Mir kam es vor, als stünde ich dort mit ihr an dieser Kurve. Sie hatte mir so oft von den Lombardei-Rundfahrten erzählt, an denen sie teilgenommen hatte, dass ich jede Kehre, jede Baumgruppe hätte beschreiben können.

»Sie haben mich nicht erkannt«, sagte sie leise, »niemand erinnert sich mehr an mich.« Doch sie fand freundliche Worte für Binda und Coppi, die nur nicht herbeigekommen seien, um sich mit ihr zu unterhalten, weil sie sie nicht gesehen hätten. Das nächste Mal würde sie dafür sorgen, dass sie früher eintraf. »An allem ist der Mond schuld«, schloss sie.

»Wie meinst du das?«

Sie sei zu spät aufgewacht, weil sie am Abend zuvor noch die Spätnachrichten mit dem Neuesten über die *Luna 2* gehört habe. Als sie am Morgen das Haus verlassen habe, sei sie bereits müde und erschöpft gewesen. »Wer weiß, ob sie es schafft«, sagte sie seufzend.

»Ach, ich glaube schon.« Ich hatte die Berichte über den Start nicht verfolgt, weil meine Gedanken um das Verlobungsessen kreisten, aber ich merkte, dass ihr die Sache wichtig war. »Ganz sicher sogar.«

Sie nickte. »Wir sehen uns in einer Stunde.« Dann stand sie auf. »Aber ich bleibe nicht lange, ich möchte noch die Spätnachrichten hören. Wäre das für dich in Ordnung?«

»Du kannst gehen, wann immer du möchtest.«

Sie machte ein paar Schritte, stützte sich an der Wand ab. »Ich glaube, ich nehme das Motorrad«, ächzte sie. »Ich habe keine Lust, mit dem Fahrrad zu fahren.«

In dem Moment bekam ich wirklich einen Schreck. Nie hätte ich gedacht, einmal so etwas aus ihrem Mund zu hören. »Bist du sicher, dass alles in Ordnung ist?«

Sie schlurfte hinaus auf die Straße. »Ja, ja. Ich nehme ein schönes Bad, dann geht es schon wieder. Ich bin nur ein bisschen müde.«

Ich zog den Rollladen herunter. Es widerstrebte mir, sie in dem Zustand fahren zu lassen. »Du kannst dich auch bei uns frisch machen.«

Sie bückte sich, um das Vorhängeschloss zu schließen. »Nein, ich will mich umziehen.« Schwankend ging sie zum Motorrad, stieg beschwerlich auf. Sie war wieder bleich im Gesicht, die dunklen, schmalen Lippen stachen daraus hervor wie eine alte Narbe. Sie drehte den Zündschlüssel. »Also, bis gleich.« Trat den Kickstarter. Die Guzzi gab ein heiseres Krächzen von sich. »Sie macht schon seit heute Morgen Zicken.« Alfonsina schüttelte den Kopf. »Ich muss die Zündkerzen und den Filter reinigen, aber nicht jetzt.«

»Lass sie stehen, komm einfach mit rauf«, wiederholte ich.

Sie trat erneut den Kickstarter. Als wäre es das Wichtigste auf der Welt, die Guzzi zum Laufen zu bringen. Als müsste sie über irgendetwas die Kontrolle behalten und das vitale, kraftvolle Röhren des Motors hören. Vielleicht wollte sie auch ihren Kummer darüber vertreiben, dass niemand in der Frau mit Pulli und schwarzer Hose Alfonsina Strada erkannt hatte. Sie biss die Zähne zusammen und versuchte es immer wieder, das Gesicht vor Anstrengung verzerrt. Es wurde zu einem Kampf zwischen ihr und der Maschine, den sie um jeden Preis gewinnen wollte. Die Moto Guzzi hatte sich in ein mythologisches Ungeheuer verwandelt, furchterregend und unbezähmbar.

Mir wurde angst und bange, und ich sagte das Erste, was mir in den Kopf kam, um sie aufzuhalten. »Aber so würgst du ihn doch nur ab!« Sie selbst hatte mir beigebracht, dass man einen Motor, der nicht ansprang, erst recht zum Absaufen brachte, wenn man ihn hartnäckig zu starten versuchte.

Doch sie hörte nicht auf mich und fuhr fort, den verdammten Starter mit Tritten und Stößen zu bearbeiten. Bis sie entkräftet auf dem Tank zusammenbrach, sodass ihre Stirn auf dem Lenker aufschlug.

Ihre hingegossene Haltung erinnerte an eine Spinne, die eine große Beute umklammert. Ich rüttelte sie an der Schulter. »Alfonsina!«

Sie regte sich nicht, nur ihr Brustkorb hob und senkte sich im Rhythmus flacher, schneller Atemzüge. Ich sah mich um, niemand in der Nähe. »Hilfe!«, schrie ich. »Der Frau hier geht es schlecht!« Ihre Schlüssel baumelten im Schloss. Ich zog sie heraus und schloss die Werkstatt wieder auf. Im Büro hing ein Telefon. Ich wählte den Notruf, wartete eine

Ewigkeit, bis sich jemand meldete. »Einen Krankenwagen in die Via Farini 33!«, rief ich. »Alfonsina Strada hatte gerade einen Zusammenbruch!«

»Was, die Radrennfahrerin?«, fragte die Telefonistin.

Ich hätte weinen können, nicht alle hatten sie also vergessen. »Ja, genau. Beeilen Sie sich!«

»Wir sind unterwegs!«

Ich rannte zu Alfonsina zurück. Ein Mann stand dort und fächelte ihr mit seinem Hut Luft zu.

»Jemand muss einen Arzt rufen«, sagte er.

»Der Krankenwagen kommt gleich.«

Alfonsina winkte mich zu sich. Ihre Züge wirkten plötzlich eingefallen und wächsern, die runden Wangen waren verschwunden, die Haut spannte um den Kiefer. »Nimm das Fahrrad und fahr zu mir nach Hause. Ich brauche ein paar Sachen fürs Krankenhaus.« Es war nur ein Flüstern, von einem schwachen Pfeifen durchsetzt.

»Ich warte auf den Notarzt, dann fahre ich sofort hin«, versicherte ich ihr.

Der Mann fächelte ihr weiter Luft zu und betrachtete sie kopfschüttelnd. »Was macht denn auch eine Frau in ihrem Alter auf einem Motorrad?«

Ich sah ruckartig zu ihm auf. »Das ist Alfonsina Strada«, sagte ich, als sei das die einzig mögliche Antwort auf sein kleingeistiges Vorurteil.

Er hörte auf zu fächeln. »Wer?«

Ich gab es auf und wandte mich wieder Alfonsina zu. »Ich habe der Telefonistin deinen Namen genannt. Sie wusste sofort, wer du bist, und hat gesagt, dass sie so schnell wie möglich kommen.«

Sie lächelte schwach. »Die *Luna 2*«, murmelte sie. »Bring mir auch das Radio mit.«

Eine Minute später traf die Ambulanz mit Sirenengeheul ein. Zwei Sanitäter mit einer Trage stiegen aus. Sie hoben sie vorsichtig vom Motorrad, dann setzte der eine ihr das Stethoskop auf die Brust und maß ihren Blutdruck. Er wechselte einen Blick mit dem anderen, sein Mund war zusammengekniffen. Dann luden die beiden sie in den Wagen. »Wie heißt die Signora?«, fragte mich der, der sie abgehorcht hatte.

»Alfonsina Strada. Wo bringen Sie sie hin? Ich komme mit ihren Sachen nach.«

»Sind Sie eine Verwandte?«

Ich sah in den Krankenwagen, wo sein Kollege die Trage mit Gurten befestigte. »Ja, ich bin ihre Enkelin.«

»Dann können Sie ins Niguarda-Krankenhaus kommen. Das ist das nächste von hier, dort fahren wir sie hin.«

Als der Krankenwagen um die Ecke gebogen war, stand der Mann immer noch mit dem Hut in der Hand auf dem Gehweg und sah zum Ende der Straße. Mich packte die Wut. Ich wollte ihn nicht hierhaben, er war Zeuge ihres Zusammenbruchs gewesen, war vielleicht einer der Letzten, die sie lebend gesehen hatten, und wusste noch nicht einmal, wer sie war. Er wusste nichts von ihren Leistungen, hatte sich aber herausgenommen, über sie zu urteilen. »Gehen Sie.« Mein harter Ton hallte in meinen eigenen Ohren wider. »Was machen Sie noch hier? Es gibt nichts mehr zu sehen.«

Er sah mich erschrocken an, setzte seinen Hut auf und ging grollend davon.

»Ciao, Antonia«, rief es hinter mir.

Stefano reichte mir lächelnd eine Flasche Wermut und trat von einem Fuß auf den anderen. »Habe ich mich verspätet? Die Straßenbahn kam ewig nicht.«

Ich riss ihm die Flasche aus der Hand. »Das Essen fällt aus.«

Sein Lächeln erstarb. »Warum? Hast du es dir etwa anders überlegt?«

»Erzähl ich dir später. Du musst mich wohin fahren. Warte hier.« Ich lief ins Haus und stellte den Wermut in die Küche.

Meine Mutter deckte gerade den Tisch. »Ich habe den Krankenwagen unten gehört, ist was passiert?«

»Sie haben Alfonsina ins Krankenhaus gebracht«, antwortete ich. »Ich muss zu ihr nach Hause, ein paar Sachen holen.« Stefano würde mit mir hinfahren, erklärte ich, er sei gerade gekommen. Das Essen müssten wir verschieben. Ich flog die Treppe hinunter. »Hilf mir, das Motorrad reinzuschieben«, sagte ich zu Stefano. Dann nahm ich das Rennrad. »Kannst du damit fahren?«

Er sah es zweifelnd an. »Denke schon.«

Auf der Querstange hockend, dirigierte ich ihn zur Via Varesina. Ich war schon ein paarmal dort gewesen und hoffte, alles rasch zu finden. Ich drückte den Schlüsselbund an meine Brust. Er stellte den Zugang zu allem dar, was ihr Leben ausmachte, Wohnung, Werkstatt, Motorrad, Fahrrad. Beim Betreten der Wohnung kam ich mir wie eine Einbrecherin vor, obwohl sie mich darum gebeten hatte. Ich ging ins Schlafzimmer, der Koffer stand im Schrank. Aus der Kommode nahm ich zwei Nachthemden, Unterwäsche und Socken. Neben dem Bett standen ihre Hausschuhe. Ein wenig zögernd packte ich sie ein, ich konnte sie mir einfach nicht in Pantoffeln vorstellen. Der Morgenmantel lag auf einem Stuhl. Im Unterschrank im Bad fand ich eine neue Zahnbürste, eine frische Tube Zahncreme und eine Seife. Ich zog zwei Handtücher aus einem anderen Schränkchen, wobei etwas klirrend herunterfiel. Das Diadem von der Weiberfastnacht, das Alfonsina mir als Schmuck für den Brautschleier versprochen hatte, funkelte mich vom Boden an. Keine Ahnung, warum mir dabei die silberne Totenmaske der seligen Veronica Negroni in den Sinn kam, in ihrem von Kerzen umgebenen Reliquiar in der Kirche von Binasco. Es erschien mir als ein schlechtes Omen, das Blinken geradezu ungehörig, während Alfonsina in einem Krankenhausbett lag und vielleicht um ihr Leben rang. Schnell schob ich das Diadem wieder zwischen die Handtücher. Fehlte nur noch das Radio. Ich entdeckte es auf einem Wandbord. Was sollte dieses Stück Holz daneben? Es war alt und geschwärzt. Mich überlief eine Gänsehaut. Mein Körper hatte es vor dem Verstand begriffen: Es war der Besenstiel-Lenker von der achten Etappe des Giro, von der sie mir so oft erzählt hatte. Ich wusste nicht, dass sie ihn aufgehoben hatte. Ich steckte ihn in den Koffer. Er hatte magische Kräfte, dachte ich, und die konnte sie jetzt gebrauchen.

Stefano saß unten noch auf dem Fahrrad. »Hast du alles gefunden?« Er war ernst, schien aber nicht verärgert über den unerwarteten Verlauf des Abends zu sein. Ich hatte ihm schon so oft von Alfonsina erzählt, dass sie inzwischen wohl wie eine gute Bekannte für ihn war.

»Ja, wir können los.«

Wir brauchten nur wenige Minuten zum Niguarda. Man hatte sie auf die Intensivstation gebracht, ihr Zustand sei ernst, hieß es. Vielleicht hatte ich vor einer halben Stunde meine letzten Worte mit Alfonsina gewechselt. Ich musste Stefano den Koffer geben und mich auf seinen Arm stützen, weil mir plötzlich eiskalt war und ich die Füße nicht vom Boden heben konnte. Dann fragte ich eine Krankenschwester, ob wir zu ihr dürften. Sie zeigte auf eine Bank vor der Station, wo wir warten sollten, während sie hineinging und sich erkundigte. »Sind sie Verwandte?«, wollte sie wissen.

Stefano antwortete für uns beide. »Ja, wir sind ihre Enkel.« Er drückte meine Hand, und ich erwiderte den Druck dankbar.

Bisher hatte ich noch nie jemanden verloren, der mir nahestand, abgesehen von den Freunden und Verwandten in meiner Heimat. Doch das war kein echter Verlust, denn es gab sie ja noch, auch wenn ich sie seit unserem Wegzug in den Norden vor zehn Jahren nicht mehr gesehen hatte. Es war eher ein Vermissen, ein schwacher, dumpfer Schmerz, der in einer Falte der Erinnerung steckte. Die Gefahr, dass Alfonsina mir genommen wurde, war dagegen akut und bestürzend.

Die Schwester kam zurück. »Es tut mir leid, Sie können nicht hinein.«

»Ist es sehr ernst?«, fragte Stefano.

Sie nickte. »Gehen Sie nach Hause. Wenn es etwas Neues gibt, rufen wir Sie an.«

»Wir haben kein Telefon.« Ich zeigte auf den Koffer. »Da drin sind ein paar Sachen für sie.«

Die Schwester seufzte. »Die braucht sie im Moment nicht.«

Ich nahm das Transistorradio heraus. »Aber das da! Sie wollte unbedingt die Radionachrichten hören. Bitte«, sagte ich mit Nachdruck. »Es ist wichtig.«

Die Frau nahm es und musterte es. »Auf welchem Sender?«

»Dem ersten. Es ist schon darauf eingestellt, glaube ich.«

»Ich sehe mal, was ich tun kann.« Sie lächelte mich an. »Der Arzt kommt dann später und informiert Sie über den Zustand der Signora.« Sie verschwand wieder hinter der Tür.

»Was machen wir jetzt?«, fragte Stefano.

»Ich warte hier, du kannst nach Hause gehen, wenn du willst.«

Er legte mir den Arm um die Schultern. »Ich bleibe bei dir.«

Ich dachte an das Stück Holz im Koffer. Blöder, unnützer Stock. Alfonsina redete von ihm wie von einem Zauberstab, aber er war keinen Pfifferling wert. Ich begann leise zu weinen, dann schlief ich ein. Als ich wieder aufwachte, war es still im Krankenhaus, die Tür zur Intensivstation war nach wie vor geschlossen. »Ist niemand herausgekommen?«

»Noch nicht.« Stefano strich mir die Haare aus der Stirn. »Trinken wir einen Kaffee?«

Ich wollte lieber nicht von dort weggehen. »Und wenn inzwischen der Arzt kommt?«

»Wir bleiben nur fünf Minuten.«

»Wie spät ist es?«

Er sah auf seine Armbanduhr. »Kurz vor elf.«

So spät schon. Möglicherweise würden wir die ganze Nacht hier sein. »Ist gut, gehen wir.«

In der Cafeteria lehnten zwei Krankenpfleger an der Theke. Sie sprachen über das Tre-Valli-Rennen an diesem Tag. Einer der beiden freute sich, dass Dino Bruni gewonnen hatte. Der andere meinte, dass die heutigen Fahrer nicht an Größen wie Coppi heranreichten.

»Mag sein, aber der ist fertig«, erwiderte der Erste. »Denk dran, wie schlecht er bei der Vuelta vor ein paar Monaten abgeschnitten hat.«

Der Kollege widersprach. »Ich habe gehört, dass Bartali ihn in sein Team aufnehmen will. Meiner Meinung nach steckt noch einiges in ihm drin.«

Der andere schüttelte den Kopf. »Er ist ein Trottel. Dass diese Leute einfach nicht merken, wann es Zeit ist aufzuhören. Er ist jetzt vierzig, ein alter Mann, an Geld fehlt es ihm nicht. Warum zieht er sich nicht zurück?«

Sie stellten ihre leeren Espressotassen ab und gingen debattierend hinaus. Ihre Stimmen hallten in der Stille des Gangs wider.

Stefano betrachtete ein Tablett mit Gebäckteilen und Tramezzini auf der Theke. Sie sahen trocken und alt aus, lagen bestimmt schon seit dem frühen Morgen dort. »Möchtest du etwas essen?«

»Nein, danke. Ein Kaffee reicht mir.« Stefano und ich hatten noch nie so viel Zeit allein miteinander verbracht, und ich erfuhr in diesen Stunden mehr über ihn als während all unserer Nachmittage im Kino oder beim Spazierengehen durch Mailand.

»Ist dir kalt?«, fragte er.

Ich schüttelte den Kopf. Eine Art Zwitschern ließ mich aufhorchen, es kam aus dem Radio hinter dem Tresen, das Klingelsignal zwischen den Sendungen. Kurz darauf meinte ich, die Stimme von Sergio Zavoli, dem Nachrichtensprecher, zu erkennen. »Können Sie das bitte lauter stellen?«, fragte ich den Kellner.

»Natürlich.«

Die Raumsonde *Luna 2* war nach einem fünfunddreißigstündigen Flug um 22.02 Uhr mitteleuropäischer Zeit auf der Mondoberfläche gelandet, westlich des von den Astronomen so genannten »Meers der Ruhe«.

Ich ließ meinen Kaffee stehen und rannte zur Intensivstation. Als ich dort eintraf, ging gerade die Tür auf. Der Arzt und die Schwester kamen auf mich zu.

»Leider hat es die Signora nicht geschafft.«

Stefano legte seinen Arm um mich. »Wann ist es passiert?«

»Vor wenigen Augenblicken.«

Die Schwester gab mir das Radio zurück. Es war noch an, ganz leise gestellt, und Sergio Endrigo sang: »*Tu sei qui, tu sei qui, per non lasciarmi più. Tu sei qui, sul mio cuor.* – Du bist hier, du bist bei mir, lässt mich nie mehr allein. Du bist hier, in meinem Herzen ...«

»Es tut mir leid«, sagte sie und eilte zurück in die Station.

Ich blickte auf das Radio. Vielleicht gehörte es sich nicht, es laufen zu lassen, die Stille durch Musik zu stören, aber ich brachte es nicht über mich, es auszuschalten. Seine Klänge hatten Alfonsinas letzte Lebensminuten begleitet, sich mit ihren Atemzügen vermischt. Ob sie wohl noch von der Landung der Sonde gehört hatte?

»Wir sollten die Familie verständigen«, murmelte Stefano.

»Ja.« Wir mussten zurück in ihr Büro. Falls jemand von ihren Geschwistern Telefon hatte, würde es in dem Adressbuch auf ihrem Schreibtisch stehen.

Es war fast Mitternacht, die Luft frisch und rein. Der Mond leuchtete am wolkenlosen Nachthimmel. Er war etwas mehr als halb voll, und der Teil im Schatten sah aus wie ein Stück einer noch vor dem Reifwerden verfaulten Orange. Ich fragte mich, ob die *Luna 2* auf dem hellen oder dem dunklen Bereich aufgesetzt hatte.

Das Radio spielte weiter, ich stellte es lauter. Die dunkle, schmelzende Stimme von Fred Buscaglione säuselte ein Lied, das eigens für sie und mich geschrieben worden zu sein schien: »*Guarda che luna, guarda che mare, da questa notte senza te dovrò restare ...* – Sieh nur den Mond, sieh nur das Meer, schon heute Nacht fehlst du mir sehr.«

Ich stieg auf die Stange, stützte den Koffer auf dem Lenker ab und hielt das Radio mit der anderen Hand. Ich würde alles wieder an seinen Platz räumen, mit Ausnahme des Stocks. Er war ein wirkungsloses Amulett, ein nutzloses Stück Holz voller Würmer. Ich konnte es kaum erwarten, ihn wegzuwerfen.

Alfonsinas Fahrrad rollte langsam durch die dunkle Stadt, während Buscaglione klagte: »*Perché son solo a ricordare, e vorrei poterti dire, guarda che luna, guarda che mare.* – Denn allein wiegen die Erinnerungen schwer, könnt ich doch zu dir sagen, sieh nur den Mond, sieh nur das Meer …«

Mailand, 11. Juli 2017

Es ist 9:45 Uhr, in einer Viertelstunde beginnt die Einweihungszeremonie. Ein bisschen Publikum hat sich schon eingefunden, auch ein paar junge Leute mit neugierigen Augen sind da und natürlich die Frauen von der Kommission für Straßenbenennung, ohne deren Einsatz diese Taufe nicht stattfinden würde. Eine von ihnen wohnt mit mir im selben Haus, und so kam es, dass ich gebeten wurde, bei der Enthüllung des Schildes an Alfonsina zu erinnern.

Heilige Madonna, ich habe jetzt schon eine trockene Kehle.

Die Stadträtin, die zufällig denselben Nachnamen trägt wie sie, spricht gerade mit zwei jungen Radfahrerinnen. Sie wollen eine Rundfahrt durch halb Europa zu Ehren der Königin der Tretkurbel unternehmen.

Ich drücke meine Tasche mit dem Stück Besenstiel darin an mich. In der Nacht, in der sie starb, habe ich es dann doch nicht weggeworfen. Wie konnte ich? Es ist ihre wichtigste Trophäe, der Grundpfeiler einer Brücke, die wir noch lange nicht fertig gebaut haben.

Hast du gehört, Alfonsina? Eine junge Italienerin ist vor zwei Jahren ins All gereist. Bestimmt hat auch sie von klein an in den Himmel geschaut, überzeugt, dass der Mensch ohne Grenzen ist, auch der weibliche. Viele haben sie bewundert, manch einer sich auch abfällig geäußert, soll sie doch lieber Windeln wechseln.

Was haben sie dir damals nicht alles an den Kopf geworfen?

Aber du, die du dein Schicksal im Namen trugst, hast uns den Weg gewiesen.

Du bist nicht vergessen, und diese Straße wird die Erinnerung an dich auch für die Vergesslichen lebendig halten.

Man ruft mich, wir sind dran. Ich öffne meine Tasche und zeige allen das Stück Holz.

Fangen wir damit an. Der Rest wird sich ergeben.

JENSEITS DER GRENZEN

24. Mai 1924

Der Regen hatte nachgelassen.

Ein blauer Streifen links oben wurde zusehends breiter.

Der Besenstiel-Lenker hielt besser als gedacht, nur dass sie mit ihm ungewohnt gerade sitzen musste. Bei jedem Schlagloch bekam sie einen Stoß in den Rücken, und bei den Bergabfahrten ohne Bremsen schlug ihr Herz bis zum Hals.

Irgendwann beschloss sie, einen Moment anzuhalten, und ließ sich auf einem Stein nieder. Sie würde ohnehin außerhalb des Zeitlimits eintreffen.

Vor ihr, unter einem noch zur Hälfte bleigrauen Himmel, öffnete sich die Talebene. Getreidefelder, schon gelb geworden und fast reif für die Ernte, ein Flüsschen, das sich durch eine Schlucht wand, eine Lerche, die auf einem nahen Baum von einem Ast zum anderen trippelte.

Plötzlich wurde ihr warm am Rücken, die Sonne brannte von der wolkenlosen Hälfte des Himmels herab. Ihre Strahlen beschienen das Tal durch die letzten Regentropfen hindurch und malten einen leuchtenden Regenbogen zwischen zwei Hügel.

Sie hielt den Atem an aus Angst, das Wunder zu zerstören.

Im Laufe ihrer Karriere war sie Zehntausende von Kilometern gefahren, und noch nie hatte sie einen derart schönen Ausblick genossen. Sie fragte sich, warum.

Alfonsina, Alfonsina, flüsterte es neben ihr, der Grund ist, dass du noch nie mit diesen Augen hingesehen hast.

Um sie herum auf dem Bergkamm hatte sich ihr Friedhof der Seelen versammelt, angefangen von der ausgesetzten kleinen Ubalda, die sie nur aus Erzählungen kannte, bis hin zum Zarewitsch.

Wer von ihnen wohl gerade gesprochen hatte?

Stell dich nicht dumm, du weißt, dass sie nicht da sind. Du bist es, die durch ihren Mund räsoniert, wenn du deine eigenen Gedanken vor dir verbergen willst.

Dann sag mir doch mal, liebe Besserwisserin, was in diesem Augenblick anders ist? Müsste ich nicht wütend sein, verzweifelt? Ich habe die Wette mit mir selbst verloren, ich werde als Letzte ins Ziel kommen, werde Ausschuss bleiben.

Denk gut nach, du bist nahe dran. Worin besteht der Unterschied?

Dass ich nichts mehr erwarte?

Nicht ganz, aber es geht in die richtige Richtung.

Ah, ich glaube, jetzt hab ich's.

Ihr Magen zog sich zusammen und dehnte sich wieder aus wie ein Gummiband. Sie wartete darauf, dass der Schlund der Leere sich bemerkbar machte, doch stattdessen war da eine Fülle. Sie fühlte sich gesättigt und zugleich leicht.

Heilige Madonna, ihr Leben lang hatte sie sich abgestrampelt, um sich und der Welt zu beweisen, dass sie etwas wert war, dass sie Liebe verdiente, ein wenig Zärtlichkeit. Um ihr Bedürfnis nach Beachtung zu stillen. Doch mit den Jahren hatte sich diese Sehnsucht in ein Gefängnis verwandelt. Hier auf diesem Grat in den Abruzzen, dank des abgebrochenen Lenkers, war sie endlich frei.

Jedes Mal, wenn man ihr »Irre«, »Flittchen«, »Nutte«

nachgerufen hatte, »das schaffst du nie«, hatte sie das auf sich bezogen, hatte geglaubt, dass man sie tatsächlich als wertlos betrachtete.

Aber nein. Indem die Leute ihr einreden wollten, dass sie versagen würde, gaben sie nur ihre eigene Beschränktheit zu erkennen. Sie kamen nicht einmal in Gedanken dorthin, wo Alfonsina schon seit geraumer Zeit war.

Also, hast du nun deinen Hunger gestillt?

Die Seelen lächelten heiter, betrachteten das Tal.

Bin ich satt?

Der Regenbogen verblasste, aufgelöst vom Vorrücken der Sonne. Sie war von Land und Wasser umgeben, spürte das Streicheln des Windes. Ihre Gedanken kannten kein Ende. Sie konnte jetzt weiterfahren, wenn sie wollte, oder noch hierbleiben und das zauberhafte Panorama genießen.

Schlafen, an einem Grashalm kauen. Oder einen Walzer singen und die Geister zum Tanzen auffordern.

Alles, wonach es sie verlangte.

Ich bin grenzenlos, dachte sie.

DANK

Von jeher bin ich sehr sportbegeistert gewesen.

Einer der Hauptgründe dafür ist, dass Menschen, indem sie so schnell laufen oder so hoch springen, wie es nur geht, oder mit dem Ball am Fuß über einen Platz rennen, sich mit ihren körperlichen und mentalen Grenzen auseinandersetzen und diese häufig überwinden. Was mich immer wieder tief bewegt.

Schon seit Langem wollte ich etwas über dieses Thema schreiben, hätte es aber wahrscheinlich nie (oder erst wer weiß wann) getan ohne den Anstoß von Roberta Bovaia, Übersetzerin und Rennradfahrerin. Wenn Roberta nicht gerade übersetzt oder Rad fährt, klettert oder läuft sie, man sieht sie kaum einen Moment still sitzen, schon ist sie wieder weg. Ich komme schon außer Puste, wenn ich ihr nur zusehe.

Irgendwann hat sie auf ihren Social-Media-Profilen dazu aufgefordert, Musikstücke zu nennen, die mit dem Radfahren zu tun haben.

Dabei ist mir ein wunderbarer Tag in den Sinn gekommen, den ich vor ein paar Jahren mit Margherita Hack (der Marga, der ich diesen Roman gewidmet habe) verbracht habe. Unser langes Gespräch über Sterne, Tiere und ihr Fahrrad, das für sie weitaus mehr bedeutet als ein Transportmittel, wie sie in ihrem Buch *La mia vita in bicicletta* (Sperling & Kupfer 2013) beschreibt. Und ich musste an ihre ergreifende Darstellung von Alfonsina Strada in dem Video zu dem Song *Alfonsina e la bici* von den Têtes de Bois denken. Ich suchte den Link dazu heraus, postete ihn auf Robertas Seite und dachte: Ich möchte einen Roman über Alfonsinas Leben schreiben.

Viele biografische Informationen zu ihr verdanke ich dem Buch *Gli anni ruggenti di Alfonsina Strada* von Paolo Facchinetti (Ediciclo 2004).

Außerdem gilt mein Dank:

Loretta Junck von der Toponomastica Femminile di Torino (Feministische Toponomastik Turin) für ihre bedingungslose Unterstützung.

Nadia Boaretto von der Toponomastica Femminile di Milano. Sie war es, die zusammen mit einigen Kolleginnen den Antrag, jene Straße in Mailand nach Alfonsina Strada zu benennen, eingereicht und mich über den Fortgang auf dem Laufenden gehalten hat.

Elisabetta Strada, Regionalratsabgeordnete der Lombardei, die den Antrag angenommen hat, für ihren Einsatz, ihre Ansprechbarkeit und den Bericht über die am 11. Juli 2017 stattgefundene Einweihung des Straßenschilds. Es mag Zufall sein, dass sie denselben Nachnamen trägt wie Alfonsina, ihre Sympathie für sie und ihre Leidenschaft fürs Radfahren sind es jedoch sicher nicht.

Lorenzo Sabbatini, Bibliothekar und Radfahrer, für seine Hilfsbereitschaft und Informationen.

Renzo Bernardoni, Führer im Museo dei Mestieri in Bicicletta in Fabriano (Museum für Berufe rund um das Fahrrad, heute in Gubbio) für seine wertvollen Erklärungen zu historischen Fahrrädern.

Licia Navarrini für die Korrektur der Stellen im Bologneser Dialekt.

Meiner Agentin Fiammetta Biancatelli sowie Anna Maria La Farciola und Emanuela Nicolucci für die Dialoge im abruzzischen Dialekt.

Marcella Marini, Lektorin im Verlag Sellerio, die mich ermutigt hat, über Alfonsina Strada zu schreiben, als ich ihr zaghaft von dem Plan erzählte. Das Vorhaben erschien mir als eine enorme Herausforderung, und ohne ihre Unterstützung hätte ich leicht das Ziel aus den Augen verlieren können.

Meinem Vater Giorgio, Motorradfahrer und Gymkhana-Meister in seiner Jugend, der seine Liebe zum Sport und die Wertschätzung für körperliche Leistungen, den Sinn für Heldenhaftigkeit an mich weitergegeben hat.

Allen, die Tag für Tag auf ihre je eigene Art unseren Horizont wieder ein Stück erweitern.

Und schließlich Alfonsina.

Das ist ihre Geschichte, aber einen Roman zu schreiben, auch einen biografischen, bedeutet nicht einfach, Anekdoten aneinanderzureihen. Man muss den richtigen Ansatz finden und bei allem Respekt vor den Fakten und realen Personen seine eigene Stimme als Autorin einbringen und einen roten Faden verfolgen.

Wenn man mit der Lupe danach sucht, werden sich einige Einzelheiten als historisch unzutreffend erweisen, im Kern aber entsprechen die geschilderten Ereignisse den Tatsachen. Auch und gerade die waghalsigen, unglaubhaft nur für diejenigen, die im Gegensatz zu Alfonsina nicht über den eigenen Horizont hinausblicken wollen und hartnäckig auf ihren Zeigefinger schauen statt zum Mond.

Wie schön du bist auf dem Fahrrad, Fonsina. Steig niemals ab.